国家卫生健康委员会"十四五"规划教材

全国高等中医药教育教材

供中医骨伤科学、康复治疗学、针灸推拿学等专业用

# 骨伤科生物力学

### 第 2 版

骨中
傷醫

主　编　周红海

副主编　何　伟　赵京涛　阎晓霞

编　委　（按姓氏笔画排序）

王志荣（南京中医药大学）　　周红海（广西中医药大学）

王辉昊（上海中医药大学）　　赵京涛（广州中医药大学）

李　琰（云南中医药大学）　　唐　瑞（黑龙江中医药大学）

何　伟（湖北中医药大学）　　黄立新（广西大学）

张开伟（贵州中医药大学）　　康俊峰（山西中医药大学）

陆　延（广西中医药大学）　　阎晓霞（河南中医药大学）

欧阳建江（江西中医药大学）

秘　书（兼）陆　延

人民卫生出版社

·北　京·

**图书在版编目（CIP）数据**

骨伤科生物力学/周红海主编. —2 版. —北京：
人民卫生出版社，2021.9（2023.12重印）
　ISBN 978-7-117-31526-5

　Ⅰ.①骨… Ⅱ.①周… Ⅲ.①中医伤科学-生物力学
-医学院校-教材　Ⅳ.①R274

中国版本图书馆 CIP 数据核字（2021）第 169200 号

| | | |
|---|---|---|
| 人卫智网 | www.ipmph.com | 医学教育、学术、考试、健康，购书智慧智能综合服务平台 |
| 人卫官网 | www.pmph.com | 人卫官方资讯发布平台 |

**骨伤科生物力学**
Gushangke Shengwu Lixue
第 2 版

主　　编：周红海
出版发行：人民卫生出版社（中继线 010-59780011）
地　　址：北京市朝阳区潘家园南里 19 号
邮　　编：100021
E - mail：pmph @ pmph. com
购书热线：010-59787592　010-59787584　010-65264830
印　　刷：北京市艺辉印刷有限公司
经　　销：新华书店
开　　本：850×1168　1/16　印张：12
字　　数：314 千字
版　　次：2012 年 7 月第 1 版　　2021 年 9 月第 2 版
印　　次：2023 年 12 月第 2 次印刷
标准书号：ISBN 978-7-117-31526-5
定　　价：52.00 元

打击盗版举报电话：010-59787491　E-mail：WQ @ pmph. com
质量问题联系电话：010-59787234　E-mail：zhiliang @ pmph. com

# 数字增值服务编委会

主　编　周红海

副主编　何　伟　赵京涛　阎晓霞

编　委（按姓氏笔画排序）

王志荣（南京中医药大学）

王辉昊（上海中医药大学）

李　琰（云南中医药大学）

何　伟（湖北中医药大学）

张开伟（贵州中医药大学）

陆　延（广西中医药大学）

欧阳建江（江西中医药大学）

周红海（广西中医药大学）

赵京涛（广州中医药大学）

唐　瑞（黑龙江中医药大学）

黄立新（广西大学）

康俊峰（山西中医药大学）

阎晓霞（河南中医药大学）

秘　书（兼）　陆　延

# 修 订 说 明

为了更好地贯彻落实《中医药发展战略规划纲要(2016—2030 年)》《中共中央国务院关于促进中医药传承创新发展的意见》《教育部 国家卫生健康委 国家中医药管理局关于深化医教协同进一步推动中医药教育改革与高质量发展的实施意见》《关于加快中医药特色发展的若干政策措施》和新时代全国高等学校本科教育工作会议精神,做好第四轮全国高等中医药教育教材建设工作,人民卫生出版社在教育部、国家卫生健康委员会、国家中医药管理局的领导下,在上一轮教材建设的基础上,组织和规划了全国高等中医药教育本科国家卫生健康委员会"十四五"规划教材的编写和修订工作。

为做好新一轮教材的出版工作,人民卫生出版社在教育部高等学校中医学类专业教学指导委员会、中药学类专业教学指导委员会和第三届全国高等中医药教育教材建设指导委员会的大力支持下,先后成立了第四届全国高等中医药教育教材建设指导委员会和相应的教材评审委员会,以指导和组织教材的遴选、评审和修订工作,确保教材编写质量。

根据"十四五"期间高等中医药教育教学改革和高等中医药人才培养目标,在上述工作的基础上,人民卫生出版社规划、确定了第一批中医学、针灸推拿学、中医骨伤科学、中药学、护理学 5 个专业 100 种国家卫生健康委员会"十四五"规划教材。教材主编、副主编和编委的遴选按照公开、公平、公正的原则进行。在全国 50 余所高等院校 2 400 余位专家和学者申报的基础上,2 000 余位申报者经教材建设指导委员会、教材评审委员会审定批准,聘任为主编、副主编、编委。

本套教材的主要特色如下:

1. **立德树人,思政教育**　坚持以文化人,以文载道,以德育人,以德为先。将立德树人深化到各学科、各领域,加强学生理想信念教育,厚植爱国主义情怀,把社会主义核心价值观融入教育教学全过程。根据不同专业人才培养特点和专业能力素质要求,科学合理地设计思政教育内容。教材中有机融入中医药文化元素和思想政治教育元素,形成专业课教学与思政理论教育、课程思政与专业思政紧密结合的教材建设格局。

2. **准确定位,联系实际**　教材的深度和广度符合各专业教学大纲的要求和特定学制、特定对象、特定层次的培养目标,紧扣教学活动和知识结构。以解决目前各院校教材使用中的突出问题为出发点和落脚点,对人才培养体系、课程体系、教材体系进行充分调研和论证,使之更加符合教改实际、适应中医药人才培养要求和社会需求。

3. **夯实基础,整体优化**　以科学严谨的治学态度,对教材体系进行科学设计、整体优化,体现中医药基本理论、基本知识、基本思维、基本技能;教材编写综合考虑学科的分化、交叉,既充分体现不同学科自身特点,又注意各学科之间有机衔接;确保理论体系完善,知识点结合完备,内容精练、完整,概念准确,切合教学实际。

4. **注重衔接,合理区分**　严格界定本科教材与职业教育教材、研究生教材、毕业后教育教材的知识范畴,认真总结、详细讨论现阶段中医药本科各课程的知识和理论框架,使其在教材中得以凸显,既要相互联系,又要在编写思路、框架设计、内容取舍等方面有一定的区分度。

**5. 体现传承，突出特色**　本套教材是培养复合型、创新型中医药人才的重要工具，是中医药文明传承的重要载体。传统的中医药文化是国家软实力的重要体现。因此，教材必须遵循中医药传承发展规律，既要反映原汁原味的中医药知识，培养学生的中医思维，又要使学生中西医学融会贯通，既要传承经典，又要创新发挥，体现新版教材"传承精华、守正创新"的特点。

**6. 与时俱进，纸数融合**　本套教材新增中医抗疫知识，培养学生的探索精神、创新精神，强化中医药防疫人才培养。同时，教材编写充分体现与时代融合、与现代科技融合、与现代医学融合的特色和理念，将移动互联、网络增值、慕课、翻转课堂等新的教学理念和教学技术、学习方式融入教材建设之中。书中设有随文二维码，通过扫码，学生可对教材的数字增值服务内容进行自主学习。

**7. 创新形式，提高效用**　教材在形式上仍将传承上版模块化编写的设计思路，图文并茂、版式精美；内容方面注重提高效用，同时应用问题导入、案例教学、探究教学等教材编写理念，以提高学生的学习兴趣和学习效果。

**8. 突出实用，注重技能**　增设技能教材、实验实训内容及相关栏目，适当增加实践教学学时数，增强学生综合运用所学知识的能力和动手能力，体现医学生早临床、多临床、反复临床的特点，使学生好学、临床好用、教师好教。

**9. 立足精品，树立标准**　始终坚持具有中国特色的教材建设机制和模式，编委会精心编写，出版社精心审校，全程全员坚持质量控制体系，把打造精品教材作为崇高的历史使命，严把各个环节质量关，力保教材的精品属性，使精品和金课互相促进，通过教材建设推动和深化高等中医药教育教学改革，力争打造国内外高等中医药教育标准化教材。

**10. 三点兼顾，有机结合**　以基本知识点作为主体内容，适度增加新进展、新技术、新方法，并与相关部门制订的职业技能鉴定规范和国家执业医师（药师）资格考试有效衔接，使知识点、创新点、执业点三点结合；紧密联系临床和科研实际情况，避免理论与实践脱节、教学与临床脱节。

本轮教材的修订编写，教育部、国家卫生健康委员会、国家中医药管理局有关领导和教育部高等学校中医学类专业教学指导委员会、中药学类专业教学指导委员会等相关专家给予了大力支持和指导，得到了全国各医药卫生院校和部分医院、科研机构领导、专家和教师的积极支持和参与，在此，对有关单位和个人表示衷心的感谢！希望各院校在教学使用中，以及在探索课程体系、课程标准和教材建设与改革的进程中，及时提出宝贵意见或建议，以便不断修订和完善，为下一轮教材的修订工作奠定坚实的基础。

人民卫生出版社
2021 年 3 月

# ◇◇◇ 前 言 ◇◇◇

　　生物力学是应用力学原理和方法对生物体中的力学问题定量研究的生物物理学分支,是现代医学领域的重要学科之一。生物力学的理论和方法在中医基础和临床研究中的应用越来越广泛。应用力学的方法研究中医骨伤技术,可使这一传统的临床诊疗技术更加突显特色和优势,是骨伤科传承创新的重要保证。如运用生物力学分析传统的骨伤复位手法,根据不同的骨折类型,精确调整施术部位、方向、力度,可显著提高疗效并减轻患者痛苦;在治疗软组织损伤的手法施术中结合力学研究,可深入探索其作用机制,将宏观力学性质、手法与微观结构、功能变化相结合,使表面看似普通的推拿手法得以标准化、精细化,产生更好的疗效。生物力学已经成为现代中医研究的必备工具和基础手段,开展骨伤科生物力学的教学是适应"十四五"新形势下中医药院校教育教学改革和发展的需要,是多学科交叉发展的需要,是培养新时代中医药事业复合型、创新型人才的需要。

　　全书共八章,在教材的内容设计上,我们力争既涵盖中医骨伤科传统诊疗技法特色,又体现骨伤科与生物力学结合发展的新趋势。第一章概论,主要阐述生物力学的概念、历史渊源、研究内容和方法以及相关进展;第二至七章分别介绍力学基础知识,骨、关节、脊柱、软组织的生物力学以及血流动力学;第八章主要介绍康复医学中涉及的生物力学知识。

　　与上一版教材相比,本教材新增计算力学基础一节,把已经成熟的三维有限元法及其在骨伤科的应用加以介绍,着眼于为学生今后更深层次的学习运用打下基础。新增骨伤康复手法的生物力学一节,较细致地阐述了中医传统手法操作的生物力学效应分析,以期提高学生临床手法操作的科学性。鉴于目前国内中医药院校较为普遍地开设了康复医学专业和运动康复专业,而功能锻炼与导引又是中医骨伤科重要的特色疗法,因此特别增加了功能锻炼的生物力学内容,简要介绍骨伤科导引与功法中所涉及的相关生物力学知识,列举了脊柱、关节功能锻炼及导引功法的案例力学分析,以抛砖引玉,引导学生开启功法的力学分析之门。根据目前中医药院校开设与骨伤科生物力学相关课程的培养计划与教学实验设计要求,本书又编写了低碳钢、骨骼、长骨、椎体和软组织的生物力学测试实验具体操作及视频解析,以供教学选择。为提高学生的学习兴趣和效率,结合本课程总体学习目标要求,编者在每章前设"学习目标""PPT课件",文中附"扫一扫测一测",章后有"复习思考题",对教学的形成性评价产生引导作用。立德树人是教学的灵魂,为筑牢学生在学习本课程中"不忘初心,牢记使命"的根基,我们在一些章节间穿插了思政元素,紧密结合思政教育与医学临床需要,时刻传授学生保持大医精诚、为人民服务的思想作风,体现新时代教材的理念与要求。

　　《骨伤科生物力学》具有多学科交叉性质。为了提高编写质量,编委会吸收了中医药院校长期从事生物力学、中医骨伤科学教学及骨伤科临床、科研的人员参与编写,还特别邀请了在力学领域颇有建树的广西大学黄立新教授参与。本书第一章由周红海执笔;第二章由黄立新、王辉昊执笔;第三章由唐瑞、赵京涛执笔;第四章由康俊峰、欧阳建江执笔;第五章由何伟、张开伟执笔;第六章由李琰、

王志荣执笔;第七章由阎晓霞执笔;第八章由王辉昊、陆延执笔;附录内容由周红海、陆延设计整理。
全书力学公式由黄立新审校。

本教材可供全国高等学校中医骨伤科学、康复治疗学、针灸推拿学等专业使用。

本书在编写中得到了相关院校、专家、同道的大力支持和协助,在此深表感谢! 由于编者水平有限,加之时间紧迫,难免有遗漏和不足之处,恳请各院校师生在使用过程中提出宝贵意见,以便今后进一步修订提高。

编者

2021 年 3 月

# ◇◇ 目 录 ◇◇

笔记栏

PPT 课件

# 第一章

# 概　论

**学习目标**

　　了解骨伤科生物力学的历史渊源和相关研究进展,学习生物力学研究的内容和方法,为本教材后续的学习打好基础。

### 一、生物力学的概念

　　力学是研究物质机械运动规律的科学。生物学是研究生物的结构、功能、发生和发展的规律以及生物与周围环境的关系等的科学。随着科学技术的进步和发展,人们不断地向生物学和力学提出新的研究任务和课题,并由此发展形成一系列新的交叉学科,其中生物力学尤为重要。生物力学是应用力学原理和方法对生物体中的力学问题进行定量研究的生物物理学分支学科,同时,也是多种学科相互交叉、相互渗透所形成的一个新兴边缘学科。

　　生物力学是生命科学的重要组成部分。它利用连续介质力学、多相介质力学、断裂损伤力学和流变力学等力学基本原理,结合生理学、医学、生物学来研究生物体,特别是人体的功能、生长、消亡以及运动的规律,最终服务于临床诊断与治疗、生物医学工程和生物技术等高新技术领域,以及人类的保健事业。目前,生物力学的研究对象以复杂的人体为主。生物力学在中医骨伤科学中的应用意义重大。

　　生物力学的研究与发展不仅对生命活动有重要的实用意义,而且也使其自身的理论体系不断得到完善和发展,并由此发现新的科学规律。新兴的细胞力学和 DNA 力学、病理力学的研究,给人们带来了许多新概念,在提高了生命科学研究水平的同时,也促进了生物医学工程学的发展。可以说,生物力学的发展及其新概念的出现,促进了相邻科学的发展,推动了科学技术的进步。

### 二、历史渊源

　　中国力学的渊源可追溯到商代。商代出现了力学概念五度协和音程;春秋末期有了墨子及其弟子解释力的概念与杠杆平衡的记载。

　　中国传统医学与相关论著对人体运动、机体营养、损伤诊断与治疗有许多成功、深刻的了解。《周易》为我国古代哲学著作,相传为周文王所作,其中便有人体力学的论述。如在艮卦中便有这样的警句:"艮其腓,不拯其随,其心不快。"这句话除了其神秘的"占卜"含义之外,更清楚地说明,如果抑制了小腿的运动,在该运动时不运动,便对身体不利。公元前一百多年,汉代司马迁所著《史记》一书中有"宫动脾,商动肺,角动肝,徵动心,羽动肾"之说,这说明中国在两千多年前对不同频率的声音对人体五脏生理功能的影响就有所了解;中医的辨证论治、整体观念的学术思想在骨折整复中的运用也与力学关系有关。遗憾的是，由于长期以来未能深入研究，没能使这些论述或学说上升为精确的量化的科学。

生物学和力学是相互促进发展的。生物力学一开始的研究对象主要是人体的组织，如血液、皮肤、骨骼、肌肉等的力学性质。17 世纪 William Harvey 对血液循环的观察、推理形成了血液循环的论断。1661 年 Malpighi 解剖了青蛙的肺，首次在显微镜下观察到微循环的存在，从而证实了 Harvey 的推论。Stephen Hales 首次测量了马的血压，并探讨了血压与失血的关系，复制了简单的心室舒张压状态的蜡质模型，通过测量这个蜡质模型的体积来估算心输血量，从而进一步估计了心肌力和主动脉的膨胀特征，并指出主动脉的弹性效应使得心脏周期性收缩所射出的血液间歇流转化为血管中的较平稳流。同时，Hales 引进血液流动的外周阻力概念，认为外周阻力主要来自微血管系统，并观察了热水和酒的扩张血管作用。之后，瑞士数学家 L. Euler 发表了血液流动的第一篇数学分析论文，成功地描述了弹性管中的无黏性液体的一维流动问题，Thomas Young 继后又导出了血脉搏波传播速度的近似公式。

生物力学应用于医用研究在 19 世纪有了重大发展。Hermann von Helmholtz 对人类视觉和听觉系统的工作机制进行了开创式的研究，曾先后发明了眼底镜和检眼计，用来观察视网膜和测量眼球水晶体在近视和远视时的曲度半径等，同时，利用共鸣器（即 Helmholtz 共鸣器）分离并加强声音的谐音。并且，首次确定了神经脉冲的传播速度为 30m/s。Diederik Johannes Korteweg 和 Horace Lamb 分别推导了脉搏波波动方程，对血管中波的传播理论进行了研究。Roax 研究了人骨的形状、构造，提出了松质骨结构符合最优结构原理的见解，并由此给出了著名的骨结构的功能适应性原则，即骨骼的进化趋向总是以用最轻的重量承受最大的外部作用的方式发展。Otto Frank 通过研究循环系统流体动力学理论，并根据血压梯度变化的记录，给出了血液流量与时间关系的计算方法，一直沿用至今。Jean Louis Poiseuille 通过一系列的实验与理论工作，最终确立的黏性流体定常流公式在血流动力学中起到重要的作用。Ernest Henry Starling 提出的物质通过膜的模型，建立的传质定律，以及确立的从毛细管动脉端漏失的水量等于静脉端吸收的水量的假说，对以后生物传质与药物动力学的发展都有着重大意义。

20 世纪 70 年代末，著名华人力学家冯元桢教授开创了生物力学研究领域，建立了肺的数学、力学模型，奠定了肺力学、呼吸力学基础，构建了生物组织的生长与应力的关系模型（称为"冯元桢假说"），对生物力学的发展产生了重要影响，同时，冯元桢教授在微循环力学、肌肉力学、心脏力学、血流动力学等方面都有重要贡献，其著作《生物力学》是近代生物力学的代表作之一。20 世纪 80 年代以来，我国一批力学、物理学、医学以及生物学工作者加入到生物力学研究行列中，建立了我国的生物力学基地和研究团队。如戴尅戎院士建立的中国医院第一所骨科生物力学研究室，在国内率先进行步态和平衡功能微机化定量评定，对内固定应力遮挡效应、骨质疏松症的骨显微构筑、股骨上段骨折发生与治疗的力学机制等进行了创造性研究，并在中国最早将 CAD/CAM、快速原型技术等用于定制型人工关节，研制出十余种新型人工假体并取得多项国家专利。成立于 2002 年的世界华人生物医学工程师协会已召开了多次学术大会，2016 年至今中国力学学会/中国生物医学工程学会生物力学专业委员会多次召开会议。目前，我国生物力学的研究领域主要有：生物流变学、心血管生物力学与血流动力学、骨关节和肌肉系统生物力学、器官生物力学、细胞分子力学生物学、口腔生物力学等，还进行了呼吸力学、病理力学、药代动力学等方面的研究。我国生物力学工作者经过近半个世纪的不断发展和积累，为生物力学学科的发展做出了重大贡献。

> **思政元素**
>
> **中医药发展需要传承精华，守正创新**
>
> 中医骨伤科学中的特色疗法是几千年实践经验传承下来的文化瑰宝，是中华民族伟大智慧的结晶，必须大力传承和发扬。传统技术结合现代科学的创新势在必行。只有运用生物力学原理充分分析中医骨伤系列疗法的力学效应，才能使中医正骨的方法更具科学性、有效性，产生更好的推广效果，服务更广大的人民群众。

### 三、研究的内容和方法

1. 生物力学的研究内容　生物力学的研究领域非常广泛，诸如动物体的游动、运动；植物体营养水分的缩运；人体组织与器官的功能、萌生、发育、破损、消亡等的机制；血液、体液、气体和水分的流动和扩散规律及其效应，等等，这些研究领域，对于人类健康、社会发展进步有重要的意义。

生物力学按传统力学的分类办法可以分为生物固体力学、生物流体力学、生物运动力学等，但是人体是一个复杂系统，疾病的产生又是多方面因素综合作用的结果，所以，生物力学的这种传统分类方法，在某些问题的分类上存在局限性。

目前，从医学应用的角度和理论研究的科学分类来看，生物力学可以分为以下三个主要分支学科：

（1）组织与器官力学：包括骨力学、软组织力学、肺力学、心脏力学、子宫力学、口腔力学、颅脑力学等。

（2）血流动力学：包括血液流变学、动脉中的脉动流、心脏动力学和微循环力学等。

（3）生物热力学：包括生物传质传热理论、应用生物控制理论以及药物动力学等。

在我们实际研究如心脏力学时，不仅有心肌力学方面的问题，也有心泵的力学特性问题以及心瓣流体力学的问题等。临床医学中所遇到的问题往往都是流体、固体、刚体相耦合的复杂系统。

生物力学与中医结合的研究，特别是在骨骼力学、脉搏波、无损检测、推拿、气功导引、生物软组织等项目的研究中已经取得了一定成绩。

2. 生物力学的研究方法　生物力学作为一门新兴的边缘学科，已经有了很大的发展。但这一学科的深入研究仍存在多方面的困难。例如，难以得到理想的活组织的实验资料；生物体的个体差异性很大，难以给出可靠的本构关系，等等。

由于生物组织器官乃至生物整体系统运动的复杂性，难以用一种统一的方法进行研究。目前，对人体组织，如骨、软骨、皮肤、血管、系膜、肌肉、角膜等的生命力学研究，可进行离体或在体实验研究，但是由于在体实验的困难性，一般都采用离体研究的方法。采取这种研究办法，要使研究对象最大限度地模拟在生理环境之中的状态，以便测定其应力-应变关系，从而构造合理的本构关系。

总之，生物力学的研究方法主要是：

（1）用解剖学方法确定所研究对象结构的几何特征、特性，给定本构关系。

（2）根据器官或系统的工作情况，建立合理的力学模型，相应的微分方程或微分-积分方程。

（3）给出该方程的解析解或数值解或近似解等。

（4）建立相应的实验方案，选择做生理实验及实验室的在体实验。

（5）反复对比修正，以期得到临床应用。

## 四、生物力学进展

目前,生物力学发展正经历着深刻的变化,其主要的推动力来自半个世纪以来生命科学的飞速进步。基础研究逐步精细化及定量化,大量数据的积累要求模型化及数学化,为生物力学研究开辟了新的用武之地。现代分子和细胞生物学既提出大量新课题,又带来了许多新工具,推动着生物力学由宏观向微(细)观深入,以及宏-微(细)观相结合。实际应用的不断涌现,经济前景不可限量,催生着以解决与应用相关的工程技术问题为目标的新的生物工程学。这一新的生物工程学远远超出了基于微生物的、以发酵工程为标志的生物技术及以医疗仪器研发为目标的生物医学工程这两个传统的领域。组织工程就是它的一个典型代表,而生物力学则是它的一个重要领域。不断寻求新的力学和物理原理与方法,与生命科学及其他基础/工程科学进一步融合,已成为当今生物力学发展的主要特色。

在国内,生物力学的学科发展已经有部分研究转到新的方向。在基础研究层面上,现代生物力学将与生物物理学、生物数学、生物信息学、生物化学、计算机科学与生物材料等紧密结合,重点研究生物学的定量化和精确化问题;在应用研究层面上,组织工程、药物设计与输运、血流动力学等正在或已经得到临床或工业界的认同,其核心是解决关键技术问题。总之,当前生物力学的发展特点可大致归纳为以下几点:①内涵扩大(生物医学工程,生物工程);②有机融合性(生命科学与基础/工程科学);③微观深入(细胞-亚细胞-分子层次,定量生物学);④宏观-微观相结合(组织工程、器官力学、信息整合与系统生物学)。

生物力学是与医学结合最紧密的领域之一,特别是在骨骼、肌肉与关节力学等方面,在最近十几年的研究中都取得了卓有成效的研究成果,并在临床应用中也取得了较满意的疗效。同时,生物力学的发展对体液流变学、血流动力学、呼吸力学、软组织力学、药代动力学、中医学,特别是中医骨伤科学等方面的研究都起着巨大的推动作用。

因为生物学的研究对象十分复杂,所以人们通过建立更复杂、更接近实际的力学模型,以获得更加精确的研究结果。随着计算机和有限元技术的发展,生物学研究的复杂力学模型得到数值解成为了可能。近十几年来,有限元数值分析法成功应用于生物学的研究,取得了很多的研究成果,为生物学的研究在精确和量化方面的发展打下了良好基础,有限元法在骨伤科学中的应用成效尤为突出。

我国的生物力学学科已有近40年的工作积累和队伍建设,研究工作经过国际、国家与省部级各项基金的资助,在力学生物学、细胞分子力学、生物力学和病理力学、DNA力学、神经生物力学乃至3D打印与生物力学研究的基础与临床应用等学科前沿领域,已有相当部分研究工作进入了国际先进行列。目前,医学一方面不断向微观领域深入,从分子水平探索疾病发生和防治规律;另一方面不断向宏观扩展,从生物医学模式向生物-心理-社会医学模式转变,从治疗模式向预防保健、群体和主动参与模式转变。生物力学研究将紧随这些转变,研究解决其中的关键科学问题,要将生物医学基础研究的精细定量化与力学的模型数学化有机结合,体现学科交叉和综合,深化生物力学学科前沿——力学生物学研究的内涵;要致力于发展相关的新技术方法,紧密联系临床,运用新的力学方法研究医学,特别是研究传统医学,提出具有生物力学特色的创新思路,为人类健康事业做出应有的贡献。

(周红海)

扫一扫
测一测

### 复习思考题

1. 你对生物力学的认识是什么?
2. 生物力学最初的研究对象包括哪些?

# 第二章

# 力学基础知识

## ✎ 学习目标

　　通过对力学基础知识的学习,掌握应力、应变、弹性模量、材料的黏弹性等概念,掌握物体受力分析的方法和物体平衡的条件等内容,为人体各组织生物力学性质的学习奠定力学基础。

## 第一节　力学基本概念

### 一、力的概念

　　力是一个物体对另一个物体的作用。国际单位为牛顿(N),常用单位为千克力(kgf)。1kgf=9.806 65N(一般计算时可略为9.8)。

　　力是矢量,要分析力对物体的作用效果,不仅要确定力的大小和方向,还要确定力的作用点。力可用一有向线段来表示,线段的长度表示力的大小,线段带箭头的一端表示力的方向,另一端代表力的作用点。

　　力的效应是指力对物体作用的结果,力使物体的运动状态发生变化的效应称为力的运动效应(外效应),力使物体的大小和形状发生改变的效应称为力的变形效应(内效应)。

　　万有引力、弹性力、接触力和摩擦力在各个领域中都有一定的典型性和普遍性,而肌肉力则是生物力学所特有的。

　　以下我们简要介绍几种本书中所涉及的力:

　　1. 万有引力　任何两个物体之间都有相互吸引的力的作用,称为万有引力,它们之间的相互作用符合牛顿万有引力定律。万有引力可表示为:

$$F = G\frac{m_1 m_2}{r^2}$$

　　式中 $m_1$、$m_2$ 为两质点的质量,$r$ 为它们的距离,$G$ 为万有引力常数。$G = 6.672\ 041 \times 10^{-11} \mathrm{N \cdot m^2/kg^2}$。

　　地球上任何物体都会受到地球引力作用,一般称为重力,事实证明,物体的重力就是地球对物体引力的非常近似的值,可用物体的质量 $m$ 和重力加速度 $g$ 的乘积表示,即

$$W = mg$$

　　重力的方向沿其作用方向指向地心。物体的重力和重量不能混为一谈。一个物体放在

台秤或挂在弹簧秤上,物体对台秤的压力或对弹簧秤的拉力叫做物体的重量。物体的重量是物体施加于其他物体的力,不是物体本身所受的力,而物体的重力是物体本身所受的地球引力。但当物体相对地球静止时,其重力与重量的大小是相等的。因此,我们可以用物体的重量代替它的重力。

整个人体所受重力的合力的作用点,叫人体重心。它位于身体正中面上第三骶椎上缘前方7cm处,在身高的55%~56%。重心移动的幅度取决于身体移动的幅度和移动部分的质量。如上肢上伸时重心上移,下蹲时重心下移,大幅度体前屈或做"桥式动作"均可引起重心移出体外。

2. 接触力 物体间因接触变形而产生的相互作用力叫做接触力。物体接触时,在接触部位会产生变形,而变形的物体在一定限度内总是企图恢复原状,所以在接触面间产生了相互作用的力,即接触力。

例如,一物体放在桌面上,若物体接触面之间的摩擦力远小于物体所受到的其他力,则该摩擦力可以略去不计,认为接触面是"光滑"的。假若接触面是光滑的,则物体可以沿光滑桌面滑动,或沿接触面在接触点的公法线方向脱离接触。但不能沿公法线方向压入接触面,所以物体所受的接触力的方向是通过接触点并且沿着接触面的法线方向,所以接触力又称作法向反力。不论物体多么刚硬,当两个物体接触时,总要发生变形而产生接触力。

3. 弹性力 最典型的弹性力是弹簧的弹性力。引起弹簧发生形变而产生的力称为弹性力,它是以弹簧的伸长或压缩为前提的。在弹性限度内,弹簧的弹性力$\vec{F}$的大小与弹簧的变形(伸长或缩短)$x$成正比关系,即

$$F = -kx$$

式中的$k$称为弹簧的弹性系数,它是使弹簧发生单位变形所需要的力,它的单位是牛顿/米,"-"号表示弹簧的弹性力总是指向平衡位置。

4. 摩擦力 当互相接触的物体有相对滑动或相对滑动的趋势时,在接触面的切线方向出现了阻止相对滑动的作用力,这个力叫滑动摩擦力,简称摩擦力。滑动摩擦力与物体相互滑动的速度有关,滑动摩擦力不仅能够在相互接触的固体之间发生,而且能在固体与液体、固体与气体之间发生,但它们对于速度的依赖关系是不同的。

在滑动摩擦中,最大静摩擦力的方向与相对滑动趋势相反,大小与两物体间的正压力$N$的大小成正比,即

$$F_{max} = \mu N$$

这就是库仑摩擦定律,式中的比例系数$\mu$是静摩擦系数,其与两个接触物体的材料以及表面情况(粗糙度、干湿度、温度等)有关,一般与接触面积大小无关。该系数可由实验测定。

当物体所受到的外力超过最大静摩擦力,物体开始作相对滑动,此时存在于接触面之间的摩擦力为滑动摩擦力。滑动摩擦力也与接触面的表面状态有关,对于一般的表面状态,滑动摩擦力近似的和接触面间的垂直压力成正比关系,即

$$F' = \mu' N$$

式中的比例系数$\mu'$是滑动摩擦系数。实验表明,滑动摩擦系数不仅与接触面的性质有关,且与接触面的相对滑动速度有关。对于各种材料的接触面来说,滑动摩擦力总是在开始时随速度的增加而减小,而后随速度的增加而增大。且由实验可知,当速度不大时,滑动摩擦力小于最大静摩擦力。

5. 肌肉力 运动中各种动作的形成,主要是肌肉收缩产生的肌肉力作用于骨骼的结

果,肌肉兴奋收缩产生肌张力,并在肌腱的附着点产生对骨的拉力,从而使肢体产生运动或保持一定姿势。肌肉力简称肌力,其中肌肉是主动部分,骨和骨的连接是被动部分。

运动器官通过肌肉的活动得以调整机体各部分之间的位置关系,得以进行人类所有的社会劳动和日常生活。肌肉与前面的材料不同,它能利用化学能做机械功。

## 二、应力和应变

若把人体看做一个力学系统,人体受力还可分为外力、内力,两者相互作用使人体产生适应、协调和平衡。

外力指物体受到的其他物体的作用,包括载荷(主动力)和约束反力(约束是指限制物体某些运动的条件,是与被约束物体相接触的物体)。约束反力是外界约束在约束处对物体的反作用力,一般是未知的。如小夹板局部外固定治疗骨折时,夹板外缠裹的绷带限制了夹板运动,布带就是给予夹板的约束,夹板及其包围的部位就要受到绷带施加给它们的约束反力。约束反力对物体的阻抗使得物体的某些运动受到限制,所以约束反力的方向总是与约束所限制运动的方向相反。外力可分为体积力或表面力、永久性载荷或暂时性载荷、静载荷或动载荷等。

内力是指组成物体的各个部分之间的相互作用力。物体受到外力作用发生变形,在其内部产生内力抵抗变形和破坏,但其抵抗能力有一定的限度。

物体在外力作用下其形状和大小总要发生改变,这种改变称为形变。撤去外力,物体能完全恢复原状,这种形变为弹性形变;若物体不能完全复原(即形变超过了弹性极限),这种形变为塑性形变(范性);而物体在外力作用下产生的形变和外力之间的关系属于弹性力学的内容,下面讨论物体在弹性范围内发生形变时的应力、应变及弹性模量。

### (一)应力和应变

1. 正应力和正应变(线性应变) 物体受到拉力或压力时,其长度会有变化,如图 2-1 所示,一匀质长骨,初始长度为 $l_0$,截面积为 $S$,两端分别受到大小相同、方向相反 $F$ 的拉力的作用,骨伸长了 $\Delta l$,长骨有形变。假设在骨内部做一与骨的轴线垂直的截面,通过骨组织对外力 $F$ 的传递,截面两侧的骨组织互给对方一个大小相同、方向相反的作用力,这一对力为作用力和反作用力,称之为内力,其大小也为 $F$,方向沿长骨的轴线,每一部分所受内力的方向和作用该部分的外力

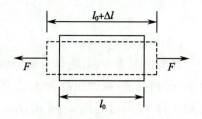

图 2-1 物体的拉伸和压缩

方向相反。

我们定义垂直作用在物体面积为 $S$ 某截面的单位面积上的内力为物体在该截面处所受的正应力。当物体受拉力作用时是张应力,当物体受压力作用时是压应力,用 $\sigma$ 表示正应力,则

$$\sigma = \frac{F}{S} \tag{2-1}$$

在国际单位制中,$\sigma$ 的单位是牛·米$^{-2}$。

式(2-1)是欧拉正应力定义,式中的截面积 $S$ 是随形变的发生不断变化的;在工程材料中截面积的变化量一般较小,可忽略;但对生物组织来讲,其截面积的变化较大不能忽略,并且其截面积的变化量常无法确定,所以,拉格朗日提出在式(2-1)中用物体的初始截面积 $S_0$ 替代变化的截面积 $S$ 作为正应力的定义。用 $T$ 表示拉格朗日定义的正应力,则有

$$T = \frac{F}{S_0} \tag{2-2}$$

物体在外力的拉压下,其长度改变了 $\Delta l$,我们定义物体在正应力的作用下单位长度所发生的改变量为正应变,正应变导致材料长度改变,用 $\varepsilon$ 表示正应变:

$$\varepsilon = \frac{\Delta l}{l_0} \tag{2-3}$$

若物体受张应力的作用而伸长,此时的应变为张应变;物体受压应力的作用而缩短,此时的应变为压应变。应变的量纲为1。

**例 2-1**　现对一原长 $l_0 = 300\text{mm}$,截面半径 $r = 10\text{mm}$ 的骨骼施加 $F = 1\,256\text{N}$ 的拉力作用,受力后它的长度变为 $l = 306\text{mm}$,求骨骼截面上的正应力是多少?正应变是多少?

解:骨骼伸长了 
$$\Delta l = l - l_0 = 306 - 300 = 6 (\text{mm})$$

截面上的正应力　$\sigma = \dfrac{F}{S} = \dfrac{F}{\pi r^2} = \dfrac{1\,256}{3.14 \times (10 \times 10^{-3})^2} = 4.00 \times 10^6 (\text{N} \cdot \text{m}^{-2})$

正应变　$\varepsilon = \dfrac{\Delta l}{l_0} = \dfrac{6}{300} = 2\%$

2. 切应力和切应变　如图 2-2 所示,在一长方体物体的上下面分别施加与其表面相切的作用力 $F$,这两个力大小相等、方向相反。在长方体的内部任取一个与其底面平行的横截面,由于力的传递,截面上下的两部分也互相施加与截面相切的且与 $F$ 的大小相同的内力,且长方体发生如图中虚线所示的平行位移,这种变形称为剪切形变,简称切变。

我们定义作用在物体某截面上的内力 $F$ 与该截面面积 $S$ 之比为物体在此截面处所受的切应力,用 $\tau$ 表示,即

$$\tau = \frac{F}{S} \tag{2-4}$$

$\tau$ 的单位为牛·米$^{-2}$。

在剪切形变中,若物体只有形状的变化而体积不变,且和底面距离不同的截面移动的距离不同但它们的截面积都为 $S$;若某截面相对底面产生的位移为 $\Delta x$,该截面和底面之间的垂直距离为 $d$,我们定义 $\Delta x / d$ 的比值为剪切应变,其导致材料结构体角关系的改变,用 $\gamma$ 表示,即

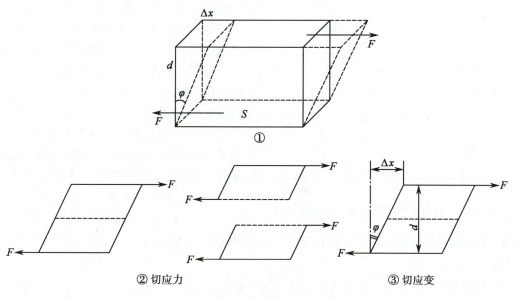

图 2-2  物体的切应变

$$\gamma = \frac{\Delta x}{d} = \tan\varphi \qquad (2\text{-}5)$$

式中 $\varphi$ 角是物体产生切应变时,切变面移动的角度,$\varphi$ 一般很小,上式也可表达为 $\gamma \approx \varphi$。切应变的量纲为 1。

3. **体应变和体压强**  当物体受到压力作用,其形状性质保持不变而体积发生变化时,体积的变化量 $\Delta V$ 与原体积 $V_0$ 的比称为体应变,用 $\theta$ 表示,即

$$\theta = \frac{\Delta V}{V_0} \qquad (2\text{-}6)$$

对各向同性的物体,在外力作用下,引起它的体积发生变化的应力是物体内部各个方向的截面上都有的相同的压应力,即具有相同的压强。那么,我们就可以用压强 $p$ 来表示使体积发生变化的应力,这时的压强 $p$ 可称作体压强。

由上可知,内力是由外力引起的,应力是作用在物体内单位截面上的内力,应力反映了物体在应力的作用下发生形变时物体内部的紧张程度;应变是指物体在应力作用下的相对形变,反映物体的形变程度,是一个无量纲的物理量。要注意的是,物体在外力的作用下,物体内不同截面处的内力和应力一般是不相同的,并且也不一定等于外力。

应该指出,应力的产生以及由此发生的应变,不一定都是由机械外力引起的;热、电的因素也可引起应力和应变。如严冬季节室外水管的冻裂,就是由于温度改变所引起的应力导致的,由热效应引起的应力叫作热应力;再如骨骼中存在逆压电效应,在骨骼上施加电场,可在骨骼中产生应力和应变,这是由电的因素引起的。

### (二)弹性模量

1. **材料的弹性和塑性**  材料在外力作用下发生形变而产生的应力与应变的关系反映了材料的力学性质,不同的材料有不同的应力-应变曲线。图 2-3 是某材料的张应力和张应变的关系曲线图,曲线包括弹性区和塑性区。曲线的开始部分,载荷和变形之间存在的是线性关系,应力-应变曲线为直线,应力与应变成正比关系,撤去外力时材料会恢复到原来的形态,A 点对应的应力是应力-应变关系呈正比的最大应力,称为正比极限。A 点到 B 点的应力和应变不再成正比关系,但撤去外力时材料仍能恢复原来的大小和形状。从 O 点到 B 点,

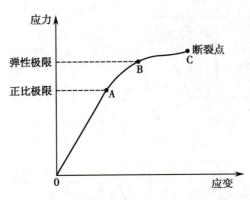

图 2-3  某材料拉伸实验的应力-应变关系

我们称材料处于弹性形变范围内,在弹性区内载荷不会造成材料的永久性变形。B 点对应的应力是材料处于弹性区的最大应力,B 点代表弹性极限。B 点也是材料的屈服点,屈服点以后的曲线则是非线性的,从该点开始,进一步地加载,材料就会发生永久性变形,这部分曲线就是材料的塑性区。塑性区的材料其结构已受损且有永久变形,载荷继续加大,就到了屈服区的末端,即断裂点 C,材料会断裂,这时的应力为材料的极限强度(最大强度或抗断强度)。材料在张应力的作用下发生断裂的应力为抗张强度;材料在压应力的作用下发生断裂的应力为抗压强度。强度反映材料抵抗破坏的能力。

在材料的应力-应变关系曲线中,若塑性区的起点(屈服点)和终点(断裂点)对应的应变范围较大(即两点相距较远),说明该材料能发生较大的塑性形变,具有延展性(延性),称其为塑性材料;反之,说明材料具有脆性。

2. 弹性模量  在图 2-3 中,在材料弹性极限范围内,材料的应变和应力是正比关系,这一规律称为胡克定律。当材料受到正应力作用时,胡克定律可表达为

$$\sigma = \frac{F}{S} = E\frac{\Delta l}{l_0} = E\varepsilon \tag{2-7}$$

$$E = \frac{\sigma}{\varepsilon} = \frac{Fl_0}{S\Delta l} \tag{2-8}$$

式中的 $E$ 定义为材料的弹性模量或杨氏模量。有些材料,张应力和压应力下对应的弹性模量是不相等的,如人的骨骼。

3. 切变模量  在材料发生切变时,在其弹性极限内胡克定律可表达为

$$\gamma = \frac{F}{S} = \frac{\Delta x}{d} = \frac{\tau}{G} = G\varphi \tag{2-9}$$

式中的比例系数 $G$ 定义为该材料的切变模量,$G$ 表示切应力和切应变的比值,则有

$$G = \frac{\tau}{\gamma} = \frac{Fd}{S\Delta x} \tag{2-10}$$

4. 体积模量  材料发生体应变时,若压强的增量为 $\Delta p$ 时,引起材料的体积的缩小量为 $\Delta V$,$\Delta V$ 取负号,相应的体应变为 $\theta$,在弹性极限内胡克定律可表达为

$$\Delta p = \frac{F}{S} = -K\frac{\Delta V}{V_0} = -K\theta \tag{2-11}$$

式中的比例系数 $K$ 定义为该材料的体积模量,则有

$$K = -\frac{\Delta p}{\theta} = -V_0\frac{\Delta p}{\Delta V} \tag{2-12}$$

体积模量的倒数定义为压缩系数,用 $k$ 表示,即

$$k = \frac{1}{K} = -\frac{1}{\Delta p} \frac{\Delta V}{V_0}$$

(2-13)

上述三种模量都是反映材料在受到应力时对所产生应变的抵抗能力强弱的物理量,我们也可用刚度来反映材料抵抗变形的能力,所以材料的弹性模量也称为该材料的刚度。在材料的应力-应变关系曲线中,弹性区的直线斜率代表的就是该材料的弹性模量,即材料的刚度。所以,在材料的应力-应变关系曲线中,可以得到有关该材料的极限强度、刚度和该材料在被破坏前所产生的最大应变。

物体在外力作用下之所以能产生应力发生应变,是因为外力对物体做了功。通过外力做功,物体吸收了外部能量并通过变形把该能量转变成其形变势能储存在其内部。物体在被破坏前所储存的能量可以用应力-应变关系曲线下面的面积来表示(指从应力-应变关系曲线的断裂点做纵轴的平行线,该平行线与横轴和应力-应变关系曲线所围面积)。该面积越大,表明相应材料的强度越大,抵抗破坏的能力越强。当撤去外力时,在材料的弹性区,应力完全消除后,材料内储存的能量可以完全释放出来,材料可以完全恢复原状;在塑性区,材料发生塑性形变后,应力即使完全消除,储存的能量也不会完全释放,会有一部分留在永久变形的材料内成为材料的形变势能。材料负载的过程是其吸收储存能量的过程,若加载过程中导致材料被破坏,那么材料吸收储存的能量会骤然快速地释放出来。

**例 2-2**　设某骨的原长度 $l_0 = 0.10\text{m}$,平均横截面积 $S = 1.25\text{cm}^2$,现给此骨施加 $F = 500\text{N}$ 的压缩载荷,若骨的压缩弹性模量为 $E = 9 \times 10^9 \text{Pa}$,则骨缩短多少?

解:由公式(2-7)可知

骨的缩短量　　　　$\Delta l = \dfrac{Fl_0}{SE} = \dfrac{500 \times 0.1}{1.25 \times 10^{-4} \times 9 \times 10^9} = 4.4 \times 10^{-5}\text{m}$

### 三、材料的黏弹性

有一些材料如橡胶、高分子塑胶、高温的铁、几乎所有的生物材料等,它们的应力、应变之间达到稳定的对应关系需要一个时间过程,也就是说在对这些材料施加外力和撤去外力时,它们是逐渐变形和复原的,这些材料既具有弹性固体的力学性质,也具有黏滞性流体的力学性质,或者说这些材料的力学性质介于弹性固体和黏滞性流体之间,这类材料被称为黏弹性材料。黏弹性材料具有固体和流体双重特性。

黏弹性材料的变形程度取决于外力以如何的速率施加,那么黏弹性材料的应力-应变关系不是唯一的,而是一个与时间有关的函数,即黏弹性材料具有时变性。

在研究黏弹性材料的时变性时发现,在恒定外力的作用下,即材料在恒定应力的作用下,开始有一迅速的较大的应变过程,随后有一缓慢的逐渐增加的应变过程,直到具有恒定应变量的平衡状态,这种现象称为黏弹性材料的蠕变现象。当撤去外力时,若材料是黏弹性固体材料,则变形会完全消失,材料最终会完全复原(图 2-4①);若材料是黏弹性流体材料,

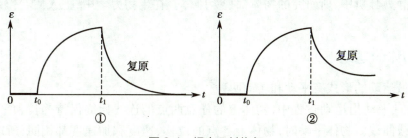

图 2-4　蠕变及其恢复

则材料最终不会完全复原,还会有变形存在(图2-4②)。

在对黏弹性材料的时变性研究时还发现,材料在产生恒定应变时,黏弹性材料最初产生的高应力开始会随时间快速减小,随后随时间缓慢减小直至达到恒定值,这种现象称为黏弹性材料的应力松弛现象;若是黏弹性固体材料,应力最终不会减小为零(图2-5①),若是黏弹性流体材料,应力最终会减小到零(图2-5②)。

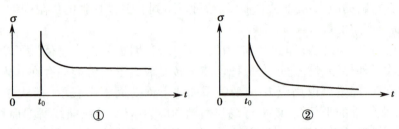

图 2-5　应力松弛实验

在对黏弹性材料进行周期性的加卸载,研究其应力、应变关系特征时发现,其加卸载的应力-应变关系曲线不重合,这种现象称为黏弹性材料的滞后,或称迟滞。对黏弹性材料进行多次循环加载后,其应力-应变关系曲线才会达到稳定,在同一个坐标系中得到的加卸载的应力-应变关系曲线能形成一个闭合环,此环称为黏弹性材料的滞后环,又称迟滞环。对于黏弹性材料,由于蠕变现象的存在,其滞后环的大小与周期性加卸载的速率有关,环所包围的面积代表着黏弹性材料在应变过程中所消耗的能量,面积越大,对应过程中所消耗的能量越多。黏弹性是引起能量消耗的重要原因。

由滞后现象可知,对黏弹性材料,尤其是黏弹性生物组织,必须对其进行多次的循环加载,才能得到其稳定的应力-应变关系,这种过程称为预调。在研究黏弹性材料的力学性质时,对材料进行预调是必不可少的。

## 第二节　静力学基础

静力学是研究物体在力作用下的平衡规律,对人体的运动或某一器官力学特征进行分析时,常把人体简化成质点、刚体,使问题的研究大大简化。

### 一、质点和刚体

1. 质点　指具有质量,但可以忽略其大小、形状和内部结构而视为几何点的物体,是由实际物体抽象出来的力学简化模型。

2. 刚体　在力的作用下不发生变形的物体称为刚体,是由实际物体抽象出来的力学简化模型。在静力分析中,所研究的物体都视为刚体。在生物力学中,把人体看作是一个多刚体系统。

### 二、物体的运动

物体机械运动的形式有平动和转动两种。

1. 平动　平动指运动过程中,物体上的任意两点的连线始终保持等长和平行,其运动轨迹是直线或曲线。物体平动时,物体上各点的位移、速度和加速度都相同,所以可把物体简化成质点处理。

2. 转动 转动是指物体运动过程中,组成物体上的所有质点都围绕同一直线(即转动轴)做圆周运动。物体转动时,组成物体的各质点距转轴的距离不同,所以各质点的线速度也不同,只能把物体简化成刚体来处理。

刚体转动时,若其转动轴固定不动,则称为定轴转动。描述刚体转动状态的物理量是角位移、角速度和角加速度。刚体的一般运动是平动和转动的合成,那么,刚体的任何一种机械运动,从最终的效果来看,都是由它的若干个平动和若干个定轴转动组合而成的。

3. 耦合运动(复合运动) 指一个物体围绕或沿着一个轴平移或转动的同时也围绕另一个轴平移或转动。

人体的大部分运动包括平动和转动,两者结合的运动称为复合运动。研究中通常把复合运动分解为平动和转动,如人骑自行车时,躯干可近似地看作平动,下肢各关节围绕关节轴进行多级转动。

4. 力矩和力偶

(1) 力矩:物体能否转动以及转动状态(快慢)是否发生改变取决于力的大小、方向和作用点三要素的综合作用。如我们开门时,施加于门的作用力平行或者通过门轴,那么再大的力也不能把门打开,要使门绕轴产生转动,必须使力的作用线与轴之间有一定的距离。所以,在研究转动的问题时要考虑力相对于转轴的位置,这就需要力矩的概念。

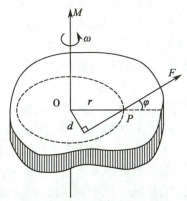

图 2-6 刚体的定轴转动

如图 2-6 所示,刚体做定轴转动,在刚体内任意选取一个垂直于转轴的参考平面即转动平面,转轴垂直于转动平面,外力 $\vec{F}$ 的作用线在转动平面内,$P$ 点是其作用点,$r$ 为其径矢(大小是从转轴和转动平面的交点 $O$ 到力的作用点 $P$ 的距离,方向是从 $O$ 点指向 $P$ 点),从转轴到力的作用线的垂直距离 $d$ 为力对转轴的力臂。力的大小和力臂的乘积称为力对转轴的力矩,用 $M$ 表示,所以有

$$M = Fd = Fr\sin\varphi \qquad (2\text{-}14)$$

在国际单位中,力矩的单位是牛·米(N·m)。

力矩是矢量,其方向用右手螺旋定则判定:伸出右手,拇指与四指垂直且在一个平面内,让四指由径矢方向沿小于平角的角度转到力 $F$ 的方向时,拇指所指的方向就是力矩 $M$ 的方向。在定轴转动中,通常是力矩使刚体逆时针转动时力矩取正,顺时针转动时力矩取负。

力矩的矢量表达式为

$$\vec{M} = \vec{r} \times \vec{F} \qquad (2\text{-}15)$$

如果外力不在转动平面内,需要把外力分解成互相垂直的两个分力,一个分力与转轴平行,另一个与转轴垂直,前者对刚体的转动状态没有影响,后者才能使刚体的转动状态发生改变。

(2) 力偶:力偶是指作用在同一刚体上的大小相同、方向相反且力的作用线互相平行不重合的两个非共点力。

图 2-7 所示,力偶中的每个力的大小均为 $F$,它们之间的垂直距离为 $l$,两个力的矢量和为零,这表示力偶对刚体不产生平动效果。

任意选取一转轴,如选通过 $O$ 点垂直于力偶所在平面的直线为转轴,组成力偶的两个力对此转轴的合力矩为

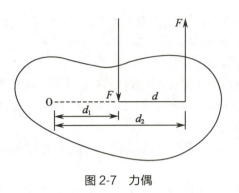

图 2-7 力偶

$$\sum M = Fd_2 - Fd_1 = Fd \qquad (2\text{-}16)$$

合力矩不为零说明力偶对刚体作用的效果是使刚体的转动状态发生改变。式(2-16)说明,围绕垂直于力偶所在平面的任意转轴,力偶所产生的转动力矩都相同,且都等于两个力作用线之间的垂直距离与力偶中任一力的大小的乘积,这一转动力矩称为力偶矩。在力偶的作用下,刚体会产生转动或转动状态发生改变。

5. 杠杆 人体的运动装置与杠杆有关,运用杠杆原理对人体运动进行分析,是生物力学研究的重要途径之一。

杠杆装置包括支点、动力点(力点)和阻力点。人体受力可分为动力和制动力(阻力)。如果所受力的方向与人体运动(速度)方向相同,此力称为人体动力,反之则称为人体阻力。人体的运动杠杆装置分为三类。

(1)平衡杠杆装置:其支点位于力点和阻力点中间,主要作用是传递动力和保持平衡,这类杠杆既产生力又产生速度。在人体运动中这类杠杆较少,如头部的点头动作。

(2)省力杠杆装置:其阻力点在力点和支点的中间,其力臂始终大于阻力臂,可用较小的力来克服较大的阻力,故称省力杠杆。如站立位提足跟的动作,以跖趾关节为支点,小腿三头肌的跟腱附着于跟骨上的止点为力点,人体重力通过距骨体形成阻力点,在跗骨与距骨构成的杠杆中位于支点和力点之间。

(3)速度杠杆:其力点在阻力点和支点的中间,此类杠杆在人体上最为普遍,如肱二头肌屈起手中握有重物的前臂的动作,支点在肘关节中心,力点(肱二头肌在桡骨粗隆上的止点)在支点和阻力点(手及所持重物的重心)之间。此类杠杆因为力臂始终小于阻力臂,动力必须大于阻力才能引起运动,但可使阻力点获得较大的运动速度和幅度,故称速度杠杆。

### 三、受力分析

受力分析就是对研究对象所受的全部外力进行分析。进行物体的受力分析时首先要把研究对象从其所处的物体系中分离出来,分离出的研究对象又称作分离体,这个过程叫作取分离体。在分离体上画出其所受的全部外力的图形叫作研究对象的受力分析图或自由体图。

例 2-3 分析当人一侧下肢正在抬腿蹬梯时,另一侧负重下肢的受力情况。

解:把负重侧小腿同身体的其他部分隔离开,分析其他部分对它的作用,略去次要因素可认为负重下肢所承受的主要作用力有地面的支持力、髋韧带力和作用在胫骨关节上的作用力。这里略去小腿自重这一次要因素,因它一般只有体重的十分之一。

绘制其受力图的具体步骤如下:

首先是选取合适的研究对象,画出分离体图。研究对象的选取一般依问题的性质而定,它可以是一个物体,也可以是若干物体组成的物体系统。在有些情况下,需要分别选取几个研究对象,那么也应分别画出它们的自由体图;其次是分析研究对象所受的全部外力,包括已知的和未知的,把这些外力全部画在研究对象的分离体图上;最后全面检查,以防遗漏和虚构增加的力。除重力、电磁力是超距离作用外,其他的力都是接触力。因此,所有与研究对象相接触的物体,在接触处都应画出相应的接触力,否则就会遗漏力。画出一个力,必须能指出相应的施力物体,否则就会虚加力。因此,对于正确地进行受力分析和画出受力图要特别重视。

例 2-4　画出人体的前臂前平伸肘弯曲 90°时前臂的受力图。

解：如图 2-8 所示，人体的前臂前平伸肘弯曲 90°，把前臂与周围其他物体隔离开后，分析认为前臂共受三个力的作用：前臂的重力，其方向竖直向下，其作用点在前臂的重心；肱二头肌力，其方向竖直向上，作用点为肌腱在桡骨上的附着点；作用在肘关节中尺骨滑车窝上的力，其方向竖直向下，作用点过肘关节的转动轴心。

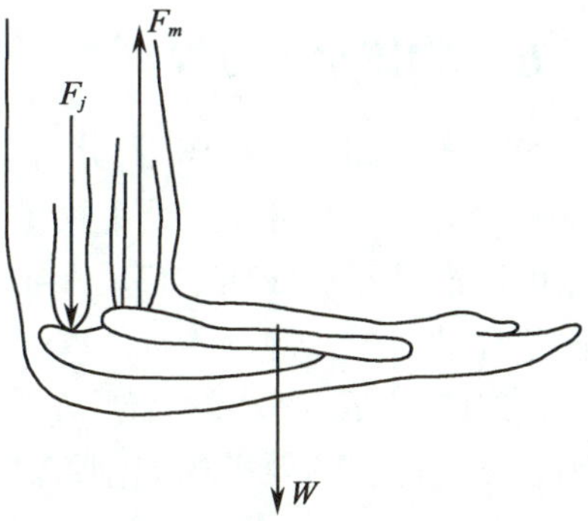

图 2-8　前臂前平伸肘弯曲 90°时的受力图

### 四、力系与力系平衡

1. 力系　一个物体若同时受到几个外力的作用，这些外力就形成一个力系。根据力系中各力的作用线的特征，力系可分为以下几类：

（1）汇交力系或共点力系：各个外力的作用点为一点，或这些外力的作用线相交于一点或这些外力的作用线的延长线相交于一点的力系称为共点力系或汇交力系。共点力系中所有力的作用线都位于同一平面内的叫平面共点力系。否则称为空间共点力系。

（2）平行力系：各力的作用线相互平行的力系称为平行力系。平行力系又分平面平行力系和空间平行力系。

（3）一般力系：各力作用线既不平行，又不汇交于一点的力系称为一般力系。一般力系也可分为平面和空间两类。

若两个力系在同样条件下作用于同一物体产生相同的效应，则称这两个力系为等效力系。

2. 平衡　在力学中，把相对于地球处于静止或匀速运动的状态称为物体的平衡状态，简称物体的平衡。静力学就是研究物体在各种力系作用下的平衡条件。

3. 物体平衡条件　当物体运动加速度为零时，物体处于静止状态或匀速运动状态，即物体处在平衡状态。根据牛顿第二定律可知，只有当物体所受合外力为零时，物体运动的加速度才为零；根据刚体转动定律，只有当刚体所受合外力矩为零时，物体转动的角加速度才为零，所以物体平衡的力学条件为物体所受合外力和所受合外力矩均为零；用方程表达出来即

$$\sum \vec{F}_i = 0 \tag{2-17}$$

$$\sum \vec{M}_i = 0 \tag{2-18}$$

4. 人体平衡的特点　人体由于生命活动的存在，肌张力也在变化，使得人体重心在一定范围内波动，因此人体平衡是相对的动态平衡。

当人体重心偏移时，人体能借助一些补偿动作来抵消和/或中和重心的偏移，如果还不能维持平衡时，人体还可借助恢复动作和/或改变支撑面来获得新的平衡。也就是说，人体可以通过视觉和本体感觉，在大脑皮质的控制下，通过肌肉的收缩活动形成人体平衡的力学条件，恢复和维持人体平衡。因此，人体的平衡离不开肌肉的收缩活动，肌力的主要作用就是固定关节、调节控制人体平衡。肌肉活动要消耗生理能量，如果人体保持平衡的时间太长，使得机体能量消耗过多，肌肉疲劳，将会降低人体控制平衡的能力。人体平衡还受心理的影响。

### 五、物体平衡方程

当物体受到力系的作用,分析其平衡条件时,首先要对力系进行简化,而力系的简化经常需要力的合成与分解。研究力的运动效应时,在力进行分解或合成需要移动力时,力的作用点可以沿其作用线任意移动而不会改变其效应;但研究力的变形效应时,力不能沿其作用线任意移动。

1. 力的合成与分解　若几个力同时作用在一个物体上,其作用效果会和某一个力单独作用在该物体上的效果相同,那么后一个力是前面几个力的合力,前面几个力可以说是后一个力的分力。

(1) 力的合成:已知分力求其合力的过程就是力的合成(力的叠加性)。可用图解法进行力的合成,图解法有平行四边形法则、三角形法则和多边形法则三种方法。

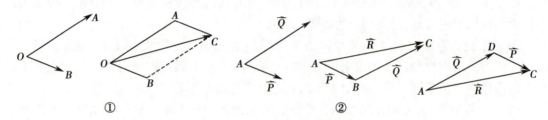

图 2-9　力的合成示意图
①平行四边形法则;②三角形法则

平行四边形法则(图 2-9①)是指把两个已知的分力作为平行四边形的两邻边作出平行四边形,两邻边的夹角的大小是两个分力方向的夹角角度,两邻边所夹的那条对角线代表的就是这两个分力的合力。对于三个或三个以上分力的合成,可依次应用平行四边形法则求合力:先求出某两个分力的合力,对这个合力与第三个力运用平行四边形法则再求合力,依次进行下去,即可求出总的合力即全部分力的合力。如在临床中实施拔伸牵引时(图 2-10),实施者每只手用力的作用线,并不与骨轴线平行,但两只手共同作用的结果,使远端组织沿骨的轴线方向移动,这说明两力 $\vec{F}_1$ 和 $\vec{F}_2$ 共同作用的结果,相当于一个沿骨轴线方向的力 $\vec{F}$。

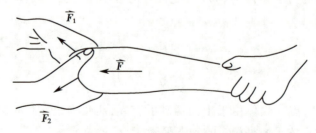

图 2-10　人体某部位拔伸牵引时的力的合成

三角形法则是指先将两个分力通过力的平移使得它们首尾相接,再从其中一个力的起点至另一个力的终点作矢量,则矢量代表的就是合力,如图 2-9②所示。对于三个或三个以上的分力的合成,可依次应用三角形法则求合力:先求出某两个分力的合力,对这个合力与第三个力运用三角形法则再求合力,依次进行下去,即可求出总的合力即全部分力的合力。

多边形法则是指通过力的平移依次将各个分力的首尾相连接,最后从第一个分力的首端至最后一个分力的尾端连接起来的有向线段,即为所求的合力。

如图 2-11 所示,某人拉地面上的一个物体,该物体受到四个力:拉力 $\vec{f}_1$、重力 $\vec{W}$、地面支持力 $\vec{N}$ 和摩擦力 $\vec{f}_2$,可以用多种顺序应用多边形法则确定物体所受合力 $\vec{F}$。按 $\vec{f}_1$、$\vec{N}$、$\vec{f}_2$、$\vec{W}$ 的顺序,图 2-11①所示求合力 $\vec{F}$;按 $\vec{W}$、$\vec{f}_2$、$\vec{N}$、$\vec{f}_1$ 的顺序,图 2-11②所示求合力 $\vec{F}$,结果是一样的。

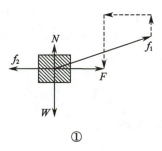 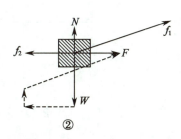

图 2-11　力的合成的多边形法则示意图

三角形法则和多边形法则是由力的平行四边形定律演变而来的,无论用哪种方法求合力,各分力的排列顺序不会影响最终的合力。

(2)力的分解:已知合力确定其分力或者要确定力沿不同方向的分量的过程称为力的分解。力的分解需要知道一些已知条件,才能确定结果。力的分解是力的合成的逆过程。如图 2-12 所示,对某直角斜面上的物体所受的重力进行分解。根据需要,把重力 $\vec{W}$ 分解为一个与斜面平行指向下方的分力 $\vec{W}_1$,另外一个分力是与斜面垂直的分力 $\vec{W}_2$。

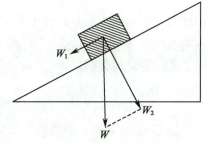

图 2-12　力的分解

2. 刚体在共点力系作用下的平衡方程　对于共点力系,若分力的合力等于零,可以证明分力对任一转轴的合力矩也等于零。所以,刚体在共点力系作用下的平衡条件可以简化为共点力系的合力为零,其平衡方程为

$$\sum \vec{F} = 0 \tag{2-19}$$

若作用于刚体的共点力系由多个力组成,由上面力的合成的数学解析法中的式(2-19)可知,刚体的平衡方程为

$$F_x = \sum_{i=1}^{n} F_{ix} = 0, F_y = \sum_{i=1}^{n} F_{iy} = 0, F_z = \sum_{i=1}^{n} F_{iz} = 0 \tag{2-20}$$

3. 刚体在平面力系作用下的平衡方程　对于平面力系,其分力对任一转轴的力矩只有正负之分,且这些分力也只需在平面直角坐标系内进行分解。所以,刚体在平面力系作用下处于平衡态的平衡方程可表示为

$$F_x = \sum_{i=1}^{n} F_{ix} = 0, F_y = \sum_{i=1}^{n} F_{iy} = 0, M = \sum_{i=1}^{n} M_i = 0 \tag{2-21}$$

如图 2-13 所示,刚体在平面平行力系的作用下处于平衡态的平衡方程可表示为

$$\sum_{1}^{n} f_i = f_1 + f_2 + \cdots + f_n = 0$$

$$\sum_{1}^{n} f_i x_i = f_1 x_1 + f_2 x_2 + \cdots + f_n x_n = 0 \tag{2-22}$$

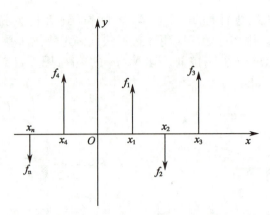

图 2-13 平面平行力系的平衡

同时通过证明可知两点,一是作用于同一刚体使其平衡的三个力必构成平面力系,二是平衡的共面而非共点的三个力必构成平行力系。

## 第三节 动力学基础

动力学的基本定律是牛顿力学定律,也是经典力学的基础。在很多情况下物体可以看作是质点或者是质点的集合。牛顿力学定律给出了惯性、加速度和作用力三者之间的关系,揭示了质点运动的共同规律。

### 一、牛顿第一定律

牛顿第一定律指出,当物体所受的合外力等于零时,物体将保持静止或匀速直线运动状态,又称为"惯性定律"。牛顿第一定律告诉我们,物体的运动状态并不需要力来维护,只有当物体的运动状态要发生改变时,才需要力的作用,即力是改变物体运动状态的原因。

### 二、牛顿第二定律

牛顿第二定律指物体所受合外力的大小与物体加速度的大小成正比关系。若物体所受外力的方向与物体的运动方向相同,物体做加速运动;反之,物体做减速运动。

牛顿第二定律的公式形式为

$$\vec{F} = m\vec{a} \tag{2-23}$$

其中,$\vec{F}$ 为物体所受的合外力,$m$ 为物体的质量,$\vec{a}$ 为在合外力的作用下物体的加速度。由牛顿第二定律可知,当物体所受的合外力一定时,物体的质量越大,其加速度越小。即质量大的物体要改变其运动状态较难,反之,较容易。说明质量反映了物体维持原有运动状态的能力,所以,质量是物体平动惯性的量度,又称其为"惯性质量"。

牛顿第二定律在刚体定轴转动中的表达形式为

$$\vec{M} = I\vec{\beta} \tag{2-24}$$

式中 $\vec{M}$ 是刚体所受的合外力矩,$\vec{\beta}$ 是刚体定轴转动的角加速度,$I$ 是刚体转动的转动惯量($\vec{M}$、$I$、$\vec{\beta}$ 都是对同一转轴而言)。式(2-24)表明,刚体作定轴转动时,刚体的角加速度和它所受的合外力矩成正比,和它的转动惯量成反比,这个关系称作刚体定轴转动的转动定律。对比式（2-23）和式（2-24）可知，质量和转动惯量都是抗拒运动改变的量。所以转动惯量是物体转动惯性的量度，物体的转动惯性越大，则越难改变转动物体的转动状态或使其静止。

### 三、牛顿第三定律

牛顿第三定律指出，当两个物体相互作用时，若 $\vec{F}_{12}$ 表示第一个物体受到的第二个物体对它的作用力，$\vec{F}_{21}$ 表示第二个物体受到的第一个物体对它的作用力，那么，力 $\vec{F}_{12}$ 和 $\vec{F}_{21}$ 总是大小相同、方向相反，作用线在同一直线上，这两个力称为作用力和反作用力。

牛顿第三定律的方程形式为

$$\vec{F}_{12} = -\vec{F}_{21} \tag{2-25}$$

即物体间的作用是相互的，作用力和反作用力性质相同、同时出现、同时作用、同时消失；大小相同、方向相反、有相同的作用线。在对物体进行受力分析和构建受力图时起重要作用。

牛顿力学定律也有其局限性，它只适用以下范围：①牛顿力学定律适用于惯性系；②牛顿力学定律适用于与光速相比速度比较低的物体，否则要应用相对论力学；③牛顿力学定律适用于宏观领域，在微观领域要应用量子力学。

## 第四节 计算力学基础

### 一、计算力学的概念

计算力学是力学与计算机交叉的一门新兴学科，在人类认识自然和解决工程技术问题中有着十分重要的作用。

1. 力学问题的数学模型 在科学和工程领域，会碰到许多需要解决的力学问题。解决这些问题的第一步就是给出描述问题的数学模型，即解决力学问题的基本方程（常微分方程或偏微分方程）和相应的初始条件和边界条件。

2. 力学问题的求解 在计算机出现之前，求解力学问题的基本方程只能采用解析方法求出精确解。但是这类方法能够解决的实际问题是十分有限的，只能解决少量几何形状比较规则、荷载简单，以及边界条件简单的问题。在科学和工程实践中，面对复杂的力学问题，力学家和工程师深入分析，考虑问题的主要影响因素，忽略次要影响因素，在此基础上对数学模型进行简化，提出了各种近似计算的手段，为后来计算力学的发展奠定了良好的基础。

自从 20 世纪 40 年代计算机出现以来，特别是近几年来计算机软、硬件技术的快速发展，数值分析方法已经为解决复杂的力学问题开辟了新途径。科学和工程中力学问题数值求解常用的数值分析方法主要包括有限元法、有限差分法和边界元法等。因为有限元法的通用性和有效性，所以有限元法成为科学和工程计算分析中最广泛使用的数值分析方法。

3. 计算力学与其他学科交叉 作为计算力学的代表性成果，有限元法在很多难以求得解析解的问题中，能够得到可靠的数值结果。计算力学在科学和工程领域的巨大作用，使得计算力学发展成为与实验、理论并列的解决力学问题的三大支柱之一。计算力学是交叉特征鲜明的学科，与物理、医学、材料、生物等学科交叉，推动了新型交叉学科的形成与发展。

## 二、三维有限元法与骨伤科研究

### （一）有限元分析方法的形成与发展

随着计算机技术的飞速发展和工业设计的需求增加，逐渐形成发展出一门专业学科——计算机辅助工程（computer aided engineering，CAE）。通过计算机辅助求解复杂工程和产品结构强度、刚度、屈曲稳定性、动力响应、热传导、三维多体接触、弹塑性等力学性能的分析计算，以及结构性能的优化设计等问题的一种近似数值分析方法。随着 CAE 工程仿真在工业设计中发挥的作用日趋重要，国际上早在 20 世纪 60 年代初就开始投入大量的人力和物力开发有限元分析程序，而真正的 CAE 软件是诞生于 20 世纪 70 年代初期。CAE 软件可以分为两类：①针对特定类型的工程或产品所开发的用于产品性能分析、预测和优化的软件，称为专用 CAE 软件；②可以对多种类型的工程和产品的物理、力学性能进行分析、模拟和预测、评价和优化，以实现产品技术创新的软件，称为通用 CAE 软件。CAE 软件的主体是有限元分析（finite element analysis，FEA）软件。

目前国际上大型的面向工程的有限元通用程序有几百种，主流的 CAE 分析软件有美国的 NASTRAN、ABAQUS、ADINA、ANSYS、BERSAFE、BOSOR、COSMOS、ELAS、MARC 和 STAR-DYNE 等，德国的 ASKA、英国的 PAFEC、法国的 SYSTUS 等商业化产品。NASTRAN 是目前世界上规模最大的有限元分析系统。1975 年大连理工大学科研团队成功开发了我国第一个通用有限元程序系统 JIFEX，该软件系统已发展成为中国计算力学与 CAE 研究领域最具特色的有限元分析与优化设计软件之一，到目前为止已经发展到 5.0 版，广泛地应用于各类工程实际问题分析，JIFEX 已成为能用于大型复杂结构静、动力分析，功能广泛的工程结构分析软件系统。

FEA 从固体力学中萌芽，最初应用在求解结构的平面问题上，发展至今，已由二维问题扩展到三维问题、板壳问题；由静力学问题扩展到动力学问题、稳定性问题；由结构力学扩展到流体力学、电磁学、传热学等学科；由线性问题扩展到非线性问题；由弹性材料扩展到弹塑性、塑性、黏弹性、黏塑性和复合材料；从航空技术领域扩展到航天、土木建筑、机械制造、水利工程、造船、电子技术及原子能等；由单一物理场的求解扩展到多物理场的耦合；其应用的深度和广度都得到了极大的拓展。FEA 已在制造业、医学、物流、建筑等各领域中都得到了广泛应用。由于计算能力等条件的限制，国内 FEA 的应用相比于国外而言还有一定的差距，不过随着我国高性能计算机和计算技术的日益发展，计算能力逐步提高，这种差距正在不断缩小。

### （二）有限单元法概念

有限元法（finite element method，FEM）是基于结构力学分析迅速发展起来的一种现代计算方法，它是 20 世纪 50 年代末 60 年代初兴起的应用数学、现代力学及计算机科学相互渗透、综合利用的边缘科学。1943 年 R. Courant 首次提出有限元法，最初应用在工程科学技术中，用于模拟并且解决工程力学、热学、电磁学等物理问题。随着有限元理论及其应用的迅速发展，过去用解析方法无法求解的问题和边界条件及结构形状都不规则的复杂问题，都得到了新的解决方案。

FEM 的基本思想是利用数学近似的方法对真实物理系统（几何和载荷情况）进行模拟，是利用简单而又相互作用的元素，即单元（element），用有限数量的未知量去逼近无限未知量的真实系统。它是一种求解描述物理问题基本微分方程和相应定解条件的数值方法。

FEM 最初起源于航空工程的矩阵分析，它是把一个连续的介质（或构件）看成是由有限数目的单元组成的集合体，在各单元内假定具有一定理想化的位移和应力分布模式，各单元间通过结点相连接，并借以实现应力的传递，各单元之间的交接面要求位移协调，通过力的平衡条件,建立一套线性方程组,求解这些方程组,便可得到各单元之间和结点的位移、应力。简而言之,就是化整为零分析,积零为整研究。

### (三)有限元分析与骨伤科研究

在生物医学研究中,对人体力学结构开展力学研究时,力学实验几乎无法直接进行,利用有限元数值模拟力学实验恰成为一种有效且理想的手段。1972年Brekelmans和Rybicki首次将FEA引入骨科生物力学研究后,先后经历了由二维向三维、由线性单一材料向非线性复合材料的转变历程。随着技术的不断进步,三维有限元模型可以克服离体、在体实验或物理模型的多种不足,逐渐被应用于脊柱生物力学的研究。1974年Belytschko首先将有限元方法应用于脊柱力学研究,建立二维椎间盘模型,标志着有限元法在骨科生物力学分析中应用的开端。20世纪90年代,开始有研究者创建颈椎有限元模型。历经众多研究者的发展完善,Yoganandan等(1996年)在以往研究的基础上,构建了复杂的$C_{4\sim6}$三椎节三维模型。近年来,颈椎有限元模型的创建越来越细化,趋向于研究局部细化的有限元结构,如相关专家建立了全颈椎有限元模型($C_{1\sim7}$)、含有脊髓的颈椎模型、包含肌肉的有限元模型、完整的上颈椎复合体模型(含有关节面、关节囊、关节液的小关节等)、椎间盘为固液二相性的腰椎流固耦合有限元模型等。这些不同特点、应用于不同研究领域的脊椎三维有限元模型,推动着脊柱生物力学研究的发展和创新。

近年来,生物力学与中医学结合紧密,生物力学方法在中医临床学科中的应用愈发频繁和广阔,尤其是应用计算机有限元分析技术研究传统中医脊柱手法中的力学问题逐渐成为热点。计算机模型可在持续性研究中重复及改变任何质量与定量变化,同时反映了局部以及内部的机制反应,可以对脊柱损伤、退变、创伤等进行模拟分析提供一个较为理想的方法。如常用于治疗脊柱慢性筋骨病损的正骨手法等,虽然具有明显的临床优势,但由于生物力学理论薄弱,其安全性及其作用机制受到一定程度的质疑。现代生物力学原理和医学图像三维有限元分析的结合,可以较全面地反映颈椎及相关病理状态下的生物力学特性。这些基础研究数据可能为手法诊治的定位定量分析,关键技术规范、治疗方案优化和手法安全性的提高提供重要的试验依据。因此,创建验证可靠的颈椎有限元模型,为深入了解颈椎及其相关疾病生物力学机制提供更理想的理论研究平台。

### (四)全颈椎三维有限元模型的创建与验证

本模型的创建主要涉及的软件分为:三维模型构建软件(如交互式医学软件Mimics),有限元前处理软件(逆向工程软件Geomagic、Hypermesh),有限元分析和后处理软件(Abaqus、Ansys)。分为三个主要步骤:第一,建立颈椎三维实体模型;第二,建立颈椎三维有限元模型(图2-14);第三,模拟加载手法进行有限元分析。

1. 建立三维实体模型 如图2-15所示,通过CT或MRI扫描,获取受试者颈椎的二维断层图像以DICOM(Digital Imaging and Communications in Medicine)格式储存;然后将DICOM格式图像数据导入医用交互式软件Mimics17.0中,对全颈椎每个骨性结构三维几何重建,将结果以STL格式保存;之后,再将STL格式模型导入逆向工程软件Geomagic12.0进行非线性曲面(NURBS)的构建,拟合完成后,得到全颈椎三维有限元模型$C_1 \sim T_1$的实体模型。

2. 模型网格化 将椎体模型导入有限元分析软件Abaqus 6.13中,运用其中的Part、Assemble和Mesh模块,构建厚度为0.1mm的椎体上下终板和关节软骨模型,以及相邻两终板之间的椎间盘模型(包括纤维环和髓核);在有限元分析软件Abaqus 6.13的Part模块中,参考解剖资料及文献资料,在各个韧带相应的起止点,构建包括横韧带(transverse ligament,TL)、翼状韧带(alar ligament,AL)、前纵韧带(anterior longitudinal ligament,ALL)、后纵韧带(posterior longitudinal ligament,PLL)、黄韧带(ligamentum flavum,LF)、囊韧带(capsular liga-

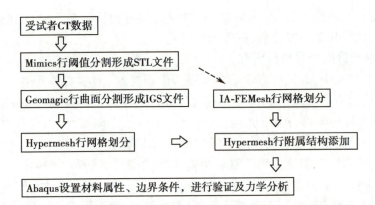

图2-14　颈椎有限元模型建立的基本流程（虚线箭头表示可选择的流程）

图2-15　三维几何实体模型的构建流程

ment,CL）、棘间韧带（interspinous ligament,ISL）、棘上韧带（supraspinal ligament,SSL）在内的共8种韧带（图2-16、图2-17）。

3. 材料赋值及载荷与边界条件设置　关节软骨间采用无摩擦面-面接触关系模拟关节间的相互作用,椎间盘和终板之间通过共用终板面网格来实现共节点,从而完成椎体和椎间盘之间的关系设定。

在材料赋值步骤中,模型骨性部分（皮质骨、松质骨和终板）以及 TL 均设置为各向同性的弹性材料。椎间盘（包括纤维环与髓核）和小关节使用不可压缩的超弹性材料定义。因本研究不涉及椎间盘内部应力应变的运算与详细观察,故忽略胶原纤维的影响。除 TL 外的所有韧带属性均采用次弹性材料属性进行定义（表2-1）。

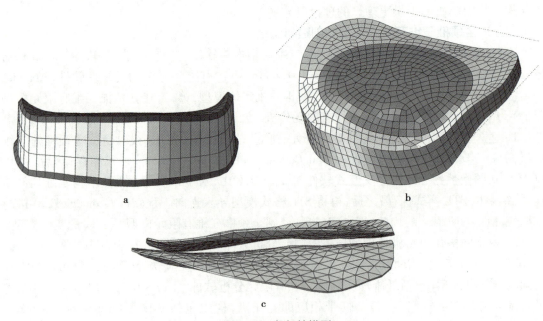

图2-16　各部件模型
a.椎间盘和终板模型正面观;b.髓核及纤维环模型;c.关节软骨

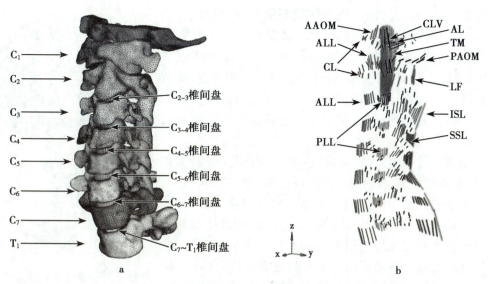

图 2-17　韧带模型

a. 横韧带；b. 整体韧带模型（AAOM 为寰枕前膜，CLV 为十字韧带垂直部，TM 为覆膜，PAOM 为寰枕后膜）

表 2-1　颈椎模型各部件单元类型与材料属性详表

| 组成 | 单元类型 | 杨氏模量/MPa | 泊松比 | 横截面积/mm² |
|---|---|---|---|---|
| 松质骨 | Tetrahedron（C3D4） | 450 | 0.25 | |
| 皮质骨 | Triangle shell（S3） | 10 000 | 0.3 | |
| 终板 | Triangle shell（S3） | 1 000 | 0.3 | |
| 纤维环 | Hexahedral（C3D8） | 4.2 | 0.45 | |
| 髓核 | Hexahedral（C3D8） | 1 | 0.49 | |
| 关节软骨 | Triangle shell（S3） | 10 | 0.4 | |
| 前纵韧带 | Truss（T3D2, tension only） | 30 | 0.3 | 6.1 |
| 后纵韧带/覆膜 | Truss（T3D2, tension only） | 20 | 0.3 | 5.4 |
| 黄韧带 | Truss（T3D2, tension only） | 10 | 0.3 | 46 |
| 棘间韧带 | Truss（T3D2, tension only） | 8 | 0.3 | 13 |
| 关节囊韧带 | Truss（T3D2, tension only） | 30 | 0.3 | 42.2 |
| 寰枕前膜 | Truss（T3D2, tension only） | 20 | 0.4 | 5 |
| 寰枕后膜 | Truss（T3D2, tension only） | 20 | 0.4 | 5 |
| 齿突尖韧带 | Truss（T3D2, tension only） | 20 | 0.4 | 5 |
| 翼状韧带 | Truss（T3D2, tension only） | 5 | 0.4 | 20 |
| 横韧带 | Quadrilateral shell（S4） | 20 | 0.4 | 15 |
| 前纵韧带 | Truss（T3D2, tension only） | 30 | 0.3 | 6.1 |

　　载荷与边界条件设置过程中，首先，建立全局坐标系 $X$-$Y$-$Z$，$X$-$Y$ 平面等同于水平面，$X$-$Z$ 平面等同于冠状面，$Y$-$Z$ 平面等同于矢状面。模型在载荷下的活动以此 3 个平面进行评估。然后，约束 $T_1$ 下终板所有节点的 6 个自由度作为边界条件，在 $C_1$ 上方 2mm 处建立一个节点（flying-node）并将其设置为参考点（reference point，RP），将该 RP 与 $C_1$ 椎体上表面所有节点进行耦合（coupling），使得加载在 RP 上的载荷均匀分布在 $C_1$ 所有节点上。

　　为了对构建的颈椎有限元模型进行验证，对参考文献中实验数据信息的提取和总结，对模型施加纯扭矩，进行前屈、后伸、左侧弯、右侧弯、左旋转、右旋转共 6 种工况的模拟。

　　4. 有限元模型的验证　有限元模型的构建仅是进行有限元分析的第一步，能否将该有限元模型运用于研究,则取决于该模型能否通过验证。一般而言,验证有限元模型的最经典方式是将模型实验数据与离体实验数据进行对比,需要进行颈椎六个正常生理活动角度的验证,分别是:前屈,后伸,左侧弯,右侧弯,左旋转和右旋转。根据差异调整模型,最终得到能与离体实验一致或相近的有限元模型,该模型才是能够真正用于研究的(图 2-18)。

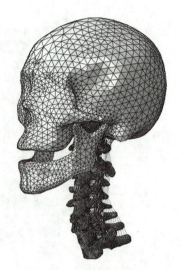

**图 2-18 全颈椎有限元模型（头颅网格仅为显示体）**

5. 有限元模型的计算和后处理 在有限元分析软件中,对模型施加位移、集中力、扭矩等参数,给出计算条件,软件给出最后的结果。部分数据是由软件直接给出的,如应力、位移量等;有一些数据需要二次计算,如椎体相对活动度。研究者可以选择与研究目的相关的参数进行观察,反映最终的结果。最常用的一个参数是等效应力(von Mises 应力),它是目前最主要的三维有限元应力分析方法,使用 von Mises 值进行模型最大、最小应力的定量评估。应力云图又称彩虹图,它可以将模型的每个单元使用不同的颜色表示出来,每一种颜色对应一定的应力值范围,因此,相同彩色区域代表相同应力值的分布范围,通过应力云图可以反映在一定载荷作用下有限元模型的整体和局部应力分布情况。

6. 分析结果 最后,将软件计算的结果通过不同的图或表形式导出,完成有限元分析计算。

### （五）不足与展望

FEA 在现代骨科生物力学研究中已取得了长足进展,但是中医骨伤科领域的研究尚有很大进步空间。国内诸多学者致力于建立标准化和验证可靠的数字化模型,为后续生物力学研究提供平台,使有限元分析在骨伤科领域从最初作为实验生物力学补充的替代方法,成为与之并驾齐驱、无法替代的实验手段。当然,有限元模型和有限元分析也并不是完美的,比如在模型构建上,有限元分析一直处于发展阶段,而真正完全接近真实的颈椎仿真模型还难以实现,肌肉、血管等软组织的构建和赋值一直是有限元研究的难点。

近年来,脊柱有限元模型的发展主要集中在细致化、个性化、准确性和自动化四个方面。因此,对于有限元分析的研究,研究者们必须以临床问题为出发点,明确研究目的,合理选择真实参数,结合理论参数,适当对模型进行细化和优化,建立符合解决临床问题要求的模型,才能充分发挥有限元分析在医学研究中的意义和优势。

（黄立新 王辉昊）

### 复习思考题

1. 请思考计算力学在解决力学问题中的作用和地位。
2. 请思考三维有限元技术还可以应用于骨伤科的哪些研究。
3. 三维有限元分析主要有哪些软件和步骤?
4. 请思考脊柱有限元模型的发展趋势。
5. 是否有必要建立一个最精细的医用有限元模型来进行模拟分析不同疾病?
6. 通过本章学习和文献查阅,请思考哪些实验方式适用于骨伤科的生物力学研究。

# 第三章

# 骨的生物力学

了解骨的生物力学基本性质及其影响因素,掌握骨折发生、愈合、治疗的生物力学、中医夹板外固定的生物力学知识。

## 第一节　骨的力学性质

人体骨骼的外部形态和内部结构不论是从解剖学还是生物力学的角度来看,都是十分复杂的。人共有 206 块骨,骨按形状可分为长骨、短骨、扁骨和不规则骨等,这种复杂性是由骨的功能适应性决定的。骨的功能适应性是指对所担负工作的适应能力。从力学观点来看,骨是理想的等强度优化结构。它不仅在一些不变的外力环境下能表现出承受负荷(力)的优越性,而且在外力条件发生变化时,能通过内部调整,以有利的新的结构形式来适应新的外部环境。

日常生活中,骨骼受到复杂的力的作用,可发生一定的形态改变。骨的形变方向和形变量依赖于所受载荷的方向和大小,以及受载骨本身的几何形态及材料特性。骨受力后的反应可通过载荷-形变曲线加以定量描述,它反映了骨的结构特性。力作用于骨还可使骨产生复杂的内力和形变。骨内任意一点的局部形变叫作应变,该点局部力的强度叫作应力。局部骨组织的材料特性决定着某一点的应力和应变关系。如果骨受到非常强大的力的作用,则某一点的应力和应变可超过组织能承受的极限应力或应变,这时就会发生机械断裂,从而导致骨折。

正常情况下,骨组织处于吸收和形成的平衡状态中。一些全身和/或局部因素可以导致骨形成和/或骨吸收的增加或减少。骨的生物学改变可引起骨的显微结构和组成成分的变化,从而影响骨组织的力学特性。而骨力学特性的改变也可改变完整骨受载后的反应,使骨组织抵御骨折的能力增强或下降。一般认为,骨的宏观结构的力学特性依赖于其形状和大小,同时也依赖于其材料的力学特性,而骨的材料特性又依赖于骨的成分(如孔隙率、矿化等)和结构(如胶原纤维排列、小梁骨或皮质骨等)。

### 一、骨的组织结构及功能适应性

骨是一种有生命的、复合的、各向异性的、非均匀的材料,具有黏弹性和良好的功能适应性。

骨的功能主要有两方面:一是组成骨骼系统,用来支撑人体和维持人体的正常形态,保护内脏器官,骨骼又是肌肉的附着部位,为肌肉收缩和身体运动创造条件,骨骼为适应其功能可通过连续变化来改变形状和结构。二是可调节血液的电解质 $Ca^{2+}$、$H^+$、$HPO_4^-$ 的浓度来保持体内矿物质的动态平衡，具有骨髓造血、钙磷的储存与代谢等功能。

骨的形状与结构因骨的功能不同而不同，同一根骨的不同部位，由于功能不同，它的结构和形状也不同，例如股骨干与股骨头。所以全面表述骨的材料性能及其功能、骨的结构、生长机制是很重要的。

### （一）骨的组织结构

1. 骨组织的构成　组织是由类似的特殊细胞结合在一起而完成某一功能的结合体，结缔组织是结合到一起而构成生物体不同结构支架的组织，骨是坚强的结缔组织。在骨的组织中包括细胞、骨纤维和骨基质三种成分。

骨组织中有三种细胞，它们是骨细胞、成骨细胞和破骨细胞。这三种细胞能相互转换，相互配合而可吸收旧骨质、产生新骨质。

骨纤维主要由胶原纤维构成，故称为骨胶原纤维，骨纤维束呈规则的分层排列，它与骨盐紧密结合起来，形成板状结构，称为骨板或板层骨。同一层骨板内纤维大多数是相互平行的，相邻两层骨板的纤维层呈交叉方向，骨细胞夹在骨板之间。由于骨板间排列方向不同，因而使骨质有较高的强度和韧性，能合理地承受各个方向的压力。

骨基质又称为细胞间质，它含有无机盐和有机质，其中无机盐又称为骨盐，主要成分为羟基磷灰石晶体，主要由钙、磷酸根和羟基结合而成 $[Ca_{10}(PO_4)_6(OH)_2]$，其表面附有 $Na^+$、$K^+$、$Mg^{2+}$ 等离子，无机盐约占骨重的65%；有机质主要为黏多糖蛋白，组成骨中胶原纤维、羟基磷灰石晶体沿胶原纤维的长轴排列。羟基磷灰石与胶原纤维结合在一起，具有很高的抗压性能。

成年人骨组织几乎为板层骨，依据骨板的排列形式和空间结构可分为密质骨与松质骨两类。密质骨又称皮质骨，位于长骨的骨干与扁骨和不规则骨的表层上，骨质致密而坚硬，其骨板排列很规整，并且结合紧密，仅留下一些部位作为血管与神经通道。松质骨位于骨的深部，由许多骨小梁相交错构成，它呈蜂窝网状，网孔大小不一，网孔内充满骨髓、血管和神经，骨小梁与力的传递方向一致，故骨质虽松但能承受较大的压力。另外，松质骨还有巨大的表面积，所以又称为海绵状骨。

2. 骨的形态　骨的形态大小不一，可分为四类，即长骨、短骨、扁骨和不规则骨。长骨呈管状，中间为骨干，两端为骨骺，骺较肥大，由关节面与邻近的骨构成关节，长骨主要分布于四肢。短骨近似立方形，多位于能承受一定压力又能活动的部位，如手的腕骨与足的跗骨。扁骨呈板状，它构成骨性腔的壁，对腔内器官起保护作用，如颅顶骨。

3. 骨的微观结构　骨干的骨质大多为密质骨，仅近髓腔面有少量松质骨，根据骨板所在位置，可将密质骨分为三部分：环状骨板、哈弗斯骨板和间骨板（图3-1）。

环状骨板是指环绕骨干排列的骨板，分别有外环骨板与内环骨板。外环骨板由数层到十多层骨板组成，位于骨干的表层，

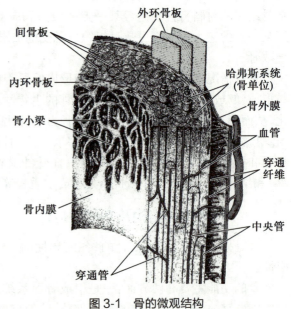

图3-1　骨的微观结构

呈整齐地排列,其表面为骨膜覆盖。骨外膜中的小血管横穿外环骨板深入骨质中,穿过外环骨板的血管通道称为穿通管,又称福尔克曼管(Volkmann's canal),内环骨板位于骨干髓腔面上,由少数几层组成。内环骨板表面衬以骨内膜,内环骨板上也有穿通管穿行,管中小血管与骨髓血管相连。

位于内、外环骨板之间并呈同心圆排列的骨板层称为哈弗斯骨板,它有几层到十几层并与骨长轴平行排列,在哈弗斯骨板中有一条纵行的小管称为哈弗斯管,管中有血管及神经和少量疏松结缔组织。哈弗斯骨板与哈弗斯管构成哈弗斯系统。

### (二)骨材料的特性

骨是由羟基磷灰石和胶原纤维组成的复合材料,羟基磷灰石非常坚硬,骨的弹性模量介于羟基磷灰石与胶原之间,骨的材料力学性能比两者都好,因为柔韧的胶原纤维可以阻止硬材料的脆性断裂,而坚硬的硬材料又可阻止软材料的屈服。

骨材料的力学性质(弹性模量、剪切模量、黏弹性、破坏时的极限应力和应变等)不仅与复合材料本身性质有关,还与骨的构造方式、外形和胶原纤维如何连接等有关。

对骨的强度与骨的质量密度关系进行研究,发现骨强度与骨质量密度的相关系数为0.40~0.42。由此可见,想充分了解骨的强度必须考虑骨的结构,即质量密度因素。即使在同一块骨的不同部分,其力学性质也是有差别的,如长骨在它的管状部分强度最高。即使在骨的某一个点上,各个方向的力学性能也不相同,说明骨的力学性能是各向异性的。

各种骨的压缩时强度极限和极限应变都比拉伸时大;拉伸时的弹性模量比压缩时大,这说明骨结构的非均匀性。骨的力学性质还因年龄、性别、职业、生活经历和生活方式、遗传情况、营养状况不同而有很大的差别,如青年人比老年人骨强度高10%以上,男性比女性高1%,运动员与体力劳动者经常用到的身体部位的骨力学性能超过一般人。即使同一个人,不同部位因骨的功能不同,力学性能也不同,例如小腿部位的胫骨和手臂的桡骨是人体中强度最高的骨骼,而一般人右腿的强度高于左腿,顶骨的抗压强度比抗拉强度大得多,故顶骨保护脑部免受损伤。

### (三)骨的功能适应性

1. 骨的刚度、强度、韧性和稳定性

(1)刚度:刚度是指生物材料或非生物材料组成的构件(如骨或固定系统)抵抗变形的能力,表现为应力与应变之间的关系。刚度有大小之分,刚度大说明材料在载荷作用下不容易变形,即抵抗变形的能力强。构件受到外力作用,即使不出现塑性形变也会产生弹性形变,刚度的要求是在外力作用下弹性形变不超过一定的范围。

固定系统跨越骨折区的部分将承受应力作用,这就要求固定物需要具有一定的刚度,同时为了促进骨折愈合,固定物必须允许骨折端在适度范围内产生移位,所以其刚度又不可太大。固定物的刚度受材料本身的性质和空间结构等影响,后者较前者作用更大,如钢板通过1mm以内的增厚即可弥补材料刚度的不足。

(2)强度:强度是指构件抵抗破坏的能力,即所能承受的最大应力而不发生破坏的应力极限,破坏常指断裂或产生了过大的塑性形变。材料不同,其强度也有高低之分,强度高就是指这种材料不容易被破坏,其所能承受的应力水平较高。

固定物的强度同样取决于材料和结构,而且固定物的空间结构对强度的影响比材料性质更大。如钛金属的强度虽然比不锈钢低,但是只要稍微增加固定物的厚度就可弥补。如果是单次受力,固定物在极限强度处发生断裂,但在反复外力作用下,使固定物破坏的外力将较小,这种现象称为疲劳断裂,这是在设计固定器械时需要考虑的问题。

(3)韧性:韧性指的是材料在外力的作用下发生断裂前所能达到的最大变形程度。一般的固定物要求有一定的韧性,如螺钉在拧入时应允许一定程度的过拧,即耐受一定角度的自体扭转变形而不会发生断钉。材料韧性的不足同样可通过结构设计来改善。

(4) 稳定性:稳定性是指构件承受载荷作用时,在其原有形状下保持为稳定的平衡的能力。有些构件在载荷作用下,可能出现不能保持其原有平衡形式的现象,如对于细长的受压直杆,当压力逐渐增大而达到一定数值时,压杆就会突然从原来的直线形状变成为曲线形状,这种现象称为丧失稳定。在工程中常常见到由于某个受压杆件丧失稳定而导致整个结构物破坏的事故。

2. 骨的功能适应性　伽利略首先发现施加载荷与骨的形态间的关系,他谈到骨的形态与体重及活动有直接关系。德国医学家 Wolff 于 1892 年发表了著名的论文《骨转化的定律》,这篇论文是他 30 多年的工作经验和体会的总结。骨转化定律可简单和直接引述为"骨的功能的每一改变,都按着数学法则,以某一定的方式来改变其内部结构和外部形态"。这就是著名的 Wolff 定律,即骨的外部形态和内部结构反映其功能。

骨的功能适应性或骨对应力的适应性描述了生物体如下的功能:当加载在骨骼上的负荷增加后,随着时间推移骨骼会自我重塑变得更强壮以抵抗这种负荷;反之,骨骼会降低其坚强程度以适应负荷的降低。活体骨不断进行生长、加强和再吸收的过程称为骨的重建,重建的目标总是使其内部结构和外部形态适应其载荷环境的变化。重建又可分为表面重建与内部重建两种:表面重建指在骨的外表面骨材料的再吸收或沉积;内部重建是指通过改变骨组织的体积密度达到骨组织内部的再吸收或加强,重建过程的时间尺度是月或年的量级。改变加载环境如生活方式的变化,其重建时间的量级为若干个月,对人来说,骨受伤重建的时间较短,其量级为几周。这些重建过程的时间尺度应与骨生长发育的时间区别开来,人的生长发育的时间尺度为几十年的量级。近年来许多学者还对 Wolff 定律做了研究,已有许多新的成果,研究还在不断深化中。

用来控制活体骨的重建性能的应力,不但在骨折临床处理和矫形等方面有着重要作用,对合理设计接触骨组织的内外固定器械、假肢矫形器、关节假体等也特别重要,这些器械包括用于骨折内固定的接骨板、螺钉、髓内钉、外固定支架以及用于关节重建的人工关节等。

如假体施一应力于邻近骨组织上,若这些应力与骨组织所习惯承受的应力不同,则骨将按新的环境重建。重建的骨组织在某种意义上较软弱,甚至可能导致外科手术的失败。如骨质疏松患者的骨折愈合慢,容易导致内固定物的失效,最终因骨折未愈合而金属内固定材料已出现疲劳而断裂,使骨折再移位。因此必须充分认识到在骨折愈合的早期是金属保护骨,而在骨折愈合的晚期则必须由骨来保护金属。如果骨折延迟愈合或者不愈合,则金属内固定物将面临疲劳断裂的危险,这时就要限制肢体的活动,减少其承担负荷。又如临床使用加压钢板治疗骨折,有时已愈合的骨拆除了钢板后出现再骨折,这是因为钢板和骨是两种不同的材料,具有不同的弹性模量,长管状骨的弹性模量约为钢板弹性模量的 1/10,由力学原理可知,在此情况下载荷的绝大部分将由钢板螺钉承受,钢板螺钉对骨骼形成应力遮挡,骨骼承受的应力减少,骨吸收超过骨形成,从而引起失用性骨质疏松,骨强度减弱。

实验指出,通过施加轴向和弯曲载荷可引起动物腿骨的表面重建。Woo 等(1981)曾指出增加猪的体力活动量如缓慢行走,可使腿骨的骨膜表面向外移动和内骨膜表面向内移动。Liskova 和 Hert(1971)曾指出施加于胫骨上的间歇性弯曲,可使骨膜表面向外移动。

表面重建也可通过固定动物肢体、减少其肢体骨骼载荷观察到。在 Uhthoff 和 Joworski (1978)及 Joworski 等(1980)的两个研究中,固定小猎兔犬的前肢,前者使用的是幼龄猎兔犬,发现其骨内膜表面无移动,但其骨膜表面上有大量再吸收;后者是用的老猎兔犬,其骨膜表面无移动,但骨内膜表面有大量再吸收(图3-2)。

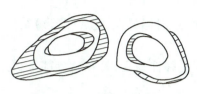

图3-2　兔两根胫骨的横截面图
(左侧为超生理弯曲增加载荷,
右侧为对照未超生理弯曲)

从以上讨论可知,骨与工程材料是有区别的。骨的形状改变、生长和吸收都与应力有关,应力起到了调节作用。应力不足与应力过高都会使骨萎缩,因此骨对应力存在一个最佳适应。

骨骼是运动器官之一,通过关节承受传递来的外力,骨以其合理的截面和外形成为一个优良的承力结构。Roux(1895)认为一个器官对于其功能的适应性是由实践进化来的,即自然进化的趋向是用最小的结构材料来承受最大的外力,他认为骨适应动物生存需要的条件,符合最优设计原则。

根据Pauwels的研究,骨截面上材料分布与局部应力大小成比例。图3-3是将胫骨横截面与工字横梁这一合理的截面相比较,以承受绕$y-y$轴的弯矩为例,可看到胫骨横截面大部分在远离中性轴上,使骨材料的强度得到充分发挥。如果再考虑绕$x-x$轴的弯矩和绕纵轴的扭矩骨截面的形状也是颇为理想的。

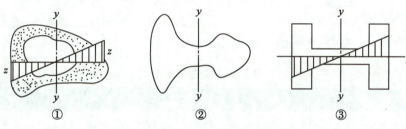

①　　　　　　　　②　　　　　　　　③

图3-3　胫骨与工字横梁横截面比较
①胫骨的横截面及其弯曲应力分布;②胫骨的等效抗弯折算横断面;③工字横梁的横断面

图3-4是像尺骨那样承受载荷的梁与尺骨的受力情况比较。可以看出,尺骨受载荷$P$时,其各个横截面的弯矩值都很小,这表明骨的外形也体现出一个合理的承力结构。

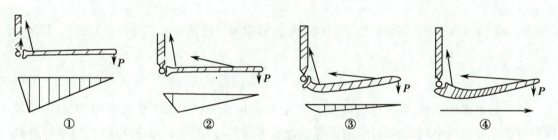

①　　　　　　②　　　　　　③　　　　　　④

图3-4　尺骨与悬臂梁弯矩值比较
①悬臂梁上的弯矩图;②端部有支持反力梁的弯矩图;③将直梁改为曲梁后梁上的弯矩图;④具有腱拉力支持和理想曲度的尺骨弯矩图

骨的内部组织情况也显示骨是一个合理的承力结构。根据对骨骼综合受力情况的分析,凡是骨骼中应力大的区域,其强度也较高。人下肢骨的应力分布曲线(图3-5)显示,骨小梁的排列与此十分相近。可见骨以较大密度和较高强度的材料配置在高应力区,说明虽然骨的外形很不规则,内部材料分布又很不均匀,但却是一个理想的等强度最优结构。骨小梁在长骨的两端分布比较密集,其优点有二:当长骨承受压力时,骨小梁可以在提供足够强度

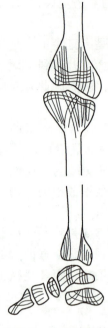

图 3-5　人下肢骨的应力分布曲线

的条件下使用比骨密质较少的材料;由于骨小梁相当柔软,当牵涉大作用力时,例如步行、跑步及跳跃情况下,骨小梁能够吸收较多的能量。

骨的功能适应性主要表现为黏弹性、各向异性、壳形(管形)结构、均匀强度分布四个力学功能特点:

(1) 黏弹性:所有生物材料都有黏弹性表现,骨和软骨都是黏弹性物体。

Sedlin(1965 年)首先设计用定性的流变模型来观察骨组织的弹性和黏弹性以及塑性的力学性质,提出弹性模量是随应变率值而改变的。EcElhaney(1966 年)研究牛骨压缩载荷不同应变率 $\delta$ 和弹性模量 $E$ 的关系(表 3-1),$E$ 随 $\delta$ 而增加,表明牛骨具有黏弹性。Carter 和 Hayes(1977 年)发现松质骨的压缩弹性模量略与应变率有依赖关系,此模量等于应变率的 0.06 次方。Currey 研究干骨和湿骨标本的悬臂梁在长时载荷下所产生的变形与复原。Burstein、Frankel、Sarmarco 等观察全骨在不同应变率下对扭转载荷的反应。LaKos、Katz 和 Sternsein(1979 年)报道人及牛的密质骨的扭转实验,测出频率在 $2 \times 10^{-3} \sim 100\text{Hz}$ 之间的动态模量及 $1 \sim 10^5\text{S}$ 之间的松弛模量。

表 3-1　牛骨的黏弹性

| 应变率/S$^{-1}$ | 极限强度/($\times 10^6$N·m$^{-2}$) | 杨氏弹性模量/($\times 10^9$N·m$^{-2}$) | 最大应变/% |
|---|---|---|---|
| 0.01 | 170 | 18.6 | 1.88 |
| 0.01 | 207 | 20.0 | 1.82 |
| 0.1 | 231 | 24.1 | 1.75 |
| 1.0 | 252 | 27.6 | 1.25 |
| 300.0 | 283 | 33.1 | 1.00 |
| 1 500.0 | 356 | 42.1 | 0.90 |

Wood(1971 年)依头盖骨的张应变试验结果得出弹性模量 $E$ 和应变率 $\delta$ 的关系,其函数式为:

$$E = (2.32 + 0.28\log\delta) \tag{3-1}$$

从骨的黏弹性可知,骨具有固相和液相,骨中无机盐等矿物质产生位移较少,但胶原纤维等有机成分组织中则充满液体,因而可承担较大变形,并能传递流体的压力,所以使骨具有较大的黏性与弹性。这就是骨具有黏弹性的原因。

(2) 各向异性:各向异性是指复合结构材料的力学性能具有较强的对其成分和结构的依赖性。由骨内部解剖结构可见,骨是一种复合材料结构。复合材料的力学特性,包括杨氏模量、剪切模量、黏弹性、极限应力应变等,不仅与其物质成分有关,而且与其结构有关。研究发现,人皮质骨的横向(径向或切向)试件的压缩模量约为纵向试件的 56%。但同一块骨的不同部分的力学性能是有差别的,如长骨在其管状部分的强度最高,股骨最强之处在上 1/3 处的外侧。同时,即使是骨的某一点上,各个方向的力学性能也不相同,即具有明显的各向异性。例如长骨主要承受的是轴向的压力,因此沿轴向具有较高的强度和弹性模量。

（3）壳形（管形）结构:骨以其合理的截面和外形而成为一个优良的承力结构,以长骨为例加以说明。

1）弯曲载荷下长骨结构的优化:对骨的应力,可以用对建筑物梁的应力一样的方法来分析。一条两端支持的横梁(图3-6①),在梁的中间加一向下的力,则横梁受到弯曲载荷,会在横梁的顶部产生压应力,底部产生拉应力,越往中部应力越小。一般来说,任何形状的梁的中部都受到很小的应力。为此通常都用"工"字形截面的横梁作为建筑物的支持梁,即截面两端厚中间薄(图3-6②),可以节省材料。如果作用力可能来自任何一个方向,可用一个空心圆柱梁,这种空心横梁和同结构的实心梁具有同样的强度,可节省约 1/4 的材料,就可以用最少的材料获得最大的强度(图3-6③)。人体的长骨如股骨、胫骨、肱骨等,都是中空的结构,都有可能受到来自任何一个方向的力的作用,因此长骨的空心结构较完善地适宜于支持作用。在弯曲载荷下,弯曲变形最大的部分往往在骨的中部。而较高强度的骨密质在长骨的中部最厚,在两端较薄,正好适应受力的需要,可见这个设计是高质量的。

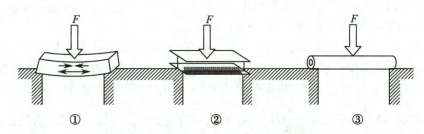

图 3-6　弯曲载荷下承重梁与长骨的中空结构

2）扭转载荷下长骨结构的优化:将胫骨横截面与工字形梁这一理想的抗弯截面进行比较(图3-3)可以看到,在承受 $y-y$ 轴的弯曲载荷时,骨截面就像工字梁截面一样,大部分材料远离中性轴。如果在考虑到骨还将承受绕 $x-x$ 轴的弯曲载荷和绕纵轴的扭转载荷(在截面上产生剪应力,其大小也是与其到截面中心的距离成正比),这说明长骨中空的结构是一个优化的结构。

（4）均匀强度分布:骨具有强度大、重量轻的特点。如果引入比强度(最高强度除以密度)和比刚度(弹性模量除以密度)的概念,则可以见到骨的比强度接近于工程上常用的低碳钢,而骨的比刚度可达到低碳钢的 1/3。

## 二、骨的基本力学性质

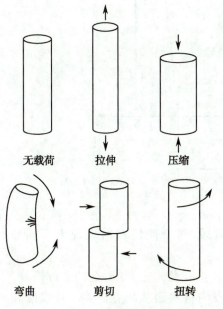

图 3-7　骨的受力形式

骨是有生物活性的器官,它具有优化的结构形式及力学性质以适应受力的要求。骨的力学性质明显受到骨的种类(密质骨、松质骨)、干湿程度、种属、性别、年龄等影响,甚至同一根骨不同部位的力学性质也不尽相同。尽管作为生物材料的骨力学性质复杂,但我们还是可以了解它的基本力学性质。材料的力学性质是指材料在外力作用下,在强度和变形方面表现出来的各种性能。

骨骼的受力形式根据外力作用的不同可分为拉伸、压缩、弯曲、剪切、扭转和复合载荷几种形式(图3-7)。这些载荷会在骨内产生拉应力、压应力和剪应力,相应产生拉应变(伸长)、压应变(缩短)和剪应变

（截面错位），对骨的结构造成不同的影响。

### （一）拉压力学性质

1. 低碳钢拉伸试验　常温、静载下的拉伸试验是最基本的、最重要的一个试验。由拉伸试验可以获得材料的许多重要力学性质。对于骨骼材料的拉伸，骨骼的应力-应变曲线类似于工程材料，在线性范围内，骨组织的应力与应变关系仍服从胡克定律，即应力和应变成正比，但干燥骨弹性阶段和塑性阶段不如湿润骨明显。

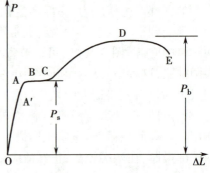

图3-8　低碳钢拉伸图

下面是对工程及医疗器械中广泛使用的低碳钢和铸铁的力学性质加以介绍，它们的力学性质比较典型，可从对比中了解骨的力学性质（图3-8）。

由于材料的某些性质与试件的尺寸及形状有关，为了使不同材料的试验结果能互相比较，必须将试验材料作成标准试件。拉伸图即 $P$-$\Delta L$ 曲线，其中 $P$ 为载荷，$\Delta L$ 为标距段的伸长，$\Delta L$ 为横坐标，$P$ 为纵坐标。它表示从开始加载至破坏为止，试样承受的载荷和变形发展的全过程。拉伸图中 $P$ 与 $\Delta L$ 的对应关系与试件尺寸有关，例如，如果标距 $L$ 加大，由同一载荷引起的伸长 $\Delta L$ 也要变大。为消除试件尺寸的影响，反映材料本身的性质，用应力 $\sigma = \dfrac{P}{A}$ 作为纵坐标，用应变 $\varepsilon = \dfrac{\Delta L}{L}$ 作为横坐标，由拉伸图就改画出应力-应变图（图3-9）。

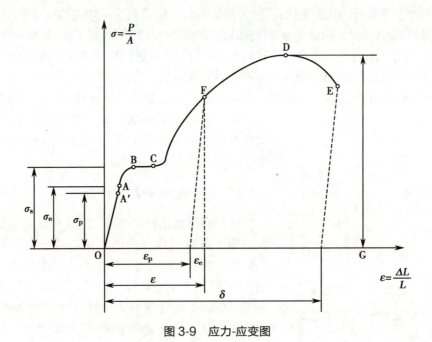

图3-9　应力-应变图

从低碳钢拉伸图可知，整个拉伸过程可分为四个阶段，每一阶段材料表现出不同的性质。

（1）弹性阶段 OA：这阶段的应变值始终很小，并且若将载荷卸去，变形立即全部恢复。斜直线 OA′ 表示应力与应变成正比变化，即在这一直线段内材料服从胡克定律。直线最高点 A′ 的应力 $\sigma_p$ 称为比例极限。当应力不超过比例极限 $\sigma_p$ 时材料服从胡克定律。低碳钢的比例极限在 200MPa（2 000kg/cm²）左右。

当试件应力小于 A 点应力时，只产生弹性变形。若超过 A 点，则试件除弹性变形外还产生塑性变形，即超过 A 点后如将载荷撤掉，弹性变形完全恢复，而另外遗留下来的变形不能恢复，是为塑性变形。A 点的应力 $\sigma_e$ 是材料只产生弹性变形的最大应力，称为弹性极限。弹性极限与比例极限虽意义不同，但数值极接近，通常不做区分。在工程中常认为，在弹性范围内材料服从胡克定律。又由应力-应变曲线可知，在比例极限范围内，OA′直线的斜率

$$tg\alpha = \frac{\sigma}{\varepsilon} = E$$ 是一个常数，它就是材料的弹性模量，代表材料的刚度。

（2）屈服阶段 BC：在应力超过弹性极限 $\sigma_e$ 以后，$\sigma$-$\varepsilon$ 曲线逐渐变弯，到达 B 点后，图形上出现一条水平线 BC，即应力几乎不增加而应变却大量增加。材料暂时失去了对变形的抵抗能力，这种现象称为屈服。BC 阶段称为屈服阶段。屈服阶段的变形大部分为不可恢复的塑性变形。屈服阶段对应的应力值称为屈服极限，以 $\sigma_s$ 表示。实际上在整个屈服阶段，试件承受的载荷有不大的波动。其最低值比较稳定，它代表材料抵抗屈服的能力。取载荷波动的最低值 $P_s$，用试件原截面面积 A 去除，得屈服极限 $\sigma_s = \frac{P_s}{A}$，低碳钢的屈服极限 $\sigma_s$ 在 240MPa（2 400kg/cm²）左右。

若试件表面比较光滑，屈服时可在表面看到与轴线约成 45°的一系列迹线，这些迹线称为滑移线。金属材料塑性变形的产生是金属晶体滑移的结果。

（3）强化阶段 CD：在试件内所有晶粒都发生了滑移之后，沿晶粒错动面新的阻力产生，屈服现象终止。要使试件继续变形，必须增加外力，这种现象称为材料强化。由屈服终止到 D 点称为材料强化阶段。曲线的 CD 段向右上方倾斜。强化阶段的变形绝大部分也是塑性变形，同时整个试件的横向尺寸明显缩小。

D 点是 $\sigma$-$\varepsilon$ 图上的最高点，在这点试件承受的载荷 $P_b$ 最大。以试件的原面积去除载荷 $P_b$ 得到的这个应力值称为强度极限，用 $\sigma_b$ 表示。低碳钢的强度极限 $\sigma_b$ 为 400MPa（4 000kg/cm²）左右。

（4）颈缩阶段 DE：D 点过后，试件局部显著变细，出现颈缩现象。由于"颈缩"，试件截面显著缩小，因此使试件继续变形所需的载荷反而减小，到达 E 点试件断裂。

上述每一阶段都是由量变到质变的过程。四个阶段的质变点就是比例极限 $\sigma_p$，屈服极限 $\sigma_s$ 和强度极限 $\sigma_b$。$\sigma_p$ 表示材料处于弹性状态的范围。$\sigma_s$ 表示材料进入塑性变形。$\sigma_b$ 表示材料最大的抵抗能力。故 $\sigma_s$、$\sigma_b$ 是衡量材料强度的重要指标。

此外，试件断裂后，变形中的弹性部分因回复而消失，但塑性变形部分则保留下来。工程上用试件拉断后遗留下来的变形表示材料的塑性性能。

常用的塑性指标：一是延伸率，用 $\delta$ 表示，式中 L 是标距原长，$L_1$ 是拉断后的标距长度。

$$\delta = \frac{L_1 - L}{L} \times 100\%$$ （3-2）

二是截面收缩率，以 $\varphi$ 表示，式中 A 是试验前试件横截面面积，$A_1$ 是拉断后断口处横截面面积。

$$\varphi = \frac{A - A_1}{A} \times 100\%$$ （3-3）

$\delta$ 和 $\varphi$ 都表示材料直到拉断时其塑性变形所能达到的程度。$\delta$、$\varphi$ 越大，说明材料的塑性

越好。低碳钢的 $\delta_{10}=20\%\sim30\%$（标准试件 $\dfrac{L}{d}=10$），$\varphi\approx60\%\sim70\%$。一般 $\delta_{10}\geqslant5\%$ 的材料为塑性材料，$\delta_{10}<5\%$ 的材料为脆性材料。

2. 低碳钢压缩试验　压缩试验的试件，常做成圆柱形状，其高度是直径的 1.5～3 倍，或立方体，即体高与边长比取 3。试验表明，这类材料压缩时的屈服极限 $\sigma_s$ 与拉伸时的相同。在屈服阶段以前，拉伸与压缩时的 $\sigma-\varepsilon$ 曲线重合，故可认为碳钢是拉、压等强度的材料。低碳钢受压缩时，过屈服极限以后，越压越扁，横截面面积逐渐增大，因此试件不可能压断，故得不到材料压缩时强度极限。一般塑性材料均具有上述特点。骨骼不同于一般工程材料，它更倾向于脆性材料，在压缩时的力学性质与拉伸时有较大差别，皮质骨的抗压强度极限和应变比拉伸时高，但弹性模量在拉伸时较大，一般来说，骨的抗压能力强于抗拉能力。

### （二）剪切力学性质

表 3-2 给出人上肢和下肢新鲜密质骨沿垂直于骨长轴方向的剪切力学性质，以股骨剪切强度最大，剪切极限变形最小。

表 3-2　人上肢和下肢密质骨剪切力学性质

| 骨 | 剪切强度极限/MPa | 剪切极限变形/mm |
| --- | --- | --- |
| 肱骨 | 75±2.7 | 0.64±0.012 |
| 桡骨 | 72±0.8 | 0.68±0.040 |
| 尺骨 | 83±1.8 | 0.71±0.030 |
| 股骨 | 84±1.8 | 0.60±0.015 |
| 胫骨 | 82±1.8 | 0.66±0.014 |
| 腓骨 | 82±5.9 | 0.69±0.018 |

骨试件的剪切强度受到各种因素的影响。Evans 和 Lebow（1951）从成人股骨、胫骨和腓骨不同局部解剖位置取试件，沿垂直于长轴方向得到的剪切强度差异（表 3-3）可以看出，股骨和腓骨都是在中间 1/3 处的剪切强度较大。

Evans 和 Lebow（1952）对防腐人股骨各部位的 121 个湿骨试件和 121 个干骨试件的剪切试验表明，湿骨剪切强度大于干骨。

表 3-3　成人防腐湿密质骨剪切强度极限局部剪切差异

| 骨 | 股　骨 | 胫　骨 | 腓　骨 |
| --- | --- | --- | --- |
| 近端 1/3 | 70.3±11.2 | 77.4±7.3 | 79.3±11.1 |
| 中间 1/3 | 74.8±10.2 | 83.1±6.9 | 81.7±9.6 |
| 远端 1/3 | 70.6±10.6 | 81.3±11.4 | 68.8±22.4 |
| 前侧 | 70.1±12.5 | 78.8±10.5 | |
| 外侧 | 73.2±9.9 | 82.0±8.8 | |
| 内侧 | 72.3±9.6 | 82.5±7.4 | |
| 后侧 | 72.0±11.2 | 79.4±8.9 | |

### （三）扭转力学性质

Evans 试验了 415 根成人防腐股骨密质骨试件，工作长度 $L=0.8\text{mm}$，直径 2.3mm，测得扭转剪切强度极限均值为45MPa,剪切弹性模量为6GPa。表3-4给出了人体不同骨骼扭转断裂时极限扭矩和扭转角。

表3-4 人体骨骼扭转试验结果

| 骨 | 极限扭矩/N·m | 极限扭转角/度（°） |
| --- | --- | --- |
| 股骨 | 140 | 1.5 |
| 胫骨 | 100 | 3.4 |
| 腓骨 | 12 | 35.7 |
| 肱骨 | 60 | 5.9 |
| 桡骨 | 20 | 15.4 |
| 尺骨 | 20 | 15.2 |

### （四）弯曲力学性质

骨弯曲时所受的应力要复杂许多,因为弯曲时的应力是拉应力、压应力和剪应力的组合,而且非均匀分布。骨的弯曲试验通常有两种形式——整骨和试件。加载方式为四点弯曲(纯弯曲)或三点弯曲(剪切弯曲)。由于长骨不直,横截面形状不规则、不等厚,并且整骨是由密质骨、松质骨、血液、骨髓等物质组成,用整骨弯曲试验可反映整体的力学性质。实际结果显示,整骨和骨试件的扭转试验结果存在不同。

骨试件取自不同的局部解剖位置,弯曲强度也不同。长骨中间1/3处不同位置试件的弯曲断裂载荷试验(表3-5)表明,不同骨骼各四分体的相对弯曲强度大小的排列顺序并不一致。

表3-5 未防腐人密质骨弯曲破坏载荷局部解剖差异

单位：N

| 骨 | 前四分体 | 内四分体 | 后四分体 | 外四分体 |
| --- | --- | --- | --- | --- |
| 肱骨 | 75.1 | 66.0 | 73.7 | 73.6 |
| 尺骨 | 93.9 | 88.7 | 71.7 | — |
| 股骨 | 69.2 | 69.4 | 60.2 | 71.0 |
| 胫骨 | 73.0 | 79.1 | 72.6 | 74.6 |

切割试件的方向,对弯曲强度有较大影响。平行于骨纤维或哈弗斯系统方向切割试件的弯曲强度显著大于垂直于纤维方向切割的试件。

从整骨试验测得湿、干股骨密质骨的弯曲力学性质中(表3-6),可以看到股骨干燥60分钟后弯曲强度极限最大,湿骨的弹性模量最大。

表3-6 湿、干股骨密质骨弯曲力学性质比较

| 骨干湿程度 | 在空气中干燥时间/min | 弯曲强度极限/MPa | 弹性模量/GPa |
| --- | --- | --- | --- |
| 干骨 | / | 189 | 16.9 |
| 湿骨 | 15 | 199 | 15.4 |
| | 30 | 207 | 15.5 |
| | 45 | 217 | 15.3 |
| | 60 | 230 | 15.2 |

**（五）骨对复合（实际）外力作用的反应**

在人体运动中，单纯受到上述某一种载荷的情况很少见，大量呈现的是复合载荷。复合载荷即是同时受到上述两种或两种以上的载荷作用。图 3-10①、②分别显示了行走和小跑时成人胫骨前内侧面的应力。正常行走时，足跟着地时为压应力，支撑阶段为拉应力，足离地时为压应力。在步态周期的后部分呈现较高的剪应力，表示存在显著的扭转载荷，提示在支撑时相和足趾离地时相胫骨外旋。慢跑时的应力方式完全不同。在足趾着地时先是压应力，继而在离地时转为高拉应力，而剪应力在整个支撑期间一直较小，表明扭转载荷很小。

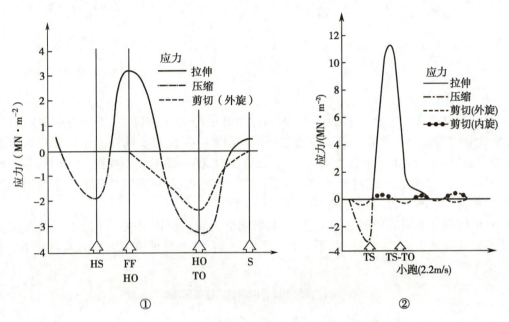

图 3-10　行走和小跑时成人胫骨前内侧面的应力
①行走时胫骨前内侧骨皮质的应力值（HS 足跟着地；FF 全足平放；HO 足跟离地；TO 足趾离地。
②小跑（2.2m/s）时胫骨前内侧骨皮质的应力值（TS 足趾着地；TO 足趾离地）

## 三、骨力学性能的影响因素

### （一）年龄和性别

1. 年龄的影响　Lindahl 和 Lindgren（1967）给出男女股骨、肱骨拉伸强度极限和延伸率随年龄的变化。除女性 15～19 岁年龄组外，两种性别的骨骼平均拉伸强度极限随年龄增加而显著减少（约 10%），延伸率也显著减少（约 35%）。

2. 性别的影响　尽管从 Lindahl 和 Lindgren（1967）测量的数据来看，比例极限、弹性模量、抗拉和抗压强度极限在性别上无显著差异，但是从骨质疏松的发病率来看，女性在绝经后出现骨质疏松症明显高于男性，因此，女性在 50 岁以上骨质的强度普遍会比男性更低，更容易发生脆性骨折。

### （二）疾病

健康的骨骼能够承受一定的载荷而不产生变形和断裂，而某些骨骼疾病和某些疾病、药物也会导致骨骼的力学性能大大降低。

1. 骨质疏松症　原发性骨质疏松症包括绝经后骨质疏松症（又称为一型骨质疏松症，高转换型骨质疏松症）、老年性骨质疏松症（又称为二型骨质疏松症，低转换型骨质疏松症）；继发性骨质疏松症包括糖尿病、肾病、长期使用激素者等，这些疾病都会使骨量减少，骨的微细结构发生破坏,骨的脆性增加而容易发生骨折。

2. 脆骨病　由于骨基质胶原纤维的减少使其骨质明显变脆,容易出现骨折。

3. 佝偻病　由于骨的钙化障碍,骨骼变软,容易出现变形,常见 O 形腿、X 形腿。

4. 其他骨病　如骨肿瘤或骨的瘤样病损、骨髓炎、骨结核等均使骨的强度发生变化,少数硬化型的骨肿瘤或骨硬化病等虽使骨的强度增强,但使其脆性增加;其余大部分均使骨质强度降低,均容易发生骨折。

### （三）骨的各向异性及解剖部位差异

1. 骨的各向异性的影响　密质骨与松质骨均为各向异性。由于骨骼结构在横向与纵向上是不同的,故骨骼强度随载荷的方向而异。在最常见的载荷方向上,骨骼的强度和刚度最大。从人股骨密质骨中沿四个不同方向取出试件,做拉伸试验得到拉伸强度、刚度和延伸率的变化。可看出沿骨轴线方向加载时这三个参数值最高(图 3-11)。

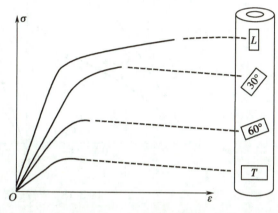

图 3-11　密质骨的方向性

Evans(1964 年)对经防腐处理的人股骨和胫骨的密质骨沿纵向、切向和径向取出试件,得到拉伸强度极限:股骨纵向为 85.0MPa,切向为 16.4MPa,径向为 16.2MPa;胫骨纵向为 89.9MPa,切向为 13.4MPa,径向为 15.4MPa。切向和径向强度相近,但只是纵向强度的 1/5 左右。

松质骨的力学性质也受到取样方位的影响。图 3-12 给出股骨髁试件分别沿横向和前后方向取样和加压的应力-应变曲线。可看出不同方向加载的强度、刚度、压缩率均有明显差别。

2. 骨的解剖部位不同的影响　取自同一整骨不同部位的试件,由于解剖部位不同,力学性质也有差异。

### （四）骨的干湿

新鲜、防腐的湿润骨(简称湿骨)与空气干燥后的骨(简称干骨),由于含水量的不同直

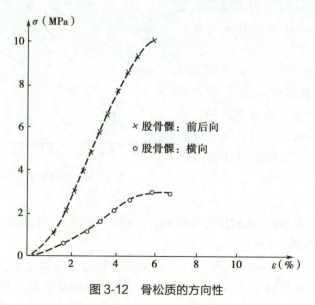

图 3-12　骨松质的方向性

接影响其力学性质。研究表明:拉伸和压缩时,干骨的强度、弹性模量以及硬度等均高于湿骨。图 3-13 给出了拉伸、压缩的典型 $\sigma$-$\varepsilon$ 曲线。从图中可看出,干骨曲线近似一条直线,且拉压强度弹性模量均大于湿骨,但极限应变小于湿骨。

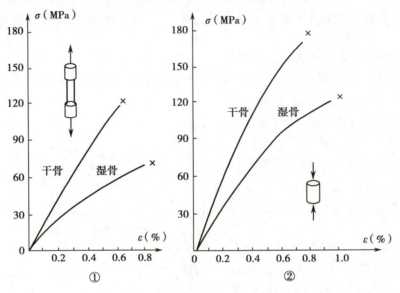

图 3-13　干骨、湿骨 $\sigma$-$\varepsilon$ 曲线
①拉伸;②压缩

Dempster 和 Liddicoat 在 1952 年测量得出干骨和湿骨的强度、刚度数据对比,拉伸时,干骨强度极限比湿骨增加 50%,弹性模量增加 55%;压缩时,干骨强度极限比湿骨增加 63%,弹性模量增加 26%。

### （五）加载应变速率

骨的力学性质和加载速率有关。加载速率是指每单位时间内载荷增长量,单位为 N/min 或 kN/min,试件中的应力速率也就是加载速率。每单位时间内应变的改变为应变速率,记作 $\varepsilon = d\varepsilon / dt$。单位为 mm/(mm·s) 或 s$^{-1}$。

试验中一般以应变速率区分静载荷与动载荷。当 $\varepsilon > 3$s$^{-1}$ 加载时,习惯上称为动载荷。如果加载速率低于塑性变形的传播速率时,加载速率对测定材料的屈服极限并无影响。超过时,则因材料对塑性变形的抵抗力提高而显示出影响。

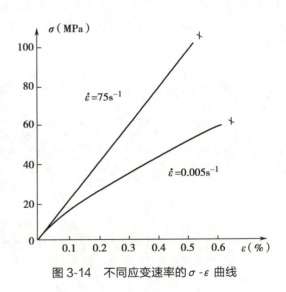

图 3-14　不同应变速率的 $\sigma$-$\varepsilon$ 曲线

McElhaney 和 Byars 在 1965 年测量防腐人股骨密质骨试件压缩时,加载应变速率对力学性质的影响。其结果显示,压缩强度极限和弹性模量随应变速率增高而增大。

图 3-14 是 Roberts 和 Melvin(1969 年)沿新鲜颅骨切线方向取出密质骨试件的拉伸 $\sigma$-$\varepsilon$ 曲线。可看出随着加载的应变速率增高,其强度、刚度增加而极限应变有所减低。

## 第二节　骨折的生物力学

　　骨是一种具有各向异性和黏弹性的奇特材料,它不仅具有生物特征性的一面,还显示出区别于一般工程材料的复杂力学性能,依施加应力的不同而具有不同的应力-应变关系。当骨骼承受载荷过大,超出骨的生理极限时会导致不同形式的骨折,骨折后的骨修复重建(骨折愈合)又是一个涉及生物学、生物化学、力学和临床实践的复杂过程,显示出骨组织具有独特的修复能力。骨折的生物力学,既包括以力学为主的传统生物力学,也涵盖了微观层次上以生物学为主的力学生物学,研究的三个主要内容是:①骨折发生及发生机制的生物力学因素,即何时发生和如何发生;②影响骨折愈合的生物力学因素;③骨折防治的生物力学因素。科学的发展总是螺旋式上升,新的问题会不断在临床实践中出现,实验和临床的研究也会不断深入,而这三个内容则成为不变的主题,并得以不断更新,以更加高质量地指导临床实践。

### 一、骨折的发生

　　骨折发生的力学过程是:骨组织在外力的作用下产生应力,当骨骼的某个区域发生应力集中,局部应力或应变超过这个区域的极限应力或极限强度后,骨组织材料受到破坏,骨的连续性发生中断,从而导致骨折发生。骨组织对抗骨折的强度取决于骨骼的材料和结构。

　　正常骨组织是一种具有各向异性的黏弹性材料,骨组织的各向异性表现为在不同方向上受外力作用时可具有不同的弹性、刚度和强度,即不同的应力-应变特征,这主要是由于骨组织内部细微结构的排列方式不同造成的。

　　骨密度对骨组织抵抗骨折的能力有很大的影响。骨密度的轻微改变,将使骨组织的弹性模量和强度发生较大变化,表现为骨皮质与骨松质加载负荷后材料性能有显著区别。如在压缩力作用下,松质骨的应力-应变曲线不同于皮质骨,在起始阶段,松质骨的应力-应变斜率小于皮质骨,即弹性模量较小,在相对低的负荷下即可进入屈服阶段,且屈服阶段较长,而皮质骨则弹性模量较高,几乎没有屈服阶段(图3-15)。

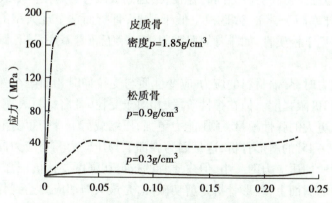

图3-15　不同密度的皮质骨和松质骨压缩应力-应变曲线

　　骨的形态学结构对骨折的发生亦产生影响,全身206块骨除左右对称的同部位骨以外,基本上彼此之间都存在着结构上的区别,并且每一块骨头都不是各向同性、均匀分布的对称几何体,在人体运动系统中所处的位置、所承受的生理载荷亦不同,极易在骨的内部产生不均匀的应力分布。所以骨组织在结构上容易发生骨折的薄弱环节亦往往是容易发生应力集中的地方,如肱骨近端、肱骨远端、胸腰椎交界处、股骨近端、股骨远端等力学薄弱点。

### （一）载荷与骨折形态

骨骼的材料与结构影响骨折的发生,而骨折的产生需要外力的作用,不同的外力载荷形式决定了不同的骨折类型,载荷的形式大致上可以分为五类:拉伸载荷、压缩载荷、剪切载荷、弯曲载荷和扭转载荷,由于拉伸载荷和压缩载荷都是沿骨骼纵轴的外力作用形式,具有类似特点,故将在轴向载荷部分中一起讨论,下面将分别说明。

1. 轴向载荷　日常生活中,人体骨骼最常处于拉伸或者受压的状态,如提重物回家,上肢受到了所提物品重量 $W$ 的拉力,行走过程中下肢负担着全身的重量,下肢骨骼常呈受压状态。两个沿纵轴大小相等、方向相反的力作用于骨组织将使骨骼产生拉伸或压缩。骨骼在受到沿纵轴的拉伸时,拉力在骨截面上均匀分布,产生拉应力,骨骼作为黏弹性材料在弹性应变时期符合胡克定律,即:

$$E = \frac{\sigma}{\varepsilon} \tag{3-4}$$

$$\varepsilon = \frac{\Delta l}{l} \tag{3-5}$$

其中 $\sigma$ 为拉应力, $\varepsilon$ 为比例常数,它等于受拉力作用后的骨骼的伸长度 $\Delta l$ 与原长度 $l$ 的比值,即相对伸长, $E$ 则称为弹性模量。在初始阶段,骨骼材料受力后处于弹性变形阶段,若载荷继续增大,达到了骨骼材料的屈服极限,则骨骼变形进入屈服阶段,屈服阶段主要特征为在应力不变的情况下,应变不断增加,且屈服阶段的变形属于塑性形变,外力卸载后无法复原。需要指出的是,皮质骨的屈服阶段极不明显,松质骨则有一定的屈服区间,当外力继续增加,超过材料的屈服阶段后,应力与应变曲线继续上升,材料又恢复对变形的抵抗能力,进入强化阶段,此后材料的截面不断减少,出现颈缩现象,直至拉力达到强度极限后,材料出现断裂。这是骨折发生从弹性阶段直到断裂在材料层面上的全过程。

骨受拉伸载荷变长变细,载荷增大到一定程度,骨单位之间的黏合线失去衔接而被拉开形成骨折,骨干部分(密质骨)延伸率低,弹性模量较高,骨折面多数为短斜锯齿形,其次为横形,这是因为斜面为拉应力和剪应力同时存在,当达到极限应力时则剪断或拉断,干骺端(大部分为松质骨)延伸率高于骨干,弹性模量低于骨干,骨折面常呈现典型的杯口状。临床上拉伸引起的骨折多见于松质骨,如腓骨短肌腱附着的第五跖骨基底骨折、跟腱附着的跟骨骨折等。

当载荷为压应力时,骨骼材料的应力-应变性质与受拉伸时相似。在弹性阶段符合胡克定律,也有屈服点和极限强度。但在弹性阶段,相对于受拉,骨骼材料表现出更强的抗压性,即受压时骨骼具有更大的弹性模量,承压能力更强,压缩载荷下骨变短变粗,骨干部分(密质骨)骨折面多为 $30° \sim 45°$ 的斜形骨折,这是因为斜面上为压应力和剪应力同时存在。虽然剪应力的极值大约为所加压应力的一半,但皮质骨的抗剪切强度要比抗压强度小得多,故骨折发生于最大剪切力的斜面上,斜形骨折是剪切破坏,是最大剪切应力达到骨剪切强度极限而引起。干骺部分的骨折为垂直压缩型,临床上压缩引起的骨折常见于椎骨,如腰椎体压缩骨折,椎体缩短变宽,这是松质骨骨小梁受压失稳引起的。

2. 剪切载荷　由剪切暴力导致的侧移骨折并不少见,侧移指的是骨折块垂直于骨长轴方向的位移,常见于股骨颈骨折、锁骨骨折和跟骨骨折,也可见于固定两个骨折块的拉力螺钉在骨折平面上发生疲劳折断。在工程学上,剪切载荷指的是构件受到一对相距很近、大小相等、方向相反的力的作用,由于剪切载荷作用力的特点使得受载固件在受力截面会发生剪切变形进而产生相互滑动的趋势。此时剪力 $P$ 将均匀分布在面积为 $F$ 的滑动面上(相当于

剪切面),产生剪切应力 $r$,即

$$r = \frac{P}{F} \tag{3-6}$$

如要使内固定物不会被剪断(即剪应力达到或超过剪切强度极限),一般要使材料所受的剪切应力小于许可剪应力,许可剪应力可以取相同材料的许可拉应力的十分之一,在预计剪力较大的情况下可以通过增加剪切面来控制剪应力,相似的原理可运用于内固定物的设计,比如钢板或髓内钉尺寸的调整。

剪切作用下物体的形变可通过图 3-16 来说明,矩形 $ABCD$ 受剪切力的作用后 $AD$ 边移动到 $AD'$,$BC$ 边移到 $BC'$,则剪切变形的特点是形状歪斜,线段转动到一个角度 $\gamma = \frac{\Delta s}{a}$,角度 $\gamma$ 表示歪斜的程度,所以称为角应变,而剪切变形包括线应变和角应变。

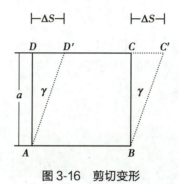

图 3-16 剪切变形

在剪切情况下,胡克定律同样适用,即

$$r = G \times \gamma \tag{3-7}$$

式中 $G$ 为剪切弹性模量。通过实验可知,人体相较于马等动物,剪切应力强度较低,但形变较大。人骨骼的剪切弹性模量明显小于压缩弹性模量,湿润骨为新鲜骨强度的 1.5 倍,应力变形曲线呈非线性变化,而弹性极限为剪切强度极限的 25%,屈服强度为剪切强度极限的 75%,冲击破坏剪切强度比一般剪切强度小一半左右。

3. 弯曲载荷 弯曲载荷施加于长骨,骨骼将产生弯曲变形。首先,为了简化以便于理解,取一根长方形杆状的梁(图 3-17①),在梁上画出多条与梁长轴平行的线以及与长轴垂直的线,然后将梁进行弯曲变形,可以看到:

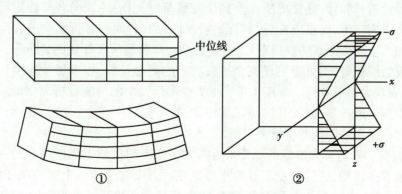

图 3-17 梁的弯曲试验及应力分布图
①梁的弯曲试验;②应力分布图

（1）与梁纵轴平行的横线弯曲并转过一定的角度，但在每一处与竖线相交的地方仍然保持与竖线的垂直状态，即在弯曲的状态下，横线仍与梁的每一个竖切平面垂直。

（2）梁上面的线缩短了，下面的线拉长了，刚好处于中间的线没有拉长也没有缩短。

从图中可以看出，离中性层越远的地方，纤维变形越大。所以说，梁横截面上由于弯矩所引起的应力是正应力，离开中性层越远，变形越大，弯矩也越大，自然应力也就越大。所以，正应力分布的规律是，弯曲时横截面上正应力的大小与距中性层的距离成正比（图3-17②）。显然，拉长的纤维引起的应力为拉应力，反之为压应力。因为梁的边缘离中性层最远，它的应力也就是最大。

又由于骨骼材料抗压性要强于抗拉性，故当拉伸一侧的应力超过极限强度后，骨折便开始发生，骨骼在弯曲条件下等同于受一对方向相反、大小相等的力偶的作用，其应力计算可由下式表示：

$$\sigma = \frac{MZ}{J} \tag{3-8}$$

其中 $M$ 为作用在梁上的力偶，$Z$ 为该点应力到中性轴的距离，$J$ 为横截面对中性轴的"惯性轴"，它是一个取决于材料横截面的形状和尺寸的几何性质数据，与材料的强度无关。

对于高为 $h$，宽为 $b$ 的矩形截面，$J = \dfrac{bh^3}{12}$

对于直径为 $d$ 的圆形截面，$J = \dfrac{\pi d^4}{64}$

对于外径为 $D$，内径为 $d$ 的空心圆形截面，$J = \dfrac{\pi(D^4 - d^4)}{64}$

对于空心椭圆形长短半径为 $H, B$ 及 $h, b$ 的截面，$J = \dfrac{\pi(BH^5 - bh^5)}{64}$

如前所述，应力最大的点位于离中性轴最远的边上，所以可以取 $Z_{max}$，计算出极限强度下的力偶。

在骨的一侧产生张应力，而另一侧产生压应力。压应力的作用，如前所述，常引起骨折线与暴力方向成一斜角，系由于压应力作用于骨组织，形成倾斜的剪切应力，导致沿高剪切应力平面的断裂。张应力所致骨折线几乎与施加的暴力成垂直方向，骨组织将同时承受压缩与拉伸两种载荷，凹侧为压应力，凸侧为张应力，中位轴距凹侧及凸侧相等距离，既无应力，也无张力。由于张应力较压应力对骨组织有更大破坏力，因此弯曲应力引起的首先是张力侧骨折。当张应力达到物体衰竭应力时将产生衰竭，骨将逐渐经截面与载荷方向垂直断裂而发生横形骨折；同时内侧骨皮质在受到压缩载荷时，由前述轴向载荷作用可知，骨折将沿最大剪应力斜面发生，而张力性骨折沿最大拉伸应力面，两种骨折面一般在压缩侧相遇，在压力侧附加产生一个分离的蝶形断片，这是典型的弯曲载荷所导致的骨折形式。实际上，当加载速度较为缓慢时，则可能出现完全压裂剪断的斜形骨折，如果加载速度快，可迅速出现全骨拉断，表现为横形骨折。临床上常见成人受砸压发生的弯曲骨折以横形或蝶形较多，摔伤的弯曲骨折斜形较多，成人骨抗拉强度增加，骨折先发生在受拉的凸侧，而不成熟骨因抗压强度低将在受压的凹侧产生皱曲骨折。

4. 扭转载荷　扭转暴力造成的螺旋形骨折大多是由间接外力作用引起的，扭转载荷使杆件绕其纵轴发生转动，这样的变形称为扭转形变。假设有这样一个圆柱状杆件的横截面（图3-18），在其中一条半径上分别取两点 A 与 B，当杆件在扭转外力的作用下转过一定的角度 $\theta$ 后，可以看到，A 移动到了 A′，B 移动到了 B′，由圆周计算法可知，A 点移动的距离明显

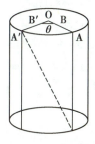

图 3-18　轴上点的变形

大于 B 点,也就是说,离开圆中心越远的点,形变越大,而在材料弹性阶段,应变总是和应力成正比,故对于扭转变形,圆周的最外围所受的应力最大。

扭转力作用于骨组织时,剪切应力将分布于整个骨结构,其中与中心轴相平行及垂直的面的剪切应力最大,而在中心轴的对角平面上,张应力与压应力最大,由剪切应力产生的张应力在 45° 角时最大,因而重视在该角度上发生斜形或者螺旋形骨折,螺旋形骨折多发生在扭转载荷下,一般从小的缺损开始,在骨内与骨长轴成角产生最大张应力,裂纹沿高张应力面呈螺旋状,如同具脆性的粉笔,可产生与纵轴呈 45° 的断裂。

实际情况中,骨折的发生往往是多种类型的外力共同作用的结果,故而骨折的类型也十分复杂,甚者可发生严重的粉碎性骨折,但是通过对一般简化状态下骨折发生机制的研究,将在一定程度上有助于临床上对骨折类型的判断和损伤程度的估计,并制定适宜的有针对性的治疗方案。

与弯曲形变类似,扭转形变同样可归结为一对大小相等、方向相反的力矩的作用,假设它们的合力矩为 M,则扭转变形的应力计算可由下式表示:

$$\sigma = \frac{Mr}{J} \tag{3-9}$$

其中 r 为圆轴的半径,J 为截面对中心线的"极惯距"。这是一个几何性质的数据,它与材料的强度没有关系,只与截面的形状和尺寸有关。对于圆轴来说,它的计算公式是 $J = \frac{1}{2}\pi r^4$,单位是长度单位的四次方($cm^4$),即 $J = \frac{\pi r^4}{2} = \frac{\pi D^4}{32}$($D$ 为轴的直径),对空心轴来说,$J = \frac{\pi}{32}(D^4 - d^4)$。

扭转力作用于骨组织常引起螺旋形骨折,这是因为顺骨纤维方向骨的抗剪强度最差,抗拉强度也较差,首先沿平行于骨轴线形成剪切裂纹,随后裂纹沿最大拉应力作用的平面上扩展。最后骨折面为 45° 螺旋形,由于骨的形状不规则,受力不均匀,断裂时可同时出现几个螺旋形断口,因而多数骨是螺旋形粉碎骨折。

综上所述:①骨在不同载荷下各点的应力状态不同,有单向、纯剪切、二向应力状态等,骨折与危险点的主应力直接相关;②由于密质骨抗拉度差,抗剪强度最差,故最易于剪断或拉断,松质骨强度远低于密质骨,更易发生拉、压、剪各类断裂;③将骨的应力状态与骨的力学性质结合起来就能对不同的骨折类型加以解释。

以上对各种单一载荷分别做了讨论,但活体骨很少只承受一种载荷形式,在体内,骨的载荷是复杂的,主要原因是骨骼的几何结构不规则,且始终受到多种不定的载荷,骨折形态的临床观察表明仅极少数的骨折系由一种或两种载荷造成,多数骨折是由复合的多种载荷造成的。载荷速度将影响骨折类型及软组织损伤程度,当骨折是由弹性变形所储存的能量释放造成时,在低载荷速度下,能量可通过单个的裂隙而释放掉,而骨及软组织可保持相对完整,高载荷速度下,所储存的能量更大,不能通过单个裂隙快速地释放,因而发生粉碎性骨折及大范围的软组织损伤,如胫骨在体外作高载荷速度下的扭转试验,断裂时产生很多骨碎片,且骨移位明显。在冲击弯曲试验中均呈粉碎性骨折,骨折线多为斜形,有的在冲击面的对侧为横形。

### (二)骨质疏松性骨折

骨质疏松症是一种以骨量降低、骨组织微结构破坏,导致骨脆性增加、易发生骨折为特征的全身性代谢性疾病(图 3-19)。骨小梁的刚度随其骨密度的立方而变化,而强度大概随其骨密度的平方而变化。骨量正常是在 25~30 岁达到峰值,之后以每年 1% 递减。如果在 60~70 岁时由于骨质疏松症骨小梁密度减少了 30%,那么压缩强度大概变为其 30 岁时的一半。年龄的增大伴随骨量丢失的过程在女性中表现得更为明显,骨丢失及骨折发生率明显增加,女性由于峰骨量较低及绝经后雌激素水平降低,发病率是男性的 3 倍。

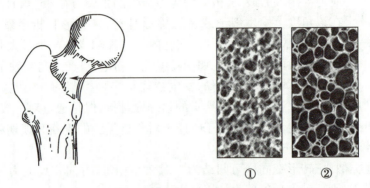

图 3-19　股骨颈正常骨质与骨质疏松的对比
①正常骨质;②骨质疏松

随着年龄的增长,弹性模量轻微变小,每 10 年减小 1.5%,最大的变化是骨折发生之前骨所能承受的应变量。随着年龄的增长,每 10 年极限应变将下降 5%~7%,造成骨折的所需能量可以用应力-应变曲线下的面积来表示。因为弹性模量的变化不大,所以引起骨破坏所需的能量主要因与年龄相关的极限应变的下降而减少。因此,随着年龄的增长,骨骼的力学性能很像一种脆性材料,骨吸收创伤能量的能力在不断降低。

骨骼老化的研究常常没有考虑骨组织的总体几何特征和分布,随着年龄增长,骨干内膜的骨吸收和髓腔的扩大在男性和女性都会发生,但只有男性可见到骨外膜下骨沉积,因此男性骨皮质的面积变化不大,而且随着年龄的增长还出现了二级惯性矩的增加。与此相反,女性随着年龄增加,显示出骨强度减弱,骨外径和内径的改变使得骨皮质的面积和二级惯性矩均有所降低。椎骨骨小梁的厚度偏低,而小梁间的间隙增加,这必然降低老年人的椎体强度而使椎体骨折发生率增加。

典型的由骨质疏松引起的损伤常常发生在老人跌倒之后,并且随着年龄的增加,跌倒的频率也有所增加,表现为椎体压缩骨折、髋部骨折、桡骨远端骨折和肱骨近端骨折。

### (三)应力骨折

应力骨折是低载荷高载率下发生骨折的典型代表,又称为"疲劳骨折""行军骨折",常发生在新兵、职业军人和专业竞技运动员身上,如径赛和田赛运动员发生率为 10%~31%。根据 Wolff 定律,作用于正常骨骼的合适载荷产生合理的骨塑形,这种塑形机制实质上是在骨皮质以及骨松质的骨小梁中交替进行破骨吸收过程与新骨重建过程,并且这样的交替过程具有周期性。因此,正常骨应变峰值适应于人体生理活动,介于骨塑建及骨重建阈值之间,维持着动态平衡。

在暴力骨折模式下,骨一次性承受超过其极限强度的载荷而发生骨折。应力骨折与此相反,往往在远小于屈服点的外力重复作用下即可发生。发生机制为:在正常的塑形周期中,骨小梁的吸收在 3 周时为高峰,而产生新生骨完成塑形的过程却需要 3 个月的时间,即骨生成较骨破坏需要更多的时间。当新生骨过程具有合理的负载和充足的时间进行时,骨量仍然维持正常,就没有应力骨折发生,但如果反复的载荷过于频繁,超出了新生骨生成的速度和能力,整个塑形周期则变成以破骨吸收为主。这样实际骨骼的质量就会慢慢降低,在损伤部位会逐渐出现微小的空隙,在骨重复承受载荷下,空隙可演变成小的裂缝,如裂痕产生率继续超过骨的修复或重建率,裂隙将得到持续积累,在外力重复作用下继续延伸,增长和相互连接,就会使已经"疲劳"的骨组织发生骨折所需外力比正常要小得多。在这种情况下,很小载荷即可产生应力骨折,这是一种由于反复作用引起的断裂,不同于极大应力单一作用引起的断裂。

疲劳骨折的发生常常需要经历一定的过程,而且在整个过程中患者表现出的症状和体征是渐进性的,对于非职业运动员来讲,"疲劳"常常开始于近期非常态运动量的增加,刚入伍新兵也会发生类似情况,职业运动员则由于比原先常规更强的训练量而诱发疲劳骨折。此外,女性月经、日常饮食规律、训练场地条件(应避免硬的不平的地板等)以及骨骼的形态等,与应力骨折发生率有明确影响关系。如月经紊乱的女运动员发生此类骨折的风险是月经正常运动员的 2~4 倍,因控制体重导致饮食无规律可使应力骨折发生的风险提高一倍。但骨密度、骨骼活动的灵活性和体型、年龄没有明显相关性,年龄主要影响的是应力骨折发生的部位。

## 二、骨折的愈合

骨折的愈合是指骨组织恢复原有或近似原有的刚度和强度,并能承受正常生理载荷的一个延续的、复杂的而又独特的生物组织修复过程,涉及生物学、生物化学、力学和临床实践等方面。研究表明,力学环境对骨折愈合的生物学和放射学有明显影响。力以及通过力产生作用的固定器械在促进骨折愈合过程中会产生静力和动力两种载荷,根据它们主导作用的不同,骨折愈合分为直接愈合和间接愈合两种类型。

### (一)直接愈合

直接愈合指的是运用绝对稳定的固定方式(加压固定),消除骨折端的应变并产生无可见骨痂生成的愈合过程,也称作直接皮质骨重建。直接愈合仅仅发生在绝对稳定固定(加压固定)之后,是骨单位重建的生物过程,其特点是:除去部分未受加压的骨折间隙需要外骨膜参与编织骨形成以外,骨折块之间丝毫没有吸收的征象,亦没有特异骨痂形成,骨折两端由新生骨单位爬行替代并桥接愈合。

1. 修复机制 当运用加压技术使骨折端紧密接触并彼此产生压力时,骨折断端愈合依靠活跃的骨重建来完成,破骨细胞在哈弗斯管前沿进行骨吸收,其后沿着扩大的毛细血管周围,出现活跃的成骨细胞层,各层骨细胞以哈弗斯管为中心相继环绕,形成新的哈弗斯系统,新的单位直接从两骨折端爬行替代坏死骨组织将断端连接起来,这个过程称为直接愈合(图3-20)。

整个直接愈合过程不需要外骨痂,也不会产生皮质骨连接骨痂,亦不需要生骨性肉芽组织的形成。

2. 愈合的生物力学条件 由直接愈合的机制可知,直接愈合所依赖的基本因素是骨重建,直接愈合只在骨折断端稳定、对位对线好、断端紧密结合才会发生。骨折断端固定越坚强,骨折线越早消失,外骨痂越少,X 线片上不出现骨痂。又由于骨折内表面的密切接触程度与施加的压力直接有关,即轴向压力有利于直接愈合,骨折断端稳定可使遭受破坏的髓循环易于恢复,并越过骨折线产生髓性骨痂。所以对于加压固定而言,无论是采用加压钢板还是拉力螺钉,能否在骨折面间产生足够的加压力以获得稳定的加压作用,是影响直接愈合成败的关键。

在直接愈合过程中,皮质骨能有效地桥接断端,要做到这点,断端要完全对合,消除间

笔记栏

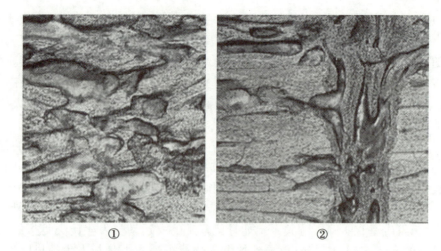

图 3-20 骨折断端直接愈合
①骨折线内可见骨组织交织,无编织骨形成;②当骨间隙存在时,编织骨首先填充骨折间隙

隙,无任何活动,所以固定物必须能够持久而稳定地提供断端间加压力。断端间加压力又分为静态压力和动态压力,静态压力由内固定物置入后直接在骨折块间产生,其大小与固定物锁定的力度有关,无论肢体静止或活动都对骨折断端产生加压作用。动态压力是肢体在行功能锻炼时或负重后在骨折断端产生的附加压力。直接愈合主要依赖静态压力,肢体活动后尽管能产生动态压力,但同时也增加了断端剪切、扭转应力,提高了再移位的风险,有效的加压固定应能在断端相互对合后产生足够的摩擦力,以对抗各种移位倾向。

### (二)间接愈合

间接愈合指的是在相对稳定或弹性固定情况下,骨折通过骨痂的形成而连接骨折块所达到的愈合,也称为二期愈合或骨痂形成修复。其区别于直接愈合最大的特征是骨痂形成,骨痂形成修复包括炎症、软骨痂、硬骨痂和塑形期 4 期经典愈合过程,全程通过膜内成骨和软骨内成骨,骨痂钙化使骨折端愈合,是最普遍也是最典型的骨折愈合过程。

1. 修复机制 间接愈合过程中,骨痂生长是间接愈合区别于直接愈合最显著的特征,其过程通过血肿诱导,骨折间隙加宽,纤维血管性肉芽组织机化,软、硬骨痂形成直至重建,以恢复骨的连续性及结构。骨痂形成的骨折愈合方式通常伴随着来源于骨外膜表面大量的编织骨的形成,出现骨折表面的吸收,不过有些骨痂也来源于骨内膜表面,骨痂连接了骨折块以后,骨折处开始塑形,最终重建骨折(图 3-21)。

2. 愈合的生物力学条件 相对稳定的成功固定,其先决条件是在负荷下发生的移位是可恢复的而非永久性的,通过骨痂形成的骨折愈合在较广范围内变化的力学环境中均可发生。如果相对稳定性处于骨折愈合所允许范围的临界时,骨折愈合将会延迟;如果骨折端无移动,则不会出现骨痂,骨折愈合会延迟;如果骨折端的移动程度过大,骨折不稳定,骨折愈合同样会延迟。

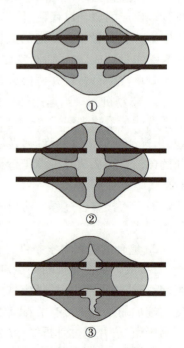

图 3-21 间接愈合的示意图
①早期膜内的骨形成;②软骨骨化;③骨痂连接

同时,如果骨折区应变过大,骨折的间隙通过增宽,可将应变分散,使局部组织应变下降到某一极限值,从而再次获得骨痂的桥接。只有在有关组织能承受局部力学应变的条件下,该组织才能在处于愈合骨折的骨折块区域形成,形成的这些组织反过来又可增强骨折处刚度,使下一阶段的组织分化成为可能。例如,肉芽组织的形成可能会使应变下降至某一水平,这时纤维软骨才有可能形成。

在间接愈合的过程当中,骨折端存在着一个最优位移长度,即最适微动。在最优位移范围内骨块微动可促进骨痂生长和骨折恢复,高于或低于一定的应变值或范围都会导致骨痂中矿化较少,骨块间应变过小,对骨生长的刺激不够,骨折块间应变过大(不稳定)或骨折间隙过宽,虽然存在良好的骨痂形成潜力,也不能使骨痂有效地桥接骨折。当骨折间隙较大时,通过刺激骨痂形成而桥接骨折的能力是有限和不足的。

在间接愈合情况下,合理的固定方法应使附加于骨折端的应力产生适当的应变,以逐步促进骨折愈合,这主要取决于外力的强弱、骨折间隙和桥接骨折区域组织的刚度、固定材料的刚度。

(1)外力的强弱:相对稳定固定常常要考虑到固定部位的应变程度,以便及时调整固定的方式和强度,如外固定架或交锁髓内钉的动力化往往发生在下肢,这是因为下肢骨折的治疗目的主要在于恢复负重和行走能力,相对于上肢,下肢所受的外力要强许多,可能造成的骨折区应变更大,即移位的程度与外力的大小成正比,在实施相对稳定固定时更注重对骨折端的应力保护。

(2)骨折的间隙和桥接骨折区域组织的刚度:研究证实,骨折断端因活动量获得的应变与断端间隙的大小成反比,当骨折区间隙较小时,很轻微的活动也会在娇嫩的愈合组织产生很明显的应变;相反,骨折间隙较大时,如粉碎性骨折,在相同的活动量下,由于有更多的区域来分担总的移位,相对的发生在单位体积内的应变更小,故应用钢板固定时,对合较差而遗有小间隙者将发生高应变,断端吸收,反而骨折区较长、相对低应变环境中,肉芽组织和骨痂生长迅速。为了实现骨折断端的最佳移位,应充分考虑不同类型骨折的区别,针对不同的骨折间隙调整固定的刚度。相比粉碎性骨折,骨折线齐整的骨折要求更好的稳定性,而骨折区宽的骨折可以适当容许更大的活动量。

如果骨折端获得的应变不适宜,骨折区可通过一定的自我调节来降低不良应变的副作用,使应变重新回到最适微动的范围内,表现为如果骨折区应变过大,骨折的间隙可通过增宽将应变分散,使局部组织应变下降到某一极限值,从而再次获得骨痂的桥接。当然,只有在有关组织能承受局部力学应变的条件下,该组织才能在处于愈合骨折的骨折块区域形成,形成的这些组织又可增强骨折处刚度,使下一阶段的组织分化成为可能。例如,肉芽组织的形成可能会使应变下降至某一水平,这时纤维软骨才有可能形成。

(3)固定材料的刚度:在间接愈合下,并不是固定越坚强、应力遮挡越大的固定物疗效就越好,在一项使用髓内钉的股骨固定研究中,由低刚度钉固定的股骨产生大量的稳定性骨痂,而用坚强固定的股骨结果则正好相反,所以,如前所述,固定的刚度选择应根据不同的骨折情况进行调整,在骨折愈合的初级阶段应力求使固定后的骨折端产生最优移位,即固定的刚度应在适当范围内。同时,由于骨折的应变是多种方向的,骨折部位有控制的微动,包括纵向及未超过修复组织耐受性的侧方运动;都能刺激骨痂生长,增加其强度和刚度,斜行滑动(剪切方向)较轴向运动更能促进软骨的分化及周围骨痂的扩展,只要不超过4mm,就可获得良好愈合,所以选择固定的刚度时也应考虑该方面因素。

理想的间接愈合要求经典的弹性固定原则,应力作用下的骨块微动及所引起的炎症反应有利于重复产生初始骨痂反应,骨折愈合是建立在非特异性创伤反应基础上的特异性识别与修复过程,也是骨痂反应的不断重复与积累。根据 Perren 的理论,在愈合的初期,肉芽组织能耐受 100% 的应变,而纤维组织及软骨承受的量较少。因此在骨折愈合早期,肉芽组织最能承受节段间活动带来的变化;当骨折较为稳定,出现软骨后,软骨痂可通过增加体积的方式进一步缓解骨折块间的活动以促进硬骨痂的桥接。一旦骨折愈合强度达到或接近正常,不能再产生骨痂反应,骨折愈合动力消失,骨折愈合的病理过程转变为重建过程。通过对扭转刚度和极限强度进行分析,可证明各个愈合阶段力学性质的变化,在骨折后的 21~24 天扭转刚度开始增加,这一阶段相当于软骨痂末期,骨折表现出类似橡胶的力学性能,即小的力矩可产生大的角偏转,骨折的稳定性已足以防止短缩畸形发生,但仍不能控制成角畸形。第二阶段骨组织重新达到一定的强度和刚度,相当于硬骨痂期,弹性模量自骨折后达到峰值,此时骨组织受力断裂,骨折线将不完全通过原始骨折处,到达最后阶段时,骨折处的破坏与原骨折不相关,而且其刚度和强度均与正常骨相似。

综上所述,虽然直接愈合与间接愈合在力学控制和生物学机制上有着明显的区别,但骨折愈合是一个连续的过程,二者并不能也没必要完全分开和对立。临床实践中,所谓的静力载荷是相对概念,动力载荷才是绝对的,由于不同载荷因素的作用形式和作用时间的不同,同一骨折愈合过程可能两者并存并以其中一种为主,如干骺端骨折可能存在关节面部位的直接愈合和干骺端的间接愈合,骨干骨折交锁髓内钉固定早期可能以直接愈合为主,但动力化后就表现为间接愈合为主等。对力学因素影响骨折愈合的研究和分类,就是为了把握最优化的力学因素、指导临床制订有针对性的个性化治疗方案。随着力学生物学研究的深入,对组织血供保护的认识增强,弹性固定准则理念下的间接愈合逐渐成为新趋向。

### 三、影响骨折愈合生物力学的主要因素

#### (一)骨折端之间的运动

1. **轴向运动**　当骨折间隙较小时,骨折端之间的小运动会刺激愈伤组织形成,此时的愈伤组织形成量近似与轴向运动量成正比。当骨折间隙太大时,愈伤组织的形成则是有限的,且骨连接通常会延迟,过于坚固的固定会抑制骨折愈合。值得注意的是,外固定在一定范围内允许骨折端轴向运动,这会刺激愈伤组织形成,但外部应力导致的运动并不会促进骨折愈合。

2. **剪切运动**　剪切运动是否影响骨折愈合,这是一个一直在讨论和争议的问题。大部分学者认为剪切运动会妨碍骨折处的血管形成、促进纤维组织分化。然而在实际操作中,以胫骨斜形骨折为例,采用外部功能支具固定时,即使剪切运动的幅度达到 4mm,骨折仍可迅速愈合。

大量实验研究发现,剪切运动导致骨折延迟愈合或不愈合;但也有部分研究得出相反的结果,剪切运动不影响骨折愈合。值得注意的是,这些实验都未有效地控制剪切运动,或对斜形骨折和横断骨折未作比较。我们从两种不同的结果得出结论:骨折端的剪切运动与轴向运动对骨折愈合的影响,与时间选择、运动量以及骨折间隙大小密切相关。

#### (二)骨折类型

不同程度的损伤可以造成不同种类的骨折:斜形骨折、横断骨折、螺旋形骨折或粉碎性骨折。从纯力学的角度来看,粉碎性骨折比斜形骨折不稳定得多。骨折内固定的变形,发生在简单的骨折中表现为一处裂隙的出现,发生在复杂的骨折中可能会出现几条裂隙。如何把大的、整体的骨折内的变形减小到不足以影响骨折愈合的小的变形非常重要。

抛开单纯的力学原理,我们必须考虑的是高能量损伤造成的复杂骨折,这些严重的损伤通常伴有血供的障碍、骨膜的破坏,以及软组织的受损。因此,血管的快速再生比骨折的稳

定固定显得更为重要,手术中的微创理念也成了骨折治疗中更受推崇的技术。

### （三）血运条件

骨折的愈合有两个先决条件:机械稳定性和充足的血液供应。血液供应为骨折的愈合提供营养,血液供应不足可能会导致骨折延迟愈合甚至是不愈合。另外,创伤、吸烟等其他原因也会导致血液供应减少。不同的血运条件也会导致稳定或不稳定的骨折固定。不难推测,在不稳定的固定条件下,骨折愈合过程中纤维软骨的修复更多只能依靠毛细血管的作用。然而有研究表明,在良好的生物力学条件下,血管再生的数量增加,组织形成加快。这一研究指出,羊跖骨截骨术中,2mm 的截骨差距将导致更多的纤维软骨形成,骨形成减少,靠近骨膜的小静脉形成减少。较大的骨折内移动会引起愈伤组织内压力和液体静压的增高。过大的组织内压力会阻碍血管再生,同样,过大的液体静压可能会导致血管的爆裂。

## 四、骨折治疗的生物力学原理

骨折治疗的原则会有三种常见的表述。最常说的骨折治疗原则就是复位、固定、用药和锻炼。1966 年方先之、尚天裕提出了"动静结合""筋骨并重""内外兼治""医患合作"四项骨折治疗原则,是中西医结合的产物,也被称为"中国接骨学"(Chinese osteosynthesis,CO)。2000 年国际内固定研究学会(AO/ASIF)在 1958 年认识的基础上更新了骨折治疗的"AO"原则:①通过骨折复位及固定重建解剖关系;②按照骨折的"个性"、患者和创伤的不同程度,对骨折进行绝对稳定或相对稳定的固定;③使用细致操作及轻柔复位方法以保护软组织及骨的血供;④患者及患肢进行早期和安全的活动及康复训练。

尽管三者语言表述不一样,但核心内容和反映的基本理念是一样的,都阐述了骨折治疗中固定与活动、骨与软组织、局部与整体、内因与外因的辩证关系。骨折固定是治疗的关键,固定的主要目的就是尽可能迅速、完全地恢复肢体功能,使骨折在适当位置愈合,并进行早期的功能康复活动。固定方式的选择常常是力学和生物学平衡的结果,为了获得良好的生物学或生物力学环境,可能需要牺牲一定的固定刚度和强度,最理想的固定并不意味着最大的刚度和强度。

骨折愈合通过一定的固定机制得到实现,骨折固定的基本机制有两种:相对稳定性固定和绝对稳定性固定。相对稳定的固定,即通过固定物维持骨折整复后的位置,并允许骨折区一定程度的位移以刺激骨痂的生长。绝对稳定固定是在骨折端施以加压力,使骨折端具有压力前负荷以维持骨折端绝对稳定和解剖复位。相对稳定固定的作用机制为夹板作用:根据骨折块与固定物之间是否可以产生相对滑动,又可分为滑动固定和非滑动固定,前者的实现途径有石膏、小夹板,后者则包括外固定架、桥接钢板、用于负重部位骨折的交锁髓内钉。绝对稳定固定产生加压作用机制,典型运用为拉力螺钉、加压钢板、预弯钢板和张力带加压。

### （一）基本概念

1. 弹性固定准则 弹性固定准则是在骨折固定过程中遵循的治疗原则,主要包括四个方面:固定稳定、非功能替代、断端生理应力及功能锻炼。20 世纪 60 年代,方先之、尚天裕在传统中医药理论治疗骨折的基础上,结合大量的临床研究,提出骨折治疗的四项原则:动静结合,筋骨并重,内外兼治,医患合作。20 世纪 80 年代初期,顾志华、孟和在大量临床观察、动物实验和对骨伤生物力学原理深入研究的基础上,提出了骨折治疗的顾孟氏弹性固定准则:固定稳定、非功能替代、断端生理应力。固定稳定要求固定器械与骨折远、近端构成几何不变体系,而且功能活动时对断端的正常应力分布干扰较小。非功能替代是指一个固定方法不可对骨折端受力产生太大干扰,要使骨折端在最适应力刺激下恢复正常载荷能力。生理应力是指加速骨折愈合速度、提高骨折愈合质量的断面应力。生理应力分为两种:恒定生理应力和间断生理应力。恒定生理应力多由器械产生,间断生理应力多由功能锻炼和肌肉内在动力产生。全身及局部的功能锻炼也是弹性固定的一个重要内容。强调功能锻炼是指"全身,局部,安全,早期"的锻炼,从而促进骨折的愈合和肢体功能的恢复。

(1)固定稳定:固定稳定的含义从几何上是指把整复后的骨折位置在空间予以保持。也就是说,若忽略功能活动时产生的相对微小位移,夹板、布带与肢体远、近端形成的一个几何不变体系。固定过程实际上是使骨折端与器械形成一个新的力学系统,也可以说固定稳定是使骨折远、近端布带约束力,夹板挤压力,纸压垫效应力,摩擦力,肌肉内在动力和必要的牵引力作用下处于相对静止状态。

恰当利用布带约束力(一般在8N左右)和必要的牵引力(如对股骨干骨折和不稳定的胫腓骨折),其固定稳定性已由大量临床证实。下面以具有代表性的斜断面骨折为例,讨论夹板局部外固定方式的稳定性问题。

$N$ 为肢体肌肉力的轴向力与必要牵引力的合力,$N_\tau$ 和 $N_n$ 是 $N$ 在骨折断面的切向和法向分量;$G$ 是压垫的效应力,$G_\tau$ 和 $G_n$ 是其作用到断面的切向和法向分量;$\varphi$ 为断面倾角。

由于力 $N$ 和 $G$ 同时作用的结果,断面和到法向力的合力大小为:

$$N_n + G_n = N\cos\varphi + G\sin\varphi$$

由于切向力的分量 $N_\tau$ 和 $G_\tau$ 方向相反,因此断面切向力的合力大小可表示为:

$$N_\tau - G_\tau = N\sin\varphi + G\cos\varphi$$

若设断面摩擦系数为 $f$,则固定稳定条件为:

$$N\sin\varphi - G\cos\varphi < f(N\sin\varphi + G\sin\varphi)$$

从该式可以看出,由于效应力作用结果,较明显地减弱了断面剪应力。实践证明,过大的剪应力在临床初期不仅影响新生骨细胞的生长,而且影响固定稳定性。同时,效应力还较大地增加了断面摩擦力,进一步增加了固定稳定性。

非功能活动时,断面间剪应力较小,这时较小的摩擦力便可维持断端的相对静止,即能保持固定稳定。当进行功能活动时,由于力 $N$ 引起的断面剪应力增加,增大了断端产生相对位移的可能性。与此同时,由于肌肉收缩,肢体周径变化,布带张力随之增大,夹板压力也相继增加,这个压力通过夹板的杠杆作用又增大了效应力 $G$ 值。效应 $G$ 的增大,不仅相应较大地削弱了断面的剪应力,减小了由于肌肉收缩而引起的断面位移力,同时还增大了断面摩擦力。所以只要约束力适当,就仍能保持骨折复位后的位置处于相对静止状态。

(2)非功能替代:骨折固定阶段主要是新生骨细胞聚集及塑型修复阶段,它是在一个开放的反馈控制系统中按着功能的需要进行所谓功能适应修复,因此固定应服从修复的需要。

夹板局部外固定治疗骨折既要保持骨折端的稳定,又要较少干扰骨所应承受的力学状态,因此它为断骨的重建创造了较好的客观环境。一个几何上非常稳定的坚强固定,会对骨折端产生应力遮挡,如果对骨的正常受力状态有很大干扰甚至功能替代,不能认为是好的固定,因为此时骨折端接收到的重建信息不能完全适应正常功能的需要。局部外固定的原则是,固定装置既要保障整复后骨折位置,又要为功能锻炼创造条件;用方向相反、数值相等的外力来对抗骨折移位的倾向力,让患者有节制地进行某些活动,将肢体重力和肌内牵拉力所造成的骨折再移位的消极因素转化为维持固定和矫正残余移位的积极因素。由此可见,夹板局部外固定疗法,充分考虑到了肢体的正常生理功能和结构特征,使外固定力学系统既能维持复位后的位置,又注意到肢体的正常适应能力,对骨的正常受力状态干扰较少,使骨折端能在接近正常功能状态下得到重建。

临床后期是骨折端加强和改建时期,应使其尽量适应肢体正常功能的需要。如有功能替代形成的新骨组织,由于缺少应受的应力,使重建的骨不能适应正常功能的需要。夹板局部外固定治疗骨折,由于没有功能替代,所以从愈合到改建直接按功能需要进行,不仅可提供愈合质量,且加快了功能恢复速度,缩短了疗程。

(3)断端生理应力:整个临床期间,使骨折端能获得应力刺激是夹板局部外固定治疗骨折疗法的又一特征。我们把这个应力称为生理应力,它对加快骨折断面的愈合速度,提高愈合质量非常有益。生理应力的概念在中医骨折疗法中实际上早已得到应用并取得较好疗效。为了解夹板局部外固定治疗骨折中骨折断面获得生理应力的大小和性质,仍以斜断面骨折为例,对临床初期骨折端应力的获得做一简单分析。

因运动是相对的,为简化研究,不妨认为近端是固定的,在这种情况下,断面获得的生理应力由计算而得:

$$\sigma = \frac{Gx\,\sin\varphi}{\dfrac{S}{\cos\varphi}} + \frac{Gg\,\sin\varphi}{\dfrac{S}{\cos\varphi}} + \frac{N\cos\varphi}{\dfrac{S}{\cos\varphi}}$$

简化后得到

$$\sigma = \frac{Gx\,\sin 2\varphi}{2S} + \frac{1}{2S}\left[\,Gg\,\sin 2\varphi + N(1+\cos 2\varphi)\,\right]$$

其中,$S$ 是骨折处的横截面面积;$Gx$ 是静效应力,即指无功能活动时,由于布带约束力通过纸压垫作用到骨折端的力;$Gg$ 是与骨纵轴垂直的动效应力。$N$ 是沿着纵轴的动效应力,两者都由功能锻炼肌肉收缩产生。式中首项 $\dfrac{Gx\,\sin 2\varphi}{2S}$ 是应力恒定不变地作用在骨折端,故为恒定生理应力,该力可增大摩擦力,减小临床初期有害于愈合的剪力,还可使骨折端间相挤压,紧密嵌插,缩短新生后骨细胞的爬行距离,因而可加速骨折愈合速度。式中第二项,即 $\dfrac{1}{2S}\left[\,Gg\,\sin 2\varphi + N(1+\cos 2\varphi)\,\right]$,表示的应力则是骨折端得到的间断性生理应力,是由功能活动给予骨折端的压应力,其值随功能活动时大时小,时有时无,不断变化,故称为间断性生理应力。它对加快骨折愈合速度、提高愈合质量非常有益。在中医骨折疗法中恒定生理应力是由器械给予断端的,而间断性生理应力则是由功能活动得到的。

(4)功能锻炼:稳定固定不仅是骨折愈合的前提,还为骨折治疗期间进行功能锻炼创造了良好的条件。功能活动既是治疗的目的,又是中西医结合疗法的治疗手段。全身、局部、早期、安全的功能锻炼不仅可防止肌肉萎缩、滑膜粘连、关节囊萎缩,使骨折端得到有益于加速愈合的间断性生理应力和促进骨的重建,同时还对血运有较大影响。骨折发生后,血管立即扩张,呈现充血状态。骨折整复后,及时进行功能锻炼,可推动静脉回流,促进软组织和骨内的血液循环,血液量显著增加。肌肉活动时产生的代谢产物如乳酸等,能使局部血管扩张,肌肉内备用血管开放,保证更多的血液通过。如前臂肌肉持续强烈收缩1分钟,肢体的动脉血流量可增加3~4倍。多年来血管的成骨作用受到人们的重视,血液不仅回收了骨折局部的代谢产物,也带来了成骨所必需的氧和其他物质,使新生骨细胞迅速形成。血供在骨折愈合过程中,在骨形成的各个环节上起着重要的作用。因此,夹板局部外固定治疗骨折自始至终强调功能锻炼。

2. 应力遮挡 由材料弹性模量的差别引起的应力分流现象称为应力遮挡。骨折运用固定器械固定之后,这两种或两种以上具有不同弹性模量的材料(骨和固定系统之间)就组成一个机械系统,由于固定材料的弹性模量较高(其中不锈钢的弹性模量为骨骼的 12 倍,钛合金为 6 倍),加载后则会出现弹性模量较大的固定材料承担更多的负荷来保护另一个具有较低弹性模量的材料,从而使后者所承担的载荷减少的现象。这种固定材料对骨骼生理应力的分流现象称为固定材料对骨骼的应力遮挡。实验显示钢板或外固定架应力遮挡率小于 50%。

在材料学的层面上,应力遮挡有两个含义:①当不同弹性模量的成分并联承担载荷时,较高弹性模量的成分承担较多的载荷,即对低弹性模量成分起到应力、应变遮挡作用;②两种或两种以上的材料组成一个机械系统时,弹性模量较大的材料承担更多的负荷。

上述两个定义大同小异,但隐含了两个前提条件。一是不同弹性模量的材料应该是完整的,如果其中一种材料发生不规则断裂,其应力分担情况则视断裂部位的接触情况而改变;二是两种材料的形状体积相当。若把一根铁丝和一根木桩并联在一起,谁来承担更多的负荷是显而易见的,而骨干和各种固定材料的形状体积有显著差别。

但是,当我们在讨论骨生物力学的应力遮挡时,不能完全把它的传统定义简单地引入。通过前面的描述可知,在骨折固定治疗中,应力遮挡应理解为固定物或固定材料对骨骼应力的分流作用。

根据以上定义,鉴于骨折发生伴随骨骼承受生理载荷能力的缺失和承担应力的不足,以及固定物的本质和作用,在骨折固定治疗的过程中,应力遮挡是不可避免的,但是应力遮挡有"双刃剑"的作用。在固定早期,骨折端需要适当的保护,减少外力引起骨折移位的发生,随着骨折的愈合,骨折端承担的分力逐渐增大,应力通过骨折端可以促进骨折愈合;若器械弹性模量太高,应力不能合理地在骨折端传递,将造成骨折延迟愈合甚至不愈合。当然,应力遮挡的"双刃剑"作用并不完全适用于加压固定,加压固定因骨折端趋于完整,并自固定后开始便承担大部分的生理应力,故固定物应力遮挡效应对骨折愈合过程的影响不如加压作用对骨折愈合过程的影响。

3. 应力集中　等截面直杆受轴向拉(压)时,横截面上的应力是均匀分布的。但是若有圆孔、沟槽、切口、细纹时,会使应力不再均匀分布。这种由于截面尺寸改变而引起的应力局部增大的现象称为应力集中。

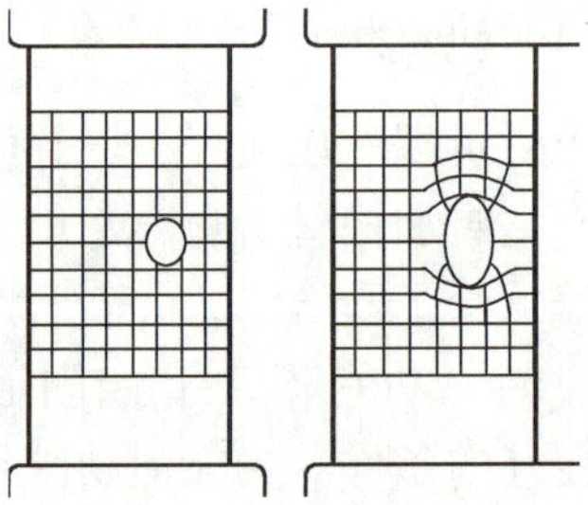

例如刻有圆孔的板条当其受轴向拉伸时如图 3-22 所示,可看到孔边方格比起离孔稍远的方格,其变形程度要严重得多,这表明孔边应力比同截面上其他处应力大得多,应力提高现象只是发生在孔边附近,离孔稍远应力急剧下降而趋于平缓,所以应力集中表现了局部性质,把有孔板条拉伸的孔边最大应力 $\sigma_{max}$ 与同一截面上应力均匀分布时的应力值 $\sigma$ 之比叫应力集中系数 $k\alpha$,则有:

![图3-22 应力集中]

图 3-22　应力集中

$$k\alpha = \frac{\sigma_{max}}{\sigma}$$
　　　　　　　　　　　　　　　　　　　　　　(3-10)

根据应力的概念,应力集中既为骨-内固定系统局部应力过高的表现,在静载荷下,塑性材料与脆性材料对应力集中的反映是不同的。一般在静载作用下,对塑性材料可不考虑应力集中的影响,而对组织均匀的脆性材料,应力集中将大大降低杆件强度。

与应力遮挡不同的是,在大多数情况下,骨折治疗固定应避免应力集中的出现。不管采用何种材料,应该保证无任何缺损以及出现缺损后会发生的应力集中和过早衰竭现象。

植入物的失败多由构成成分的衰竭引起。衰竭常由于植入方式不规范或操作不当损坏植入物的表面而使应力升高,降低钢板疲劳寿命,有些是在对钢板塑形时减弱钢板强度,对钢板表面原已有破坏者更是如此。同时应尽量避免术中造成的骨骼小缺损,骨骼是一种近脆性材料,小缺损将严重影响其各向强度,尤其是扭转载荷时更为明显,可使其降低60%。

由于应力提高现象只是发生在空隙、裂缝周围,所以螺钉固定系统相较于其他固定方式面临更多应力集中效应的影响。在一般情况下,螺孔对骨皮质连续性的破坏将使螺孔周围及螺孔间区域出现应力集中,尤其是在单纯多个螺钉固定的情况下,同时螺钉必须通过骨折线,把持两端骨折块来维持骨折端间的相对稳定。所以,无论是单枚还是几枚螺钉固定,当骨骼受力并由近端向远端传导时,原本均匀分布于骨骼横截面上的应力都将高度集中于螺钉上,造成处于骨折线上的螺钉体受到极大的剪切力作用。尤其是在螺钉的植入角度和位置不良时,螺钉长轴完全垂直于骨骼力线,螺钉所受到的剪切力将更大,更易于发生断裂。

鉴于以上原因,在实际临床应用过程中,螺钉会更多地与钢板配合使用,"中和"的概念也由此产生,通过钢板将各个螺钉"连接"起来,使集中作用在几个螺钉上的外力分散到整个钢板面积上,防止螺钉因应力集中在扭转或弯曲时发生松动或断裂。因此"中和"钢板固定往往倾向于使用更长一点的钢板,以利于达到分散作用的最大化。

髓内钉应力集中效应主要发生于髓内钉结构设计本身,钉体上交锁孔道的存在或钉体几何形状上的迅速改变,将导致应力集中的产生,大大降低髓内钉的强度,同时,髓内钉如有沿着纵轴的凹槽,如横截面为三叶草设计,也将削弱髓内钉的抗扭转和弯曲能力。钢板取出后,遗留在骨骼上的钻孔同样会产生应力集中,骨折常在钻孔部发生,故应谨慎指导患者钢板取出后的功能训练,防止因钉孔的应力集中造成再骨折。Burstein(1972)研究了螺钉和钉孔对兔股骨能量吸收的影响,结果显示兔股骨在钻入螺钉和钻孔后立即使吸收能量的能力减少70%。8周后,由于骨的重建,孔与螺钉的应力集中作用完全消失。但在螺钉取出后,取钉所致的细微损伤使应力集中作用立即再现。

4. 固定失稳  固定的稳定性要求固定装置在承受载荷作用时仍保持为其原有形状下的平衡状态,这是骨折愈合和功能康复的基本条件。如果固定装置在载荷作用下,当载荷逐渐积累增大而达到一定数值时出现不能保持它原有平衡形式的现象,固定装置刚度发生明显变化,强度改变,出现形变,这种现象称为丧失稳定,也叫固定失稳。固定失稳的临床后果就是固定失效,也就是在骨折愈合前固定器械就失去应有的固定效应,从而可能导致骨折出现再移位、迟缓愈合甚或不愈合等。固定失稳的原因很多,包括材料本身(如固定物的疲劳断裂)、医源性(如固定物选择不当、操作不当、植入位置不当、指导功能锻炼不当等)、骨折或患者本身(如骨折复杂、骨质特殊如骨质疏松、手术后感染、患者依从性等)。其中应特别强调的是,对固定原理和固定器械的生物力学认识不足则易导致固定的力学环境改变,医生在临床中理解固定失稳,可以更好地规避固定失效风险,合理发挥固定装置作用。

### (二)骨折治疗的原理

在骨折固定治疗中,稳定性是指骨折部位在外力作用下的移位程度,根据固定稳定性程度的不同,骨折固定的生物力学原理分为两种:相对稳定性固定和绝对稳定性固定。实际情况中,无论是何种固定方式,骨折块间的位移总是存在的,即稳定是相对的,位移是绝对的。相对稳定性固定要求骨折块间有适宜的微动来刺激骨痂的生长,其稳定性在于固定物-骨骼系统空间关系的牢固。绝对稳定性固定则尽量避免在肉眼能见的情况下骨折块间的活动,其稳定性在于骨折块相互位置关系的不变。

1. 相对稳定性固定  固定物维持骨折复位后的适当位置,使骨折块间在生理负荷作用下产生可调控的移位,这种固定方式称为相对稳定性固定。骨折所需要或能够耐受移位的程度目前来说没有明确的定义,骨折块间的相对运动取决于外部应力的大小、固定物的刚度和桥接与骨折两端组织的刚度三个因素,因此移位程度与外力大小成正比,与固定物的刚度成反比。可以说,除了目前提供绝对稳定性固定的加压技术外,所有固定方法均可视为相对稳定性固定,因此在这种意义上,相对稳定性固定也称之为弹性固定。相对稳定性固定的目的是维持骨折复位,保持持续性的机械刺激,以促进骨痂形成。根据固定器械实现相对稳定性方式不同,临床上分为滑动固定和非滑动固定两种。

(1)滑动固定:滑动固定的应用主要指石膏固定与小夹板固定,它们在作用机制上相类似,都要求骨折部位要有完整的软组织包被,固定材料施加来自四周的、由外向内的挤压作用,通过软组织传递到骨折端并达到均衡,形成骨折块在各个方向上的稳定,以此维持骨折的对位对线。在这种固定方式下,骨折块与内固定物并没有发生直接接触,而是通过软组织这一重要的媒介进行骨折固定。故在肢体负重或活动时,由于骨折周围力学环境的改变必然发生骨块与固定物之间的相对滑动,只不过在倾向于利于骨折愈合时,力学环境改变的结果仍然是平衡稳定的,这种滑动在最适范围内。所以,夹板作用下的弹性固定,是通过骨折块"在固定物上"的滑动来实现微动,刺激骨痂生长。

(2)非滑动固定:桥接钢板、外固定架和交锁髓内钉都通过连接固定于骨折块上的钉或针来形成完整的力学固定系统,以固定材料"架空"骨折区。鉴于骨折区骨皮质的非完整性,正常的生理负荷无法完全通过这一区域,所以固定物的应力遮挡是不可避免的,桥接钢板或外固定架承受部分或全部生理应力,保护骨折的骨骼不受到很大的载荷,以便在早期功能治疗期间允许无干扰的骨愈合而且防止没有完全愈合的骨折发生机械性断裂。另外,已获得力学重建的骨骼,由于其"结构的完整性"又可保护内固定物不受到反复的弯曲应力,从而防止疲劳断裂。在非滑动固定下,由于针或钉对骨块良好的把持,骨折端间的微动只能通过固定物的应变来实现,这要求固定物除具有良好的强度外,还必须具备适宜的刚度,过于坚硬的固定材料对于弹性固定并非完全有益。

2. 绝对稳定性固定 当骨折部位通过坚强的固定物连接,骨折端在生理负荷下不产生肉眼能见的活动,应变完全消除,骨折端就不会出现肉眼可见的骨痂而直接愈合,这种固定方式称为绝对稳定性固定。对于骨折块间相对运动的三个因素来说,绝对稳定性固定的概念主要是针对固定物刚度而言,固定物的刚度有助于减少移位,而唯一能有效地、完全地去除骨折端活动的技术就是骨折块间的加压。绝对稳定需要通过两种技术获得:加压和摩擦力。

(1)加压:分为动力和静力两种方式。预加压技术提供静力加压,静力加压后,骨折端存在相互压迫,随着骨折端的吸收,静力加压力将逐渐消失。动力加压就是通过功能活动造成骨折接触面产生负荷和除去负荷,将功能性张力变为压力,允许某些负荷传导性运动。张力带加压在不同情况下提供两种加压方式。

1)预加压:当一块预弯的钢板固定于骨骼时,弯曲便被伸展开来,由于其弹性回缩,钢板便有重新弯曲的趋势,由于这种弯曲是由不可逆的塑性形变造成,于是产生了使得远端骨折间隙靠拢并加压的弯曲力矩。只要骨折端有接触而且可以承受负荷,骨折端的加压力超过作用于骨折端的牵张力,加压就可以保持骨折块间的紧密接触。如果整体稳定性能够得到维持,加压性预负荷便不会在螺钉部位也不会在轴向加压接骨板部位或骨骼产生压力性坏死。

2)张力带加压原则:张力带原则是 Frederic Pauwels 根据经典力学原理提出的。在工程学上,这一原则可以通过观察工字梁断裂时的受力情况很好地说明。他通过研究发现任何弯曲的管状材料,当受到轴向载荷(拉伸或压缩)时总会在其凸侧表现为张力侧,而另一侧

（即凹侧）表现为压力侧。由此他首次提出应力在骨中传导的基本概念，并发展出了骨折张力带加压固定原则。张力带加压原则就是将固定器械偏心放置于弯曲骨骼的凸侧，可通过器械的限制作用将骨折断所受张力转变为压力以达到固定目的的原理（图3-23）。因此，临床上应力求任何固定器械都置于骨骼的张力侧。临床上应用张力带原则，首先需要满足以下三个先决条件：①骨和骨折能承受压力；②固定器械能承受张力；③张力带对侧（即压力侧）必须有完整的骨皮质支撑。

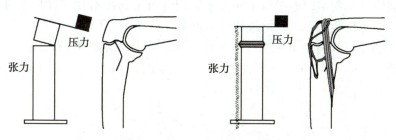

图3-23 张力带固定原则

根据骨折端的压力大小与关节活动的关系，张力带加压又有静力和动力之分。在固定后即产生加压作用，并且加压力在关节活动时基本保持恒定的称为静力张力带。股骨的钢板固定为典型静力张力带加压，股骨具有向外向前的生理性前凸，股骨干骨折后，将钢板置于股骨外侧，可很好地利用股骨承载生理负荷时外侧骨皮质的分离作用，将其转化为对骨折端的加压力。相反，骨折端加压力随着关节活动增加的则称为动力张力带。髌骨或尺骨鹰嘴骨折的内固定代表着动力张力带。当膝或肘关节屈曲时，肌肉和韧带的拉力就可通过适当的固定转化为对骨折端的压力。还有，肌腱或韧带附着处的撕脱骨折如肱骨大结节、股骨大粗隆以及内踝也可用张力带加压固定（图3-24），通过钢丝、钢缆、可吸收线做成张力带，并允许在稳定骨折块的前提下进行关节训练。与别的固定物加压不同的是，张力带固定主要在肢体活动时发挥作用，靠的是功能负荷中的动力成分而产生加压力。

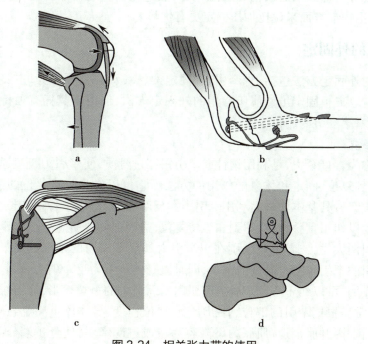

图3-24 相关张力带的使用

（2）摩擦力：当骨折块彼此挤压在一起时，就会产生摩擦力。摩擦力通过对抗垂直作用的剪切力，起到阻止滑动移位作用。由加压产生的摩擦力大小以及骨折接触面的几何形态决定了对抗剪切移位能力的大小。若骨折面光滑，正常外力约为摩擦力大小的40%，而粗糙的骨折面有可能做到坚强固定和骨片间交错又足够对抗剪切外力引起的移位。由于剪切在大多数情况下是由施加在肢体上的扭力引起的，因此它比垂直作用于骨骼长轴的外力具有更重要的意义。

一般的加压固定物可以通过以上两点来实现骨折端的绝对稳定性加压，拉力螺钉通过螺纹的扭力使两骨折块沿着螺杆纵轴相互靠近并且挤压对合（图3-25），加压钢板的偏心滑动槽也有这样的作用。预加压特点是静力加压，加压力由固定物本身维持，并不依赖于肢体负重或活动所带来的应力，依靠这样的压力可产生摩擦力，来对抗外力以维持骨折的对位。

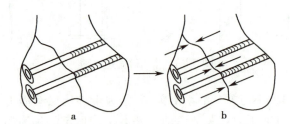

图3-25　骨折复位后拉力螺钉的应用

绝对与相对稳定性固定是一个问题的两个方面。在目前的研究中，相对移位无法用肉眼分辨来描述，无法形成统一的定量标准，因此绝对稳定是"相对的"，而相对稳定才是"绝对的"。在临床实践中，需要根据骨折的具体情况灵活应用，如对于长骨干骨折，更多的是需要相对稳定性固定，而对于涉及关节面的骨折则需要绝对稳定性固定。但对于一个干骺端复杂骨折又涉及简单关节内骨折块，支撑钢板和拉力螺钉同时运用则是既有绝对又有相对的稳定固定。由于弹性固定所引导的愈合方式更接近胚胎时期人体骨组织生成的过程，骨折愈合后更接近骨组织原来的结构和功能，从而也避免了固定物取出之后发生的愈合不足等问题，从力学生物学方面来说比加压固定更有优势。

## 五、骨折的外固定

骨折常用的外固定方法包括：骨牵引、外固定架、夹板固定、石膏等，主要提供相对稳定性固定力学功能。夹板固定虽然属于常用的外固定方法，但由于其拥有独特的中医优势和特色，故将在本章第三节专门讨论。

### （一）骨牵引

骨牵引又称为直接牵引，是利用钢针或牵引钳穿过骨质，使牵引力直接通过骨骼而抵达损伤部位，并起到复位、固定和休息的作用的方法。它可以作为骨折复位的手段，也可以作为治疗的最终方案。其基本原理是利用牵引力和反牵引力，作用于骨折部位，使骨折两端往相反的方向移动以纠正重叠移位，达到和维持复位，进而促使骨折愈合。骨牵引可分为滑动牵引和固定牵引两大类，二者主要区别在于牵引力和反牵引力的来源以及牵引对骨折端的作用。滑动牵引的牵引力来自悬垂的重量，同时以身体体重为反牵引力，在骨折早期对骨折端起到牵开的作用，可以纠正不稳定骨折因肌肉挛缩造成的重叠畸形，亦可维持稳定骨折的对位，滑动牵引常需根据牵引的部位、骨折类型、移位程度、身体体重决定悬垂的重量，其特点是在骨折中后期因肿胀消退、肌张力下降容易造成过度牵引，使骨折端分离，不利于骨折愈合，应在做适当检查后酌情减轻重量。固定牵引下，牵引力和反牵引力均存在于牵引装置内,以保持患肢的长度不变。滑动牵引既可用来复位骨折,也可用于维持对位,而固定牵引必须先整复骨折,才能用来维持复位的长度,但它的优点是不会出现过度牵引。

### (二)外固定支架

骨外固定支架是目前治疗骨折较广泛采用的方法之一。它是指在骨折远近端经皮穿针(或钢钉),再用金属、塑料等材料制成的杆或框架结构加以连接,使骨折端得到固定的疗法。自 1840 年 Malgaigne 开始,一百多年来人们陆续研究和应用,第二次世界大战期间曾被广泛应用于处理火器性骨折。但碍于当时外固定支架结构自身的缺陷,对骨折固定缺乏稳定性以及针道感染等问题,外固定疗法的发展在第二次世界大战后停滞不前。20 世纪 50 年代以来,随着工业化程度的提高,复杂伤增多,骨外固定支架又重新受到重视,特别是近 30 年来生物力学的发展,使外固定支架的研制和应用技术日臻完善,现已成为治疗骨折的标准方法之一,并拓广到用于截骨矫形和骨搬运。

目前外固定支架已大量应用于临床,对多发性骨折、有严重软组织损伤的开放性骨折、感染性骨折、骨不连与感染性骨不连的治疗特别有价值。外固定器的发展也促进了关节切除融合术、截骨矫形术和肢体延长术疗效的提高。

1. **外固定支架材料** 管-杆系统的外固定支架通常由三部分组成,分别为固定针、管/杆以及夹钳。固定针有不锈钢制、钛制或羟基磷灰石涂层。羟基磷灰石涂层的固定针可以在骨骼内获得良好的把持力,允许早期骨长入,避免松动。为预防钉道感染,抗生素或其他物质涂层的固定针将可能会相继出现。管/杆在材料选择方面需要有足够的刚度和强度,目前临床应用的管/杆多为不锈钢管和碳纤维杆,应临床需要,尚有补充的预塑形、弯曲形碳纤维杆,在一些固定困难的部位如腕关节,还设计有 T 形联合固定模块。夹钳是组合式外固定支架系统的主要组成部分,用于连接管/杆和固定针。

2. **生物力学原理** 外固定支架具有动态性,允许骨折断端接触,在对固定器加载时,骨应力降低。当骨痂有足够刚度并能支持一定载荷时,将使骨、螺钉界面的载荷明显降低。外固定支架的强度应控制在一定范围内,不充分稳定将导致延迟愈合或针道松动,太过坚强又因应力遮挡导致延迟愈合或不愈合。外固定支架刚度越高,固定越坚强,应力遮挡作用越大,将明显减少骨折断端的应力刺激。应力遮挡与外固定时间呈正比,时间越长,骨折部位力学强度包括抗弯强度下降越明显。因此,临床运用外固定支架,需要随着病程的进展而进行相应调整,逐渐进行最初稳定固定的动力化是必须的。

3. **影响稳定性的因素** 外固定架的稳定性取决于各组成部分的尺寸、数量、组合形式和空间分布。

(1)克氏针或斯氏针的直径:针径是决定外固定器刚度的重要参数,研究发现,针的弯曲刚度与其针径的 4 次方成比例,如针径从 4mm 增加至 6mm 时,针的弯曲刚度就增加 5 倍。而增加螺钉直径只要不超过骨的最小宽度的 1/4,就不会加大钉孔骨折的危险,临床上为了避免增加针孔感染,在设计增强外固定架的刚度时,往往通过增加固定针的直径而不是数量。

(2)固定针与骨折区的距离以及同一骨块内针与针之间的距离:固定针与骨折端的距离越近,固定越坚强;置入每个骨折块的固定针的间距越大,固定越坚强。

(3)外连接杆与骨骼的距离:连接杆与骨骼的距离越近,固定越坚强。

(4)外连接杆的数量:双杆比单杆固定坚强。

(5)固定支架的构型(强度从低到高):单边<双边<三角形(图 3-26)。

(6)骨折的类型:骨折的稳定性均将影响固定坚强度。在相似外固定支架构造及负荷水平下,骨折纵向不稳定较纵向稳定,骨折的活动更大。

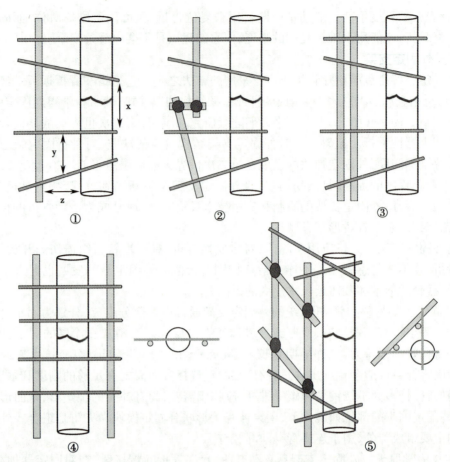

**图 3-26 管状外固定支架的不同构型**
①单边单平面构型;②模块化单边构型;③双杆单边式构型;④双杆双边式构型;⑤双杆三角式构型

#### 4. 生物力学特点

（1）**实现固定稳定**:对于骨折愈合,固定稳定是提高疗效的必要条件。所谓固定稳定是指若忽略骨折端的相对微小位移,骨折远近端与固定装置形成几何不变体系,即保持骨折远近端整复后的相对几何位置不变。良好的固定装置应是既构成几何不变体系,又没有或较少有多余联系。此外,在实现固定稳定上还应注意骨针的有效长度、刚度、穿针部位及针的缩紧程度等。

（2）**防止功能替代**:作为生物材料的骨,无论在其几何形式、空间结构,还是强度及密度分配上,都是与应力状态相适应的。骨的功能适应性不仅表现在几何形式和力学性质上,也体现在骨组织的成分上。因此,在骨组织修复和塑形过程中,必须使断端得到适应的力学环境,否则重建的骨组织可能是脆弱的,不能适应正常功能的需要。所以,在骨折治疗过程中应尽量减少功能替代,这就要求在保持固定稳定的前提下,减少不必要的多余联系,注意针径、针的刚度选择。

（3）**使骨折断端获得生理应力**:我们把可加快骨折断端愈合速度、提高愈合质量的断面应力称为生理应力。生理应力分为恒定的和间断性的,对目前使用的骨外固定支架,恒定生理应力是由器械给予的,它可增加断端摩擦力,增强固定稳定性,缩小新生骨细胞的爬行距离;而间断性生理应力多是功能活动得到的,它可促进局部血循环,产生压电和动电效应,激发新生骨细胞增长,对加速断面愈合、提高愈合质量颇为有益。

（4）操作灵活、整固兼得：整体结构稳定性好，具有全方位刚度和强度，而各构件间具有相对独立性，便于拆卸和组装。同时具有整复和固定功能。

### （三）石膏托（管型）

已经应用于临床 100 多年的石膏绷带，由于具有一定的支撑和矫形作用，临床应用广泛。近来出现的高分子石膏绷带，其固化速度、牢固程度和舒适性也明显优于传统石膏绷带，具有固化时间短，骨折愈合良好，强度是传统石膏的 20 倍，X 线可透过，便于拍片复查，轻便，拆除时无粉尘，遇水不软化，便于皮肤护理等优点。有研究报道，应用骨科新型外固定材料——树脂绷带可在伤肢上制作管型石膏，对骨折或损伤起制动作用，具有质量轻，透气性好，可塑性强，不怕水，患者使用时可洗澡等特点（图 3-27）。相较木制夹板而言，石膏绷带的塑形性能较高，能按任何体形制成合适的固定模型。设备不复杂，技术操作简单，能在 10~20 分钟内完成操作，凝固后不变形，不移位，应用后容易护理。然而与木制夹板相比，石膏绷带较坚硬，缺少弹性。凝固后亦不能根据需要随意改变形状或松紧度。当肢体的肿胀加剧或消退，它无弹性可以适应。也正因为如此，术后石膏固定容易发生太紧或太松的现象，在很多情况下需要切开、解除或更换石膏固定。

用石膏制动十分强调软组织的完整性与石膏的连续顺滑性，但是与石膏面接触的骨折肢体与石膏之间会产生力的挤压作用，要起到比较满意的固定效果及预防压疮，从力学的角度上看，必须重视三点作用原则（图 3-27）。三点力当中的两个力是骨折移位的力与石膏面的接触产生的，但单独两点力作用不能稳定骨折，必须提供第三个力。这第三个力是通过覆盖肢体的管型的某处来提供，这样，在软组织的对侧为三点固定的中间力点，同侧的骨干上下两端各为一个力点。

这种外夹板样作用可使骨折断端达到解剖对线，其在肢体静止时和功能活动（肌肉收缩）时的作用机制亦与夹板作用类似，在活动中或仅有断肢肌肉收缩的情况下，可能会加大

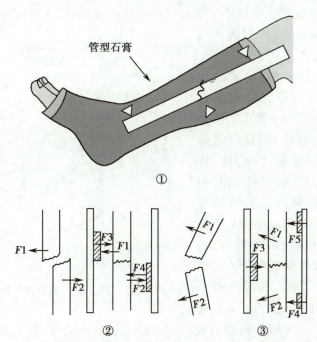

**图 3-27　管型石膏固定与夹板固定三点受力示意图**
①管型石膏示意图。②$F_3$、$F_4$ 形成两点支撑，分别抵抗 $F_1$ 和 $F_2$，避免产生移位。③$F_3$、$F_4$、$F_5$ 形成稳定的三点支撑，其中 $F_3$ 与 $F_5$ 形成的力矩抵抗 $F_1$ 的旋转力矩。$F_3$ 与 $F_4$ 形成的力矩抵抗 $F_2$ 形成的力矩

断端的活动,但同时和骨的软组织相抵的石膏管型的环形压力也同样影响着固定的稳定性,肌肉和皮肤作为不可压缩介质,其上的加压有助于抵消肌肉收缩造成的不稳定倾向,在骨折愈合的早期阶段,150N 的轴向载荷,可因骨折类型的不同而导致 1~4mm 轴向位移,旋转和角位移分别为 1°和 3°,随着骨痂刚度的增加,外力下的位移逐步降低,8 周以后,位移只有 0.5mm。由于患者活动的减少,治疗期间肌肉会发生萎缩,导致软组织上压力的减小,由此,石膏绷带必须适应这些变化以保持稳定。

### 六、骨折的内固定

骨折主要的内固定方式分为髓外固定系统和髓内固定系统。髓外固定系统属于偏心固定,包括各种类型的钢板、螺钉、钢针、钢丝等;髓内固定系统属于中心固定,主要包括髓内钉系列。在固定力学功能上,两者均根据不同情况提供绝对或相对稳定性。

#### (一)髓外固定系统

1. 钢针及钢丝 不锈钢丝是最简单的内固定物。临床常用于髌骨、尺骨鹰嘴、内踝等处骨折,一般放置在骨折的张力侧。单独使用此种方法,其强度和稳定性不足,故常与克氏针联合使用。该疗法的力学特点是:改变作用力对骨折端的效应,使骨折端得到有利于愈合的间断性生理应力,变不利因素为有利因素。

另一种钢丝内固定是克氏针和斯氏针,它们可以在小块骨骨折的治疗中作临时固定用,单独应用时应辅以支架或石膏外固定,少数情况下也可作永久性固定。例如股骨颈骨折固定,以平行的克氏针通过张力带区以对骨折端起压紧作用,而交叉的克氏针可阻止骨折断端的分离。钢针往往联合钢丝使用,结合"8"字扎法或环扎法,典型方式如运用双克氏针配合钢丝环扎法固定尺骨鹰嘴骨折,能对尺骨鹰嘴骨折起到稳定的固定作用。

2. 螺钉 螺钉是内固定系统中不可或缺的重要组成部分,既可以单独使用,亦可与其他固定器械配合使用,如用于钢板内固定,螺钉可使钢板与骨表面紧密结合,增强钢板与骨之间的摩擦力,从而防止骨折端的切向移位;单独使用螺钉也可起到加压作用。影响螺钉把持力的内在因素主要有:螺纹径、螺纹结构及螺纹长度;外在因素有:骨质量、骨的类型、螺钉旋入的方位及扭矩(图 3-28)。螺钉固有的把持力是螺纹径与置入骨骼内的螺纹长度的乘积(把持力=螺纹径×旋入的螺纹长度)。当螺钉用于两骨块间加压固定时,螺纹常以拉力钉的模式起作用。在这种固定中,螺钉的螺帽侧在骨皮质内可以自

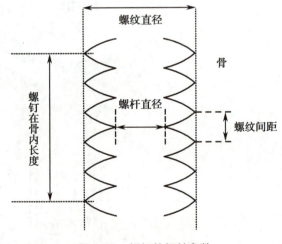

图 3-28 螺钉的相关参数

由滑行(可用螺帽一侧无螺纹的螺钉或扩大近侧骨折块的孔径,需在螺帽下放一个垫圈以加强固定)。骨块之间的把持力是由螺纹旋入的扭矩决定的,把持力可转化为摩擦力,进而阻止骨块间滑动。控制螺钉置入的扭矩(用最大扭矩限制性螺丝刀)对防止螺钉滑丝及螺帽断裂是非常重要的。

(1)不同的螺钉设计或同种螺钉根据固定需要可有不同的生物力学功能,见表 3-7:

表 3-7 各种不同类型的螺钉及其生物力学功能

| 螺钉类型 | 生物力学功能 | 临床应用举例 |
|---|---|---|
| 钢板螺钉 | 产生加压力和摩擦力，将钢板固定于骨皮质上 | DCP、LC-DCP |
| 拉力螺钉 | 在骨折块之间产生加压作用 | 可单独使用，也可配合钢板使用 |
| 位置螺钉 | 维持骨折块之间的解剖对位但不加压，即不用滑动孔 | C 型踝关节骨折（下胫腓骨螺钉）、C 型肱骨远端骨折且关节面缺损时 |
| 锁定钉 | 用在 LCP/LISS，钉帽带有螺纹，与钢板孔对应的反向螺纹相匹配，达到角度固定 | LCP/LISS |
| 交锁钉 | 用于髓内钉固定，维持骨的长度、对线、防止旋转移位 | 肱骨、股骨、胫骨交锁髓内钉 |
| 锚钉 | 作为钢丝或坚强缝线的固定点 | 肱骨近端骨折张力带固定的锚钉 |
| 推拉螺钉 | 作为牵开/加压方法复位骨折时的临时固定点 | 用于加压器 |
| 复位螺钉 | 通过钢板孔将骨折块拉向钢板并作临时复位固定 | 应用微创技术将粉碎骨折复位到 LCP |
| 阻挡钉 | 将螺钉作为支点来改变髓内钉的方向 | 胫骨远端骨折髓内钉固定 |

注：DCP：动力加压钢板；LC-DCP：有限接触动力加压钢板；LCP：锁定加压钢板；LISS：微创固定系统。

（2）螺钉及其置入过程的力学分析：为使我们在临床上合理选择螺钉，我们需要研究透彻螺钉的相关力学特性，更好地了解螺钉的用途。当将螺钉顺时针方向旋转，其螺纹沿着骨质滑动，就会产生轴向作用力（图 3-29）。螺纹的倾斜度，即螺距，必须足够小，以便螺钉对骨骼具有足够的把持力，避免螺钉松动；同时，螺距又必须足够大，以便在可以接受的旋转圈数后能将螺钉完全置入。为了增加螺钉每旋转一圈时的前进距离，可以应用双螺杆螺钉。螺钉在被置入过程中与骨质之间可产生摩擦力，其产生的热量有可能引起骨坏死，继发螺钉松动，因此螺钉或钝钻头在置入骨骼时，需避免类似情况发生。

螺钉置入过程中可产生两个作用力，一个是沿螺纹周径（即切线方向）的方向，另一个是沿螺钉轴的方向，即轴向（图 3-30）。前者由置入螺钉的扭矩产生，后者则是在螺钉螺纹沿着骨内的螺纹滑动时产生。有研究试验显示，拧紧普通 4.5mm 皮质骨螺钉时的扭力可以分为 3 部分：即 50% 用于克服顶帽界面的摩擦力；40% 转化为轴向作用力；另外 10% 用于克服螺纹的摩擦力，研究测试 4.5mm 螺钉拧紧时产生 2 000～3 000N 的轴向加压力。

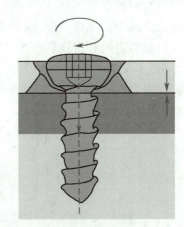

图 3-29 应用在 DCP 和 LC-DCP 中普通螺钉的设计和受力

有实验证明，针对拧紧螺钉可以施加的最大扭力，经过钢板孔置入的螺钉几乎是不经钢板螺钉的 2 倍，原因是不经钢板螺钉的顶帽下皮质更容易失效。对于标准的 4.5mm 皮质骨螺钉，其置入时所产生的加压力仅作用于附近小范围骨面上，所以单纯一枚螺钉加压固定并不能很好地对抗骨折块围绕螺钉的旋转，即骨折块间的扭力，这时往往需要第二枚螺钉加强固定。在术中，如果可能，第二枚螺钉的位置最好能远离第一枚螺钉，并置于不同方向，这时的固定力矩等于 2 枚螺钉之间的距离加上 2 倍单枚螺钉的力矩。

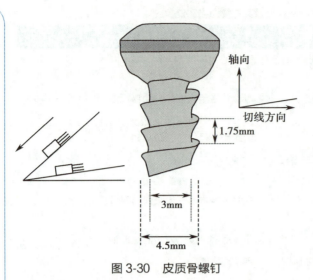

图 3-30　皮质骨螺钉

1）螺钉拧入的力量和程度：螺钉具有很强的轴向作用力，因此将螺钉拧到最高限度没有意义，反而会产生负面作用。一般而言，采用最大扭力的 2/3 即可，以便在可以对抗其他载荷的同时不至于因拧入过紧造成骨折块微动后形成螺道松动，影响骨折固定质量。不同材料螺钉拧入时的区别很重要，不锈钢螺钉拧紧后可以产生最大的力矩，这时如果再继续拧，螺钉头将会在一个力矩不变的情况下旋转直至滑丝；钛金属螺钉不会产生最大力矩，过拧亦会滑丝，钛金属钉的屈服扭矩很小且不易变形，其失效的角度要比不锈钢螺钉小 50%，其力矩失效也稍少些。为了避免过紧导致钉帽被卡住，锁定钢板下螺钉的拧入通常使用限力改锥。

2）螺钉拧入的方向与骨折线的关系：以正确的角度拧入螺钉很重要，如果不考虑其他因素，以垂直于骨折线的方向插入螺钉可以产生最大的加压力量（图 3-31①）。但由于有轴向负荷的存在，在长斜形骨折中，与骨折线绝对垂直拧入螺钉将使螺钉体受到很大一部分骨干纵轴生理应力的剪切作用而发生断裂，所以在这种情况下必须在骨折线与纵轴线之间取一折中的位置拧入，一般取骨折线和纵轴线夹角的中分线为最佳拧入角度。但是，如果是拉力螺钉与钢板联合固定，由于在远离骨折线的钢板远侧有螺钉固定，骨折区所承受的纵轴生理应力大部分为钢板分流，运用拉力螺钉固定主要骨折块将不会受显著剪切作用的影响，此时拉力螺钉应与骨折线垂直拧入，即螺钉与钢板存在一定的倾斜夹角。一些骨折面（如螺旋形骨折）不仅需要螺钉加压，而且需要沿骨干的线加压，这时理想的螺钉拧入角度应与骨的长轴线垂直（图 3-31②），但这样可能导致骨折的滑动。

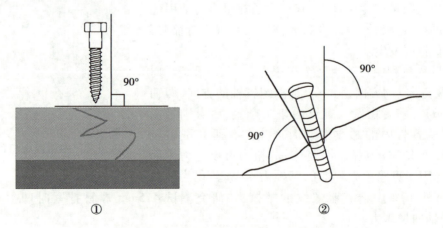

图 3-31　简单骨折面螺钉的最佳拧入角度

3）螺钉断裂的两种方式：一种是在拧螺钉时，超过了螺钉所能承受的剪切力，另一种是当外力垂直作用于螺钉长轴时引起。由于螺钉对抗轴向拔出力的能力比较好，传统螺钉由于其螺柱较细而抗弯曲的能力相对较弱。因此，螺柱直径可以适当增大，这样虽然会损失螺钉的抗拔能力，但增加了抗弯能力，只需加粗螺柱直径 30%，就可以将抗弯能力提高 3 倍。

螺钉联合钢板固定时,若螺钉、钢板和骨折部分贴合不紧密,钢板可以在骨和螺钉之间滑动,滑动可以产生超过螺钉所能承受的弯曲应力垂直作用于螺钉,从而导致螺钉疲劳断裂,因此临床上螺钉和钢板必须贴合紧密以避免钢板滑动。

3. 钢板

（1）钢板的种类和力学功能:早期骨折治疗,AO原则提倡绝对稳定固定的理念,并设计出一系列骨折治疗器械,其中传统的动力加压钢板(DCP)是一类广泛应用的内固定方法,多用单侧形式,通过螺钉紧固在骨骼上,钢板与骨表面的摩擦系数为0.2~0.4。螺钉的坚强紧固使钢板与骨面间的正压力很高,从而使骨折端与钢板之间有较高的稳定性。然而经典的钢板固定技术要求严格遵守骨折块间加压的原则,以获得绝对稳定性,这使得钢板下方皮质的血运遭受破坏,继而引起骨重塑减慢,并最终导致延迟愈合、内固定失效和骨折不愈合。随着AO组织对骨折治疗理念的深入认识,又设计出有限接触动力加压钢板(LC-DCP),此类型钢板由Perren在1990年引入,由于其生物力学功能优势,现已成为钢板固定的"金标准"(表3-8)。与DCP相比,此型钢板和骨面的接触面积大大减小,这降低了对骨膜血管网的影响,改善了骨皮质的血运。其钢板下表面的设计使其强度分布更均匀,钢板塑形更容易,避免了钢板折弯。随着微创固定技术及理念的推广,AO设计出独具一格的锁定钢板,其核心的改变是螺钉帽和钢板之间有相对合的螺纹,这就产生了独特的生物力学特性。最初的锁定钢板,如点接触(PC-Fix)和微创固定系统(LISS)都是角稳定装置,通过提供角稳定性的固定螺钉,可以使应力沿整个内植物更均匀地分布,而不会将应力集中在某一个骨-螺钉界面。然而因其设计上的先天缺陷,即只有锁定孔,最初的锁定钢板只能用作内固定架而提供桥接功能。根据临床医生应用钢板方法的不同,与最初锁定钢板的设计(LISS)相比,LCP有很多改进。其最大的改变在于:LCP和有些专用钢板有结合孔,可以在同一钉孔有选择地使用普通螺钉或锁定螺钉。结合孔有动力加压部分用于置入普通螺钉,还有带螺纹的部分用于置入锁定钉。LCP集合了很多生物力学用途:既可以用作内置固定架,也可以发挥普通钢板的5种生物力学功能,还可以用作复位工具。针对许多特殊部位,研发出很多特殊的钢板,这些钢板统称为解剖型钢板,对应于不同解剖部位。其中一些钢板还能进行动力加压。

表3-8　各种钢板功能和生物力学效应

| 钢板功能 | 生物力学效应 | 应用举例 |
| --- | --- | --- |
| 加压 | 用在骨折端产生加压力,提供绝对稳定性 | 简单横形,短斜形骨折 |
| 保护 | 中和弯曲应力和旋转应力以保护拉力螺钉 | 简单斜形骨折 |
| 支撑 | 钢板沿与异常作用力轴线90°方向提供固定作用力以对抗轴向负荷 | 胫骨平台骨折 |
| 张力带 | 置于骨折的张力侧,将张力转化成对侧皮质的压力 | 股骨干骨折 |
| 桥接 | 钢板固定在2个主要骨折块,维持对位对线,并提供相对稳定性,骨折端架空 | 长骨粉碎性骨折 |

1）加压:横断形或短斜形的骨干骨折,通常难以置入拉力螺钉。此时,可用加压接骨板来固定。接骨板固定在骨折一端后,张力器放在另一端,暂时将两个骨折断端拉在一起并形成断端加压(图3-32);然后用螺钉将另一断端固定在接骨板上,这样可获得大于1 000N的压力。也有不用张力器实现断端加压的接骨板。这种接骨板有个特殊设计的孔,孔内有一个可以使螺钉头滑入的斜面。当螺钉插入骨中,螺钉就会向皮质骨移动,由此螺钉孔的斜面被轴向推动,就像具有张力器一样,接骨板通过轴向移动在两个断端之间产生一个轴向加

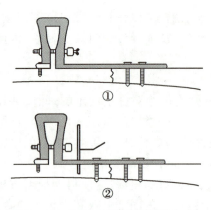

图 3-32　张力器对骨折断端的加压

压力。

2）保护：通常用在拉力螺钉固定的骨折块，以保护螺钉不被外力折断。单纯运用螺钉对长骨骨折进行固定时，螺钉极易受到扭矩和弯曲应力的影响，发生松动或者断裂。为了平衡各个螺钉所受应力，对拉力螺钉起保护作用，可将钢板与拉力螺钉结合使用，因此，作保护作用时，钢板常取较长的长度以产生更强的保护作用。

3）支撑：支撑钢板是指为了对抗轴向负荷，沿与畸形轴线成 90°方向施加作用力的固定工具。支撑钢板不仅可以单独应用发挥支撑作用，同时也可以配合拉力螺钉固定，当干骺端/骨骺部位的剪切或劈裂骨折，而拉力螺钉固定难以承受经骨折端的剪切应力情况下，此时应尽量发挥支撑钢板的支撑作用，然而与具体骨折部位解剖形状不相匹配的钢板，其力学特性在很大程度上限制了钢板对骨骼的作用力，使之难以起到支撑作用。在众多专家学者的不懈努力下，具有解剖形态的钢板应运而生，并发挥了举足轻重的作用，如锁定加压钢板，由于螺钉锁定特性，螺钉方向稳定，提供了良好的角稳定性，可作为支撑钢板运用于干骺端和关节周围。T 形钢板用在胫骨外侧平台骨折，匙形钢板用于胫骨远端干骺端骨折，三叶草钢板用于胫骨远端内侧骨折等。

4）抗滑：抗滑钢板是支撑钢板的一种特殊类型，这种钢板用于斜形骨折以防止骨折断端的滑动及继发的短缩畸形。最基本的防滑钢板是"单孔抗滑钢板"，既可以是缩短 1/3 的管型钢板，也可以是垫圈，这种钢板与其螺钉被固定在斜形骨折的尖部中心位置上，该项技术中钻孔需产生加压作用，可以附加一个拉力螺钉来发挥断端间的加压作用。这种螺钉既可穿过钢板置入，也可以单独置入。

5）桥接：桥接钢板适用于粉碎性骨折，通过跨越粉碎区并在两端分别用数枚螺丝固定以维持骨骼长度，防止过多应力作用于粉碎区造成骨折再移位。桥接钢板可减少骨折区域局部血供的损伤，且对粉碎区的应力保护使粉碎骨折块可在适当的应力下产生有利微动。临床上推荐选择长钢板，少用螺钉，以增加力臂，只固定两端的主要骨折块，分散弯曲作用力。

6）张力带：骨很少只受轴向力。在承受外力和肌肉活动时，弯曲和扭转力矩可同时发生。骨折以后，单纯的轴向压力可使断端加压而无须外加固定，但张力可导致断端移位。弯曲力矩作用在骨上会在凸侧产生张力而在凹侧产生压力。折断的骨在承受弯矩时，必须对抗张力而让骨折面形成压力。当断端复位后，需要用植入物对抗张力，而骨折表面必须能承受压力。钢板要发挥张力带作用，必须满足四个条件：①发生骨折的骨骼必须为偏心受力，如股骨；②钢板必须放置在张力侧（凸出侧）；③钢板必须能够承受牵张作用力；④钢板对侧皮质必须能够承受加压作用力。如果钢板放在压力侧，则不能中和张力，内固定会在承受负荷时失效。

（2）钢板经典加压作用：选择钢板作为相对或绝对稳定的固定，取决于采用什么样的钢板以及运用什么样的置入模式。运用钢板进行骨折块间加压，可维持几周时间的稳定，使骨折处形成骨塑形，并且少有骨吸收和坏死。钢板加压可通过单纯运用拉力螺钉和保护钢板、加压器、动态加压孔、预弯钢板四种形式实现。

内固定钢板是一种不对称器材，单侧钢板在加压固定中，由于载荷状态的改变，常不能起到预期的效果。例如，预弯钢板尽管在体外可以做得很有效，但在体内手术时，螺孔位置不当、螺钉的角度不当、骨的蠕变特性等都会使预弯或预应力失效,或者使骨断面承受偏心压缩状态等。

从生物力学观点看,钢板内固定治疗骨折,尚存在功能替代、偏心受力、疲劳断裂等不足。目前所用钢板的刚度比皮质骨刚度大 10 倍左右,加压钢板固定后,钢板替代了骨应承受的载荷。钢板固定部位以内的骨质长期不经受应有的力刺激,即产生"功能替代",使骨的重建受到影响,引起骨质疏松、萎缩,取出钢板有发生再骨折的可能。

另外,临床有时也发现钢板断裂、塑性变形、螺钉固定不牢、螺钉被拔出或断裂等,这种现象多见于应力集中的螺丝孔口处。为了避免钢板使用中的弊端,近年来有不少人提出改进和研究出新的抗扭、抗弯性能强的内固定材料。如钛合金、含玻璃纤维或碳纤维的复合材料,其刚度比普通钢板小或接近骨的刚度,又有足够的强度;还有制成不同于普通等截面钢板的变截面钢板,加厚受力大的部位。如国内学者报道的梯形自动加压钢板,其纵截面为梯形,中间厚,两端薄,位于中央部一侧有一自动加压孔。由于两侧弹性较大,可减少功能替代。另外有空心不锈钢钢板,不仅质量轻,而且轴压缩刚度与骨相似,扭转及弯曲刚度比骨强,故有利于骨折固定,并使钢板下的骨承受更多载荷,以减少骨质疏松。为了避免功能替代,骨折一旦愈合,需尽早取出钢板,以使患肢在控制日常活动中逐渐承受载荷,使骨骼按正常功能状态塑形和重建。但需注意的是:取出钢板后,局部应给予短期适当保护。目前人们关心的是生物降解材料的应用,即最初有较大的刚度,随着骨折断面的愈合,承载能力的增强,固定物刚度逐渐减小,它既能保持固定稳定,又较少产生功能替代。为防止偏心受力的发生,有时用预弯钢板,即将钢板中部(相当于骨折部位)隆起,钢板隆起部与骨面距离 1～2mm,这样的钢板放在骨上,使对侧断端比同侧具有更大的压力而使骨折端受力较均匀,从而避免钢板对侧出现张口现象。

4. 脊柱骨科内固定系统　1961 年,Roy-Camille 等人报道使用椎弓根螺钉和钢板固定胸腰椎骨折,后经不断改良发展,椎弓根螺钉系统已在脊柱手术中得以广泛应用。常见的脊柱骨科内固定系统有:Coterl-Dubousset(CD)固定系统、TSRH 脊柱内固定系统、AO 脊柱内固定系统、R-F 系统等八大类型。这些类型无一不与生物力学密切相关。

现以 AO 脊柱内固定系统为例:目前常用于胸腰椎骨折后路内固定的 AO 内固定系统(图 3-33)为 USS 骨折固定系统。USS 固定系统是一种可进行脊柱稳定与复位的装置,长的 Schanz 钉拧入椎弓根后,由易于调节的后开口固定卡连接于 6mm 直径的硬质圆棒,可起到张力带、支持带及原位固定等作用,可固定于中立位,同时也允许撑开、加压。其轴向、角度、旋转调节能力,并可对受损的脊柱节段做节段性固定。在爆裂性骨折的椎管减压方面是有效的,而且在大多数情况下,只需固定脊柱的两个活动节段。$F_1$ 和 $F_2$ 使 USS 固定系统两根 Schanz 钉两端相互靠近,从而使椎体 A、B 被撑开。

### (二) 髓内固定系统

1. 髓内钉的类型(图 3-34)

(1) 根据是否锁定可分为传统髓内钉和交锁髓内钉:传统髓内钉并无交锁概念,髓内钉直径要求与髓腔内径相符,以达到通过与髓腔内壁的紧密接触产生摩擦来实现其固定作用,特点是只能有效防止成角位移和横向位移,但对扭转变形或者沿着纵轴的拉伸移位的抵抗力较差。交锁髓内钉则改变了这种状况,增加了对抗骨折的轴向、旋转形变,延长了髓内钉的工作长度,这些髓内钉可通过螺栓、钉和专用拉力螺钉形成交锁固定,可使髓内钉固定治疗的适应范围扩展到长骨骨骺部,并且可进一步应用于粉碎性复杂骨折。

(2) 根据是否扩髓可分为扩髓与非扩髓髓内钉:早期的髓内钉都呈直线型,在运用到诸如股骨这样具有一定生理弯曲弧度的部位时不得不以牺牲直径的方式,通过使用较细的髓

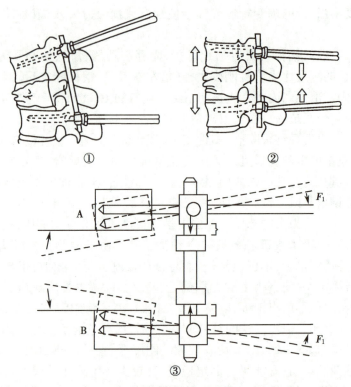

图 3-33　AO 脊柱内固定系统力学效应示意图

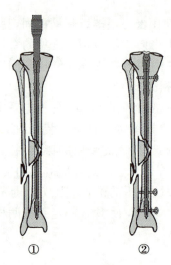

图 3-34　髓内钉类型
①用于股骨骨折的扩髓髓内钉;②不扩髓的交锁钉固定

内钉来固定这类骨折,往往造成内固定物强度的下降,使骨折固定后抵抗外力的能力减小。为了克服这一问题,扩髓技术被运用到髓内钉治疗当中,通过一定的扩髓器使骨内髓腔增大,以利于放入足够粗的髓内钉,并且在最新的技术条件下髓内钉的设计更趋向于人性化,可根据应用部位的解剖特点作出形态上的调整。

2. 髓内钉的力学特性　硬度和强度是髓内钉系统的重要特性。髓内钉的几何形状决定其强度、硬度以及与骨相互结合的程度。通常要评估其四种主要形态特征。

(1) 截面形状:髓内钉的常见截面形状包括三叶草截面、实心或开放的带槽截面、实心不带槽的截面。三叶草形截面中空且带有纵行凹槽贯穿髓内钉全长。这一结构保留了 V 形钉的可挤压特性,并允许通过一导针插入。进入骨干髓腔时三叶中的两叶被挤压向中央槽内移动。由于挤压的程度是在髓内钉弹性区域内,故髓内钉可在进入骨髓腔后随腔隙的大小状况再次弹开,挤压内腔表面,增加了与骨髓腔的摩擦接触。虽然贯穿全长无凹槽设计降低了髓内钉的抗扭曲刚度,但当固定后肢体功能活动时,这种受扭曲后的形变在一定程度上有利于骨折端的微动,刺激骨痂生长;减少了抗扭曲刚度,使钉可以自身调节贴近骨段,因此又更有顺应性。如果髓内钉不能使自身形状与骨髓腔完全一致,钉的可塑性就十分重要,否则会因此增加医源性骨折的机会。如果钉过于坚硬,在插入时难于变形,则会破坏骨质。

与三叶状中空髓内钉相比,实心髓内钉和各种其他形状髓内钉抗扭转刚度明显增加。

与空心钉不同的是,一般的实心钉固定都配合交锁应用,不需要通过与髓腔接触即可产生稳定的固定作用,当扩髓禁忌或髓腔很小时,小直径的实心髓内钉将发挥特殊作用,因此实心髓内钉的应用更加广泛。三叶状中空髓内钉的边缘设计成能切入骨质内,可在钉与骨界面增加摩擦阻力,但这也会增加取出难度。

长管状骨的髓内血供在扩髓和内植物插入时会受到损毁。只要在内植物和髓腔之间提供一些空间,髓内血供自身会快速重建。三叶状和凹槽的设计,两者均提供了血管重建的空间。

(2) 钉的直径:相同情况下,钉直径越大则强度越大,但两者并不呈线性关系,长管状骨的髓腔有一狭窄中央区称为狭部。扩髓技术在突破髓腔最狭窄区的限制后,可允许使用较大直径的髓内钉。钉壁的厚度同样影响钉的强度。钉直径的改变可以通过改变壁的厚度来保持原有的强度。例如,直径 12mm 的髓内钉其厚壁为 1.2mm,而直径为 14mm 和 16mm 的髓内钉可将其壁厚减少至 1.0mm,而强度保持不变。

(3) 工作长度:工作长度是指髓内钉在承受扭转和弯曲力时没有骨支撑的那一部分。目前已知的是,少量运动有助于骨痂形成,而过度运动会导致骨折延迟愈合。如果超过了促进骨痂形成的微动量的允许限度,便会发生延迟愈合。

在运用交锁髓内钉来治疗粉碎性骨干骨折时,骨-髓内钉系统在承受弯曲和扭转负荷时会使骨折端发生相对运动。工作长度在不同的应力-应变情况下不同。在弯曲时,主要骨折端与针靠近,在骨折远近端间有一段距离没有骨支撑,在这一区域钉自身弯曲而且不靠骨针复合体结构,即弯曲时髓内钉的工作长度接近于两骨折端间距,骨愈合时此间距减少。在扭转时骨与钉之间不稳定,因为在插入的髓内钉和骨髓腔内面会存在间隙,摩擦接触很少,因此对于带锁髓内钉来讲,其工作长度在旋转时是远近端两个锁钉尖之间的距离,而且总是比弯曲时更长。用四点弯曲公式推导,弯曲时骨折端之间的运动与骨折长度的平方成正比。弯曲工作长度的增加明显增加了骨折断端之间的运动,也增加了延迟愈合发生的可能性。用带锁钉时,工作长度被定义为远近端锁钉之间的距离。通过扭转负荷公式计算,在髓内钉承受扭转力时,骨折断端的运动范围直接和工作长度成正比。这对于不带锁髓内钉就变成了摩擦和骨钉界面的问题,不带锁髓内钉并不能有效抵抗扭转,因此也就不能用于粉碎性和旋转不稳定骨折。

(4) 纵向弯曲度:不同长管状骨具有不同的解剖弧度。早期的髓内钉都是直的,因此与正常的生理弧度的股骨干之间明显不匹配。只有使用硬杆扩髓器和细直径髓内钉,直的髓内钉才有可能插入髓腔,这在一定程度上影响了固定的效果。完整的股骨干的弯曲弧度只能通过把骨质破裂成 2 个或多个碎块才能变小,这样才能在髓内创造一个比较直的通道。前弓弯曲股骨干髓内钉的引入及可弯曲扩髓器的使用,使髓内钉与正常股骨干的生理弯曲得到了较好的匹配。现代的股骨髓内钉设计的弧度一般小于股骨干的平均弧度,从而使髓内钉和股骨干之间仍有轻微不匹配,这实际上改进了骨干髓腔之间的摩擦固定。有一部分骨折端的横移、旋转和成角移位是由骨与髓内钉之间的摩擦接触控制的,摩擦部位包括进针部位、骨干的骨内膜表面以及钉尖插入处的松质骨。摩擦稳定对于不带锁髓内钉来说比带锁髓内钉更重要。

3. 髓内钉置入髓腔过程的生物力学效应 近年来,由于髓内钉的增粗并要求与骨质紧贴以增加髓内钉固定的稳定程度而较多地应用髓腔钻头,给骨内营养血管造成明显的损伤。另外,在进行髓内钉固定手术时,高速钻头的摩擦或锤入髓内钉过快,均可导致髓腔内温度升高及压力上升,温度一般可增高 3~4℃,继而引起组织的热力烧伤及骨质硬化,而骨内压可升到 53~107kPa,甚至可高达 200kPa。在这种情况下,髓腔内容物很容易通过骨折间隙进入邻近的软组织及静脉系统,进而引起肺栓塞或脑栓塞。不管使用何种类型的髓内钉,都要求有足够摩擦力以实现骨折端固定稳定。在应用髓内钉固定的同时,可以结合生物因素刺激骨愈合,因为在一定范围内,断端应力能加速受损骨组织的修复。由于骨的力电性质,电效应和力环境对骨组织的重建和修复的影响可能有其内在联系,这样骨折端获得间断性生理应力刺激或利用髓内钉及其他方式对骨折部位施行电场刺激均可促进骨折愈合。

4. 髓内钉的锁定选择(静力与动力)　通用髓内钉设计上不同于 Küntscher 钉的地方在于其近端有静力和动力锁钉孔,远端有两个静力锁钉孔。因此,近端锁定的选择有静力和动力两种方式,临床上动力锁定较静力锁定常见。对于相对稳定的骨折,其远端一般有 2 枚静力锁定钉,分别用于固定骨折块在与长骨纵轴垂直的两个方向上的移动,近端则用 2 枚动力锁定钉进行滑动固定,这样可使骨折块在沿长骨纵轴的方向上产生移动,通过生理负重使骨折端间加压,类似于加压钢板的作用,但不如加压钢板产生的加压力。对于复杂的粉碎性骨折或近长骨干骺端的骨折,由于粉碎性骨折区骨皮质无法提供相对稳定的支撑作用,故需要运用髓内钉做静力锁定,使其起到类似于支撑钢板的作用。静力锁定要求对近端同样进行稳定固定,控制旋转、弯曲和轴向负荷,而且不允许骨折块沿纵轴移动,在骨折的初期对粉碎区进行绝对的应力保护。这样将使骨折在愈合的初期得不到应力刺激,可能会影响骨折修复出现延迟愈合或不愈合。这时,髓内钉则必须进行静力锁定动力化,通过从近端骨折块上除去交锁钉而使静态模式转为动态模式。

### (三)内固定物材料的生物力学

目前的内固定材料仍然以金属为主,包括不锈钢和钛,因为金属在提供较高的刚度、强度的同时,拥有较好的延展性和生物相容性(生物耐受性),无毒性和炎症反应,功能可靠。除金属外,陶瓷、聚合物、碳合成物和生物可降解材料可针对特殊的适应证进行应用。

1. 材料的力学特征

(1)应力-应变性质:内固定物的材料应符合一定的生物力学特性才可用于骨折的固定和治疗,这些特性包括:刚度、强度和延展性(韧性),这三者都可以通过固定物材料的应力-应变关系反映出来。强度是对抗应力时,材料不出现断裂、形变的能力;刚度是材料对抗形变的能力;延展性是材料在力的作用下,发生断裂前可以承受的永久性形变的程度。

(2)扭转特性:扭转是物体在旋转作用下发生的变形。钢钉达到最大扭矩时,将不会再继续前进。即使再转动,扭矩也保持恒定。螺钉头部在断裂前仍可旋转 1.5 圈。这一特点对临床医生有利,可通过拧入时的触觉反馈减少滑丝的发生。

2. 材料生物相容性特征　内固定物的生物相容性主要包括:抗腐蚀性、局部炎症或过敏反应、影像兼容性。钛金属相较于不锈钢有更好的抗腐蚀性。影像兼容性(如 MRI)是指固定物除了安全外,不会对诊断的图像形成干扰。

3. 疲劳断裂　金属在受到循环施加的应力达到一定的极限时会发生疲劳断裂,疲劳断裂与应力的大小和应变的次数有关。在循环负荷中,循环的次数越多,所需的外力则越小,同样的,作用的外力越大,使材料失败的循环次数就越少,疲劳极限是疲劳曲线上的最低点,表示的是低于该应力极限时,即使循环次数达到 $1 \times 10^7$ 次材料也不会失败。由于应力集中的问题,应根据不同的解剖部位预计一定的循环加载次数,以此设计出不得低于相应疲劳强度的固定物,金属材料的力学强度不仅取决于材料本身,还取决于合金的成分和加工工艺方法。作为内固定材料的金属要求具有较高的屈服强度和抗疲劳断裂强度。目前能满足以上要求的金属材料是 316L 不锈钢和钛合金。316L 不锈钢具有良好的屈服强度和抗疲劳强度,易于加工且价格便宜,但组织相容性较钛金属略差,弹性模量较高(为骨骼的 12 倍)。钛合金材料组织相容性良好,弹性模量与骨骼更为接近(为骨骼的6倍),但加工工艺要求高,价格昂贵;另外其延展性较差,当螺钉拧入过紧时容易断裂。临床研究显示不锈钢和钛合金材料对于骨折愈合的影响没有差异。

4. 新型材料 新的骨折固定材料正在不断被开发和运用于临床实践中,针对各种不同的需求,新的成分被混合入金属内置物中,如高强度合金,较一般的钛材料而言,这种合金的强度更大,但生物兼容性较差,所以固定物材料的设计仍然要在力学优势和生物学优势之间找到平衡。形态记忆合金是另一种新颖而具有发展潜力的固定材料,能产生复杂的形态变化,促进骨组织生长,目前形态记忆金属仍存在强度大、难以加工的问题,并且其耐磨损性仍待检验。

5. 生物技术应用 具有更好生物相容性的生物材料如金属合金、无机羟基磷灰石、β磷酸三钙盐颗粒、自体骨移植等已成功应用于骨科临床实践,在可预见的将来,组织工程调控、基因控制、细胞治疗、新的拥有全新转运和靶向作用的合成药物等都可能成为现实。因此,生物技术和产品存在巨大的应用潜力和多功能性,在医学领域有着广泛应用的前景,但仍需要系统的基础科学研究解决许多现有的力学和生物学难题。

## 七、骨折整复手法的生物力学机制

按照骨折在不同外力下的移位方式,主要分为短缩移位、分离移位、成角移位、侧向移位和旋转移位五种方式,骨折复位的常用手法有拔伸、牵引、折顶、提按端挤等十余种。从力学分析角度来看,在三维空间中,物体的运动可以看成是 $x$、$y$、$z$ 轴上的运动的合成。手法的实质是使远近骨端发生相对运动,这些运动轨迹和作用力均可在 $x$、$y$、$z$ 轴分解。一般可分解为轴向用力、旋转用力和侧向用力三种基本方式。

1. 轴向用力 轴向用力在骨折最常用的是拔伸手法,即纵向用力对抗局部肌肉收缩导致肢体短缩的趋势,以沿肢体纵轴的作用力,消除重叠移位,该手法的原理可用牛顿第三定律解释。

2. 旋转用力 该手法主要矫正骨折断端的旋转及成角畸形,骨折的旋转及成角畸形是局部肌肉韧带等软组织作用的结果。如图3-35所示,在牵引下操作者用一力偶 $F$ 进行

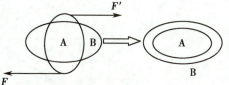

图3-35 旋转屈伸手法力学效应图

复位。操作者必须充分牵引,否则由于骨峰嵌顿导致无法复位。如果牵引不充分,但力偶 $F$ 足够大,则可能使嵌顿的骨峰断裂而复位,这有可能造成骨折风险。单纯的成角畸形处理是以骨皮质残存部分为支点,远端绕此点旋转至正确的对线位置,如图3-36所示。

3. 侧向用力 提按端挤手法,即侧向用力用于纠正骨折侧方移位,如图3-37所示。A、

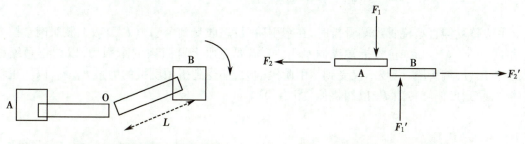

图3-36 成角畸形手法复位力学效应图　　　图3-37 侧方移位手法复位力学效应

B 在拔伸牵引作用力下,受力骨骼可接近恢复原长度,或者超过原长度。此时操作时需要在断端逆畸形方向施力纠正侧方畸形。

以整复 Colles 骨折为例,首先要选好整复的作用力点"O",然后将"O"点置于骨折近侧端作为支点,术者用双手握住骨折远端拔伸牵引,再将双手拇指放在桡骨断端远侧的腕背上,双手的其他四指置于骨折近端的掌侧。术者左右手各指同时用力,拇指向掌侧压骨折远端,其他四指向上托骨折近端,形成一对剪力,骤然向下用适当的力即可(图 3-38)。

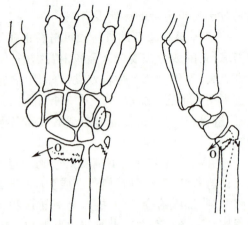

图 3-38　伸直型桡骨远端骨折

力学根据:根据图 3-39 可知,人体向下跌时,人体习惯向尺偏方向跌倒,所产生的破坏力,减去人体内部软组织,骨的保护力之外,分别产生 $Of''$ 及 $Of'$ 两种分力,继而产生两种反作用力 $F'$ 和 $F''$,与水平形成的夹角:$\angle F'OB$ 为餐叉角,$\angle F''OB$ 为刺刀角,这两种分力,分别产生了餐叉样和刺刀样的两种畸形。根据平行四边形的原理,$F'$ 和 $F''$ 的合力,再加上肌体内消耗的保护力,正是 $F$,即整复两种畸形的力。

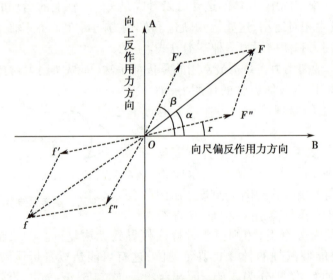

图 3-39　伸直型桡骨远端骨折力学作用

$\angle\alpha$—跌扑角;$\angle\beta$—餐叉角;$\angle r$—刺刀角;$O$—作用力点;$F$—跌扑力;$f''$—分解出尺偏力;$f'$—分解出向下力;$F'$—餐叉力(反作用);$F''$—产生刺刀力;$f$—整复的合力

手法整复伸直型桡骨远端骨折时,在牵引阶段:患肢受到牵引力 $F_1$、$F_2$,上肢肌肉牵拉力 $F_0$ 和重力 $G$。$F_1$ 和 $F_2$ 将骨折端纵向牵引,$F_1$ 需要克服上臂肌肉的牵引力,以纠正短缩移位;在折顶、尺偏阶段,患肢不仅受到牵引阶段的力,还受到折顶反折的力量 $F_3$、$F_4$,以纠正背侧移位,受到尺偏旋转力 $F_5$ 以纠桡偏(图 3-40)。

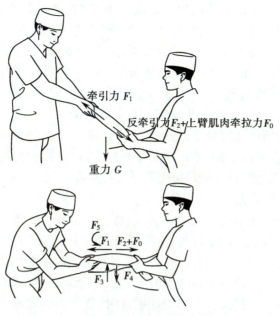

牵引力 $F_1$

反牵引力 $F_2$+上臂肌肉牵拉力 $F_0$

重力 $G$

$F_5$
$F_1$ $F_2+F_0$
$F_3$ $F_4$

图 3-40 伸直型桡骨远端骨折复位力学分析

$F_1$—牵引力 1；$F_2$—牵引力 2；$F_3$、$F_4$—折顶反折力；$F_5$—尺偏旋转力

## 第三节 夹板固定的生物力学

### 一、夹板外固定的生物力学原理

夹板外固定的特色在于其由多种材料构成的几何体所具有的生物力学效应,符合弹性固定准则,是典型的相对稳定性固定方式,能够依据骨的生理特性充分发挥骨折治疗的作用。夹板外固定的力学效应分为外固定力与内部稳定因素,外固定力由布带约束力、夹板的弹性固定力和纸垫的效应力构成,内部因素则包括肌肉的收缩力、软组织的束缚力和骨折端之间的啮合力。同时,为了防止骨折再移位,保持骨折端对位,适当情况下可加一定牵引力辅助夹板外固定。

#### (一)布带的约束力

布带的约束力是指用于捆扎夹板的布带对夹板的约束力,是夹板固定力的直接来源。在布带约束力的作用下,骨折远近端可与夹板联结成为一个整体。

布带对夹板的约束力依靠布带的张力来维持,其大小决定着夹板固定的稳定性及并发症的发生率。根据临床经验和实验研究,一般情况下,7.85N 左右张力最合适,在这种情况下的布带约束力既能固定骨折端,又不致引起并发症。夹板的固定力与布带约束力成正比,当布带过松时,约束力不足,不能产生足够的固定力,常常会造成骨折的再移位。布带过紧,则夹板对皮肤及软组织的压力迅速增高,超过皮肤与软组织的生理承受能力,从而出现皮肤压疮、缺血性肌挛缩等并发症而影响治疗。

在骨折固定过程中,布带的约束力随伤肢周径的大小而变化,肌肉收缩时,伤肢周径增加,约束力也随之增大;伤肢肌肉松弛时,其周径减小,约束力也随之减小。由于约束力随肢体周径变化,而肢体周径随伤后时间推移有规律性的变化,因此,约束力亦随时间推移而按规律变化。在受伤后 12～96 小时内,由于外伤性反应及复位时的继发损伤,初期静脉回流受阻以及疼痛引起的肌肉痉挛使肢体的周径增加。而布带的弹性较小,势必造成布带的张力增大,使约束力急剧增高。伤后 1 周左右,由于外伤性反应减轻,疼痛性肌肉痉挛缓解,以及静脉回流改善和肌肉的轻度萎缩,使伤肢周径减小,布带变松,因而约束力逐渐下降。由于约束力在治疗过程中随时间而变化,在治疗早期 12~96 小时内必须密切观察布带的松紧度,及时调整,以免因伤肢周径迅速增大,约束力急剧增加,超过生理适应能力,形成恶性循环,最终产生皮肤压疮、缺血性肌挛缩等并发症。固定 4~5 天后,随着伤肢周径的缩小,约束力逐渐下降,布带松动,因而需及时调整,防止骨折的再移位。骨折固定 2 周后,伤肢周径的变化较小,但由于功能活动量的增加,亦可使布带松动而降低约束力,因而在固定中后期还需加强对患者的管理,保持适当的布带约束力直至骨折愈合。

### (二)夹板的弹性固定力

夹板的固定力来源于布带的约束力。实验测定说明,常用的柳木及竹木夹板具有一定的弹性、韧性和刚度,是理想的固定材料。在固定所需约束力范围内,夹板形变不会过大,因而能发挥其预想的固定作用。夹板的弹性在预防骨折的再移位和纠正残余畸形上起着重要作用,骨折复位固定后,在布带约束力的作用下,利用夹板的弹性恢复力,在骨折端产生一个持续的固定力,保持骨折的对位对线,当功能锻炼时,肢体周径随肌肉的收缩与松弛而发生有规律的改变。当肌肉收缩时,肢体周径变粗,夹板依靠其本身的弹性"中和"肌肉膨胀所带来的过大挤压力,将肌肉的动能转化成夹板的弹性势能,当肌肉松弛时,肢体周径变小,夹板恢复形变,将储存的能量释放出来,形成纠正残余侧方移位和维持骨折对位对线的弹性回位力。

夹板局部外固定治疗骨干骨折是利用夹板来恢复骨干的杠杆作用,因此夹板同时必须具有一定的刚度,固定后才能使夹板与骨折远近端组成几何不变结构,形成一个新的平衡体系,保持骨折端的相对稳定。如果刚度不足,则固定后夹板会发生较大的弯曲变形,骨折端则不能达到相对稳定,可使骨折端间产生较大剪应力,造成骨折畸形愈合、延迟愈合甚或不愈合;如果刚性过大,固定时夹板不易与肢体充分接触,而且在固定和功能锻炼过程中夹板不易产生适当的变形,不能充分利用夹板的弹性力来维持固定及纠正残余畸形。夹板的刚度过大,还会增加皮肤压疮的发生率。

### (三)纸压垫的效应力

效应力是压垫作用到骨折端的力,它是纠正和防止成角或侧方移位的直接作用力。它来源于布带的约束力和夹板的弹性固定力。骨折在整复固定后,常因骨折远端肢体重力的影响和骨折远、近端的肌肉牵拉力的作用而发生再移位。由于骨折部位、骨折类型及骨折局部软组织损伤的程度不同,骨折发生再移位的倾向力也各有不同,因此,必须应用大小相等、方向相反的外力来抵消骨折端移位的倾向力;以外固定装置的杠杆作用来平衡造成骨折移位的肢体内部的杠杆作用;通过外固定装置,把由于肌肉收缩活动而使骨折移位的消极因素转变为维持固定、矫正残余畸形的积极作用。夹板的固定力是接近均匀分布的,不能直接有效地对抗骨折的移位倾向力。在夹板下加纸压垫,改变了夹板固定力均匀分布的状况,使纸压垫处的作用力高于其他部位(压垫处是其他部位的 1.4~1.95 倍),使效应力的大小随纸压垫的大小及厚薄而改变,纸压垫越厚则效应力越大,纸压垫越薄则效应力越小。同样厚度的纸压垫的效应力值随接触面积而改变。由于约束力的大小必须控制在一定范围内,所以要改变效应力的大小常通过调整纸压垫的厚度和大小来实现。由于皮肤所能承受的压力有限,因此纸压垫的厚度及大小要适当,既保证固定的需要,又要防止压疮的发生。由于效应力的作用点较集中,有很强的针对性,其对骨折端的作用取决于纸压垫的位置,如果纸压垫放置的位置适当,即位于骨折移位方向的对应部位时,则效应力能对抗骨折的移位倾向力,起到稳定骨折及纠正残余畸形的作用;如果纸压垫位置不当,效应力不但不能对抗骨折的移位倾向力,还可能会加重骨折的再移位。因此,在应用夹板局部外固定治疗骨干骨折时,必须认真分析其病理变化,才能针对骨折的移位倾向放置相应的纸压垫,起到固定骨折和纠正残余畸形的效果。

### （四）肌肉收缩的内在动力

肢体骨折后,骨折移位是被动的,而肌肉收缩活动是主动的。肌肉收缩可能引起已经整复的骨折断端发生再移位,这是消极的方面;积极的方面就是肌肉起着"肌肉夹板"的作用,可以限制骨折移位,同时肌肉的协调活动还可加强外固定的稳定性,维持骨折整复位置。人体内没有肌肉附着的骨发生骨折,虽然易于整复,但固定困难且不易愈合。而肌肉的收缩活动又是不能制止的,所以我们必须在适应其生理机能的基础上,通过应用夹板局部外固定疗法加以控制,不固定关节或只限制引起骨折移位的某一方向的关节活动,这样经过处理后,断端的力学环境发生变化,原本不平衡的肌肉牵拉力可转变成一种稳定固定的内在动力,有利于发挥肌肉在维持骨折固定中的作用,保持骨折对位。骨折成角畸形往往是肌肉拉力不平衡的结果,利用夹板和纸压垫的杠杆作用,可有效控制不平衡的肌力,保持骨折对位。夹板固定力和纸压垫效应力可防止侧向移位和成角畸形,而在肌肉收缩产生的内在动力协同作用下,可有效矫正残余的成角或侧方移位,起到慢性复位作用。临床测试,夹板的固定力和纸压垫的效应力都随着功能锻炼而经常变化。肌肉收缩越有力,变化的幅度越大。在肌肉收缩时,效应力的增高尤为显著,抵消了功能活动而增加的骨折移位倾向力,因而成角及侧方移位不会增大。当肌肉放松时,肢体周径变细,夹板固定力及纸压垫的效应力都下降,而夹板弹性势能所做的功使畸形得以矫正。由于压力的经常变化,夹板及纸压垫对皮肤的压迫也得到暂时的缓解。临床治疗过程中,应当鼓励患者进行受伤肢体的功能锻炼,因为肌肉收缩,肢体变粗,产生施加于纸垫和夹板的压力,同时纸垫和夹板也给肢体一个反作用力,反作用力显著,抵消了功能活动而增加的骨折移位倾向力,因而成角及侧移位不会增大。

另外,肌肉收缩的内在动力既可以加强外固定的固定作用,又可促进伤肢的血液循环,促进骨折愈合。肢体功能锻炼、肌肉不断收缩、肌肉的"血泵"作用有助于肢体静脉血回流加速,防止肌肉萎缩,促进骨折修复。但若活动不当,也可加重骨折的再移位。因此,功能活动必须根据骨折部位特点、骨折类型和部位的特殊要求,在医务人员的指导下进行,应以不影响骨折的固定为前提,进行有利于骨折固定的活动,避免不利于骨折固定的活动,这样才能充分利用肌肉收缩活动产生的内在动力,达到骨折愈合与功能恢复齐头并进、动静结合的目的。

### （五）软组织在骨干骨折复位固定中的作用

"骨为干,脉为营,筋为刚,肉为墙,皮肤坚而毛发长"(《灵枢·经脉》),"宗筋主束骨而利机关"(《素问·痿论》),在正常情况下,骨干在肢体的运动中起杠杆作用;经脉具有运行气血,营养四肢百骸的功能;韧带肌腱则具有连结关节,主司运动的功能;肌肉除作为肢体运动的动力外,还能像墙体一样包裹骨干及经脉,起保护作用;皮肤筋膜较坚韧,覆盖在肢体的表面,使肢体形成一个密闭的筒状结构。骨干骨折时,利用肢体的这种筒状结构,在肢体外用夹板固定,加强了肌肉的"夹板"作用,使骨折端保持稳定固定。由于"筋束骨"作用,骨折后骨折端之间靠肌肉及筋腱的作用互相靠近,牵引复位时,通过这些组织的牵拉及联结作用可帮助骨折复位。例如,股骨干骨折时,虽然有较多重叠移位且有成角畸形,但骨折端由于软组织的作用仍保持互相靠拢,只要恰当应用骨牵引,便能使骨折大致复位,加上夹板及纸压垫的应用,就可以取得满意的复位和固定效果,这就是利用"筋束骨"作用整复固定骨干骨折的典型例子。

### （六）骨折端的啮合力

骨折时骨折端常为锯齿状,故整复后骨折端间互相啮合,产生啮合力,对稳定骨折端有一定的作用。因此,在治疗骨折时应注意保护骨折端的骨锯齿。如果反复整复或整复过于粗暴,将细小的骨锯齿磨平,啮合力减弱,骨折趋于不稳定,易于发生再移位。因此,必须指出:为保持骨折端整复后的稳定,采取轻柔的手法是必要的,适当的过牵后再整复很有利于保护这种啮合力。骨组织由有机物及无机盐构成,由于骨组织成分的比例不同,同一类型的骨折在不同的年龄,其啮合力大小也不同,年轻人骨中有机成分多而无机盐少,骨折后折端的锯齿较多,故啮合力较大;相反,老年人骨中有机成分少而有机盐较多,骨折后折端的锯齿粗而少,故啮合力较小,这是老年人骨干骨折不稳定的原因。

### （七）必要的牵引力

必要的牵引力是对抗骨折重叠移位和短缩畸形的固定力。对于不稳定性骨折或骨折部软组织厚、肌张力强、肢体重力大,单纯使用夹板不能防止和矫正移位的倾向时,需要利用牵引来加以对抗。牵引包括骨牵引、皮牵引,还有利用肢体本身重量的悬吊牵引等。目前采用的是等张牵引,而非静态的等长牵引,即在牵引的同时,鼓励患者积极地进行有节制的功能锻炼,在肌肉收缩与舒张活动时,牵引力和肌张力能较好地达到动态平衡,防止因过牵所造成的骨端分离或因牵引重量不足致使断端又重叠移位。由于骨折部位、骨折类型、骨折部软组织损伤程度的不同,骨折端再移位的方向和倾向力也各不相同;因此,局部外固定形式应随之而异。但局部外固定的原则是相同的,即以外固定装置的杠杆来对应肢体内部骨折断端移位的杠杆。

综上所述,应用夹板外固定治疗骨折,就是通过布带对夹板的约束力,夹板对肢体的固定力,纸压垫对骨折端防止和纠正成角畸形和侧方移位的效应力,软组织对骨干的"夹板"作用,协同肌肉收缩活动时产生的内在动力,使由于肢体骨折所致的不平衡得到恢复。用外固定装置的杠杆来对应肢体内部的杠杆,通过外固定装置把肌肉收缩活动造成骨折移位的不利因素转变为稳定骨折、矫正残余畸形,以及对骨折端施加生理应力促进骨折愈合的有利因素。同时注意保护骨折端的啮合力,控制肢体重力对骨折端的不良影响。这样就可以在不固定关节的情况下有效地固定骨折,为患者早期主动的功能锻炼创造良好的条件,既促进了骨折的愈合,又有利于功能的尽早恢复,成为独具特色的中国传统骨折疗法。

## 二、夹板外固定材料的力学特性

### （一）夹板材料

夹板的局部外固定是中国传统医学治疗骨折的特色,具有完整的理论体系和治疗原则。因地域或取材不同,有南北两派之分,南派以杉树皮小夹板为代表,北派以柳木夹板为代表,两者各具特色。

1. 柳木夹板　夹板作为一种外固定器材,必须具有一定的弹性和刚度,其弹性及刚度的大小直接影响到其固定的效果,合适的弹性和刚度是外固定器材的必备条件。人们通过加载检查、描绘卸载时的应力-应变曲线和一定压力下随时间变化的材料反应方法证实了柳木夹板具有和人体骨骼、肌腱、肌肉类似的黏弹性。但柳木作为一种木材,其机械性质与木材的组成、纹理走向、生长条件、温度、湿度、树龄有很大关系,其机械性质具有不稳定性,从而导致其弹性模量波动范围较大。

2. 杉树皮夹板　杉树皮具有弹性、韧性和塑性,可就地取材,简便而价廉,为我国南方特别是广东传统的正骨外固定材料。早在 20 世纪 80 年代,人们就通过实验测得杉树皮夹板的弹性模量约为 9 909.91MPa,其弹性模量接近于竹板和柳木板,是符合外固定器取材要求的外固定材料。杉树皮小夹板有足够的支持力,完全能起到四肢骨折的外固定支架作用和维持骨折端的压力。通过长期的临床实践,人们发现杉树皮小夹板具有如下优点:①具有一定的弹性和韧性,对已复位的骨折可起到良好的固定作用;②质地较柔韧,板的头尾容易压软,可避免紧压摩擦肢体,不易产生压迫性溃疡;③简易、轻便、柔韧,不妨碍肢体进行适当的功能锻炼;④制作简单方便,不受环境限制,不需特殊设备;⑤材料来源容易,费用低廉。但由于杉皮板本身密度不完全均匀,其纤维大致为纵行排列,若选材制作不好,容易发生纵裂,其可塑性稍差;若库存时间过长,或经雨水浸渍,容易变脆、发霉等而影响到其临床应用。

3. 纸压垫　纸压垫是夹板局部外固定系统的重要组成部分,纸压垫的放置将有效地改变夹板固定力的均匀分布状态,大大提高纸压垫放置部位的效应力值。作为一种结构材料,纸压垫具有黏弹性,并且其弹性模量并非为一常数,而是随着应力的变化而变化。因此,针对骨折移位的倾向,合理地放置纸压垫,能起到固定骨折和纠正残余畸形的作用。

4. 布带　布带的约束力是夹板固定力的直接来源,通过实验测定,布带在拉伸载荷作用下其应变大致可分为三个阶段:①弹性阶段;②非线性阶段;③强化阶段。此外,布带具有和纸压垫、夹板类似的蠕变性能,其第一天的蠕变率最大,以后则渐趋平缓。

### （二）夹板外固定材料的力学特性

通过柳木及杉树皮夹板、纸压垫、布带逐一进行力学实验,总结出夹板固定材料的一些力学特性,但不够完整,希望以后深入研究。

1. 柳木夹板的力学性能　临床常用柳木夹板作为局部外固定治疗骨折的外部杠杆。它不仅具有一定的强度和刚度,保持了骨折端的相对稳定,同时还具有一定的弹性和韧性,使夹板在所需约束力的范围内变形不会过大,在发挥预想固定作用的同时,也能配合功能锻炼发挥其纠正残余侧方移位和维持骨折对位对线的弹性回位作用。

（1）刚度:柳木夹板在载荷作用下,载荷-变形与应力-应变之间呈线性关系,即符合胡克定律。此时的应力-应变曲线的斜率便可认为是柳木夹板的弹性模量。但夹板在加载和卸载时所得的两条曲线不重合,即有"滞后环"出现。分析原因可能有以下三个方面:①夹板在加载过程中产生了部分塑性变形;②夹板是一种黏弹性体,在卸载时表现出"内摩擦"性质;③因夹板的零载荷并非为零,实际为预压力和砝码托盘的重量(共约350g)。所以在加载和卸载这段时间内存在着蠕变的量的积累。

（2）抗弯强度:柳木夹板在一定弯曲载荷作用下的应力-应变关系基本呈线性变化,随着载荷的增加,柳木夹板的强度逐渐变小,这可能是夹板的内部纤维的屈服,也可能与内部纤维的少量断裂有关。但柳木夹板在断裂前并无明显的屈服阶段。

（3）抗扭强度:通过对3个标准试件的测试结果可知,各标准试件的力学性能指标并不一致,这可能是试件的结构差异所造成的。

（4）拉伸:柳木夹板在整个拉伸过程中,其应力与应变成正比变化,即服从胡克定律。直至断裂也没经过明显的屈服和强化阶段。所以可以说,柳木夹板在拉伸力学状态下是一种弹性材料。直线的斜率即为夹板的弹性模量。

（5）蠕变:蠕变是黏弹性物体的主要特征之一,柳木夹板的蠕变测试结果显示,在第一天夹板的蠕变最明显,以后逐渐变小并趋于平稳,因此单从夹板来看,夹板局部外固定治疗骨折,其蠕变也是骨折治疗过程中布带松弛的原因之一。

综上可知,柳木夹板作为一种较为理想的外固定材料,具有以下力学特点:①各向异性,它在不同的力学状态下,表现出不同的力学性能(如不同作用力,柳木夹板的弹性模量不同);②黏弹性,柳木夹板像人体骨骼一样具有滞后、蠕变等力学特性;③不稳定性,不同柳木夹板之间,力学性能也不一致,这可能与材料本身的结构性质有关;④柳木夹板的抗扭与抗弯强度接近,但均较抗拉强度低。

2. 杉树皮夹板的力学性能

(1)杉树皮夹板的抗弯性能

1)测试材料:见表3-9。

表3-9 杉树皮夹板抗弯测定材料

单位:cm

| 夹板规格 | 上臂板（外侧） | 前臂板（背侧） | 大腿板（外侧） | 小腿板（外侧） | 原杉树皮夹板 | 有衬垫外套板 |
| --- | --- | --- | --- | --- | --- | --- |
| 长 | 27 | 36 | 46 | 46 | 27 | 27 |
| 宽 | 5 | 5 | 5 | 5 | 5 | 5 |
| 高 | 0.5 | 0.5 | 0.7 | 0.5 | 0.5 | 0.5 |

2)测试结果:见表3-10。

表3-10 杉树皮夹板抗弯测定结果

| 夹板类型 | 上臂板（外侧） | 前臂板（背侧） | 大腿板（外侧） | 小腿板（外侧） | 原杉树皮夹板 | 有衬垫外套板 |
| --- | --- | --- | --- | --- | --- | --- |
| 测试支点距/cm | 24 | 30 | 40 | 40 | 24 | 24 |
| 最大荷重/kg | 9.2 | 6 | 11.7 | 6 | 9.2 | 8.05 |
| 最大弯曲应力/（kg·cm$^{-2}$） | 265 | 216 | 179 | 288 | 265 | 232 |
| 最大挠度/×10$^{-2}$mm | 875→1 700 | 880→1 000 | 2 250→2 800 | 1 870→2 900 | 875→1 700 | 840 |

(2)杉树皮夹板的弹性模量测定

1)测试材料:原杉树皮夹板(规格:长29cm,宽5cm,厚0.5cm)。

2)测试方法:采用电测法测定(图3-41)。

3)测试结果:杉树皮夹板的弹性模量=9 909.91MPa。

3. 纸压垫的力学性能 纸压垫是夹板局部外固定系统的重要组成部分,是小夹板局部外固定治疗骨折的主导力量和精髓。

图3-41 杉树皮夹板贴电阻应变片示意图
①试样杉皮板;②温度补偿片板

(1)纸压垫的轴向压缩及减压:从纸压垫在加载和卸载时的应力-应变曲线可以看出,纸压垫在很小的应力作用下已不是直线,呈现出明显的非线性特点,其上升曲线和下降曲线亦不相重合,即有滞后环的出现。

(2)纸压垫的蠕变:纸压垫的蠕变特性在第一天表现最为明显,之后则趋于平缓。

4. 布带的力学性能 布带的约束力是夹板固定力的直接来源。通过对布带在拉伸载荷下进行测定,以确定其相应载荷下的变形和蠕变特性。

(1)从布带的载荷-应变曲线可以看出,布带在拉伸载荷作用下,其应变大致可分为三个阶段:①弹性阶段(0~2kg),此阶段载荷与应变之间呈线性变化,是布带的临床工作阶段;②非线性阶段(2~5kg),此段布带的弹性模量逐渐增大,载荷与应变之间呈指数级变化;

③强化阶段(5~10kg),此阶段载荷与应变之间呈线性变化,布带的刚度大大提高,直至断裂也没有明显的屈服现象。

（2）从布带的蠕变测试结果可知,布带和夹板、纸压垫一样具有蠕变特性,且在第一天的蠕变率最明显,第二天次之,以后则逐渐趋于平缓。

综上所述,布带、纸压垫、夹板所组成的骨折外固定系统在一定的骨折治疗历史实践中颇有疗效,有其力学基础:第一,作为外部杠杆的夹板不仅具有一定的强度和刚度,也具有良好的抗扭性能,使夹板在配合功能活动发挥弹性固定和自动复位效果的同时,也能抵抗由于肌肉张力所造成的弯曲和旋转倾向力,达到稳固固定的效果。第二,作为提供效应力装置的纸压垫,具有和人体软组织相似的非线性特点,其弹性模量非常接近,随着肌肉的收缩与舒张而有规律地变化,使其像一块可以随意移动的软组织。第三,布带、纸压垫、夹板均来源于自然界,具有和其他生命材料共同的特征——黏弹性,与其他材料相比,和人体有更好的相容性。但是从布带、纸压垫、夹板的力学测试中也可以看出,手工制作的布带、纸压垫、夹板力学性能很难提供统一的、标准化的、可传承的稳定性,这给骨折的临床治疗效果带来不确定因素。因此,布带、纸压垫、柳木夹板也可能不是局部外固定治疗骨折的最佳材料,但他们所反映的建立在生物学基础上的弹性固定准则,将是未来的探索方向。21世纪是一个科技飞速发展的世纪,随着材料科学、3D技术等科技的发展,生物力学研究的深入以及相关学科的交叉渗透,期望更为合理的、规范的、易于现代化大生产的外固定器材应运而生。

（唐 瑞  赵京涛）

扫一扫
测一测

### 复习思考题

1. 试分析骨质疏松、佝偻病改变了哪些骨骼性能、结构,导致易出现骨折或发育障碍。
2. 简述哈弗斯系统。
3. 骨的功能适应性主要表现为哪些力学特点?
4. 试述骨力学性能的影响因素。
5. 骨折愈合可分为哪几种类型,分别有什么特点?
6. 应力遮挡、应力集中为什么会导致固定失效?
7. 什么是弹性固定准则?
8. 纸压垫在夹板外固定中是如何发挥作用的?
9. 结合柳木夹板的力学性能,简要概括其力学特点。

◆◆◆ **第四章** ◆◆◆

# 关节的生物力学

> **学习目标**
>
> 　　1. 通过对本章的学习,掌握各关节结构的生物力学特征及关节受力的基本分析和计算方法。
> 　　2. 学习人体几个大关节结构的生物力学特征和静态下各关节的受力情况,为临床判断损伤机制,制订治疗方案打下基础。

　　人体骨骼借助于韧带、肌肉或骨组织连接成骨骼系统。骨与骨之间的连接方式分为直接连接和间接连接。直接连接又称为不动关节,其特点是结构牢固、坚韧性强、活动范围很小或完全不能活动,功能以支持器官或保护有关组织为主。间接连接又称为活动关节或关节,其特点是灵活性强,功能是以传递力和运动为主。

　　关节具有共同的特性:①运动灵活性强。可做三维方向的屈曲和旋转,并且往往是多种运动同时发生。②关节囊摩擦系数很小,而且有较强的耐磨性。③关节不但有一定的强度、刚度,而且还有一定的稳定性。维持关节的稳定性有三个主要因素,即:①组成关节的关节面的构造形式,骨骼的协调和稳定;②韧带维持的静态稳定作用;③关节周围的肌肉起到的动态稳定作用。

　　分析关节运动及受力状态,主要包括以下三个方面的关键因素:①了解关节的瞬时旋转中心;②肌肉作用的起止点,即肌肉力的大小和方向;③在肌肉力或外力作用下关节面的受力情况。

## 第一节　关节结构的生物力学特征

### 一、关节的基本结构

关节的结构可分为主要结构和辅助结构。

#### (一)关节的主要结构

关节的主要结构包括关节面、关节囊和关节腔(图 4-1)。

1. 关节面　构成关节的两根骨的相对面叫作关节面。关节面是一凸一凹的互相适应。凸的一面称为关节头,凹的一面称为关节窝。关节面表面覆盖一层光滑的透明软骨(只有少数关节的关节软骨是纤维软骨,如胸锁关节、下颌关节),称为关节软骨。

关节面的生物力学特征主要表现在以下几个方面:①关节软骨使关节头和关节窝的形态更为适应;②表面光滑,面间有少许滑液,可以减小关节面间的摩擦系数;③由于软骨具有

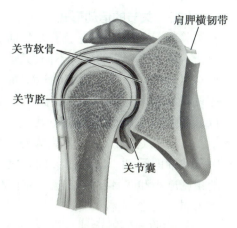

图 4-1　关节主要结构

弹性,可以减少骨面间的摩擦和缓冲撞击,增加关节的灵活性。

2. 关节囊　关节囊包在关节的周围,为一结缔组织的膜性囊,可分为内、外两层,外层为纤维层,内层为滑膜层,纤维层与骨膜相续。

关节囊的生物力学特征主要表现在以下几个方面:①在某些关节,纤维层局部增厚,形成韧带,以加强关节的稳定性;②滑膜层薄而光滑,含有丰富的血管和淋巴管,能分泌少量滑液,以滑润关节面和滋养关节软骨,同时也有吸收作用。

3. 关节腔　关节腔为关节囊滑膜层与关节软骨之间所围成的潜在性腔隙,也称滑膜腔。内含有少量滑液。关节腔密闭呈负压,这对维持关节的稳定性有一定的作用。

### （二）关节的辅助结构

关节的辅助结构主要包括韧带、关节内软骨和关节盂缘(图 4-2)。

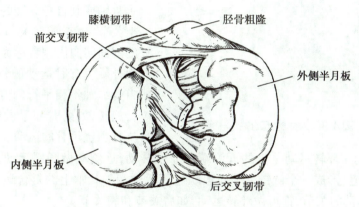

图 4-2　关节辅助结构

1. 韧带　韧带由致密结缔组织构成,多呈扁带状或条索状。若韧带的弯曲(如扭伤)超过其生理范围,可以导致韧带的延长或者断裂。韧带具有连接两骨、增加关节的稳定性及限制关节运动等作用。

2. 关节内软骨　关节内软骨由纤维软骨构成,位于两骨关节面之间,有关节盘和关节半月板两种。关节内软骨能增加关节的弹性,减少骨面的冲击和振荡,并可使两骨关节面互相适应,更有利于关节的运动。

3. 关节盂缘　关节盂缘为一纤维软骨环,附着于关节窝的周缘,有加深关节窝的作用。
在这些结构中,维持关节灵活性的因素主要是:关节面、关节腔、滑膜层和关节腔内的滑液;关节稳定性的因素主要是关节囊、韧带、关节盂缘及关节腔内的负压。这两个方面的因素相互制约,相互依存,实现关节的运动功能。

## 二、关节的运动和轴

### （一）运动轴

为了精确地描述人体关节的运动形式,需要建立一种直角坐标轴来描述人体在空间的方向和位置,这种直角坐标轴中的冠状轴、矢状轴和垂直轴就称为运动轴(图 4-3)。

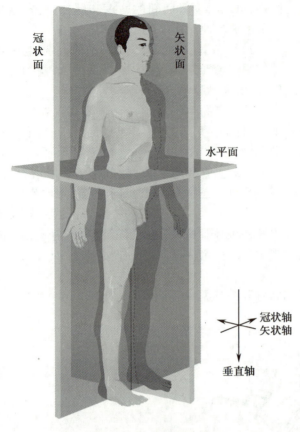

冠状面

矢状面

水平面

冠状轴
矢状轴

垂直轴

图4-3 人体的运动轴

## （二）关节的运动形式

关节运动的形式决定于关节面的形状。各种关节面的形状不同，其运动形式也就不同。每一关节的运动都可假设它绕某一定轴实现，根据轴的方位，可将关节的运动分为以下几种。

1. 屈伸运动 屈伸运动是关节绕着冠状轴的运动。出现相关两骨之间的角度减小和两骨互相接近时的运动，称为屈。反之，则称为伸。

2. 内收与外展运动 内收与外展运动是关节绕矢状面的运动，使运动的骨接近正中矢状面时的运动，称为内收。反之，则称为外展。

3. 旋转运动 旋转运动是骨围绕垂直轴或其自身纵轴的运动，前者如寰枢关节，后者如肩关节。运动时，使骨的前面转向内侧者称为内旋，反之则称为外旋。有时运动的骨也可绕着与其自身纵轴不相平行（但相近似）的轴进行旋转，如前臂和手做旋前、旋后时是桡骨围绕尺骨的运动。

4. 环转运动 环转运动是骨的近侧端在原位转动，远侧端做圆周运动，使整个骨或肢体运动的轨迹（道）形成一个圆锥形。此运动是冠状轴和矢状轴上的复合运动，故凡能绕冠状轴和矢状轴运动的关节，都可做环转运动，如肩关节和髋关节。

## 三、关节的运动幅度和测量方法

关节灵活性的表现是关节运动幅度，在关节运动方法上，骨关节运动极限之间的范围叫作关节运动幅度。由于关节运动属于转动，因此，关节运动幅度用角度来表示。

### （一）影响关节运动幅度的因素

1. 两关节面的弧度差 肱尺关节肱骨滑车的弧度是 330°，尺骨半月切迹的弧度为 190°。这样，肱尺关节在屈伸方向上的弧度差为：330°-190°=140°。也就是说，肱尺关节的运动幅度是 140°，如图 4-4 所示。两关节面弧度差越大，这个关节的运动幅度也越大。

2. 关节周围软组织的性质 有些关节运动幅度不受关节面弧度差的影响，如肱桡关节在旋内旋外时，由于不发生两关节面边缘互相阻挡的情况，所以它的运动幅度不受关节面弧度差的影响。这时，影响关节运动幅度的主要因素就为关节周围的韧带、筋膜、关节囊和肌肉等。一般来说，周围软组织对关节运动幅度的影响是始终存在的。关节囊厚、紧，韧带和筋膜多、强，肌肉伸展性和弹性差，肌肉长度短，都会使关节运动幅度变小；相反，关节运动幅度就大。

### （二）关节运动测量方法

关节运动幅度不仅在人体测量中是一个重要的项目，而且也是从运动学角度分析人体运动的重要内容。目前测量关节运动的方法大致可以分为三类。

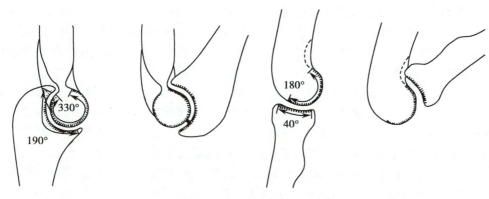

图 4-4 肱尺关节的运动幅度

1. 关节测角器 使用关节测角器测量关节运动时,测角器铰链的安放位置要始终一致,否则就无法比较几次测得的结果。

2. 摄影法 摄影法又可分照相摄影和 X 线摄影两种。如照相摄影法就是在被测关节的固定臂和活动臂上分别贴两个圆形标志点,再用数码相机拍摄标志点连线在关节旋转前后的两个定义位置,通过数学方法计算标志点连线之间的角度在旋转前后的变化,得出该关节的关节活动度。

3. 电子法 电子法实质上就是把关节运动转化成电信号,然后记录下来。例如,使用两只可变电阻装成的关节角度仪等。

在计算关节运动幅度时,要确定运动的开始点。运动开始点是指关节开始运动时的位置。以往多采用立正姿势时各关节的中立位为运动开始点,如膝关节伸直 180°位,踝关节 90°位各为其运动开始点。近年来多将关节中立位作为 0°。按膝关节伸直 180°位为运动开始点,计算的膝关节屈曲 150°,与按关节中立位为 0°所说的膝关节屈 30°的情况是一样的。

## 第二节 人体关节的生物力学

### 一、肩关节受力分析

肩关节是连接人体上臂与胸壁的重要结构,广义的肩关节是一个多关节组成的关节复合体,包括肱盂关节、肩锁关节、胸锁关节及肩胛胸壁关节。其中盂肱关节由肩胛骨的关节盂和肱骨头构成,是典型的球窝关节,作为肩关节运动的力学主体,承担着肩关节各向活动的功能。肩关节活动范围很大,灵活度极佳,但关节囊较为松弛、周围韧带力量偏于薄弱,运动过程中盂肱关节对合度减小,致使盂肱关节发生脱位的概率增加。

#### (一)肩关节的生物学特征及运动中的力学模式

肩关节的生物学特征主要是指盂肱关节的生物学特征,盂肱关节运动过程中既灵活又稳定,主要依赖于关节周围的静态稳定结构与动态稳定结构。

1. 静态稳定结构 主要包括肱骨头、关节窝、盂唇、关节囊、盂肱韧带、喙肱韧带、肩肱韧带。肱骨头为球形的关节面,存在 30°的后倾角度,后倾角的存在对于平衡关节周围肌力有一定意义。关节窝的面积约占肱骨头面积的 1/3,关节盂呈梨形,上窄下宽,关节面为凹面,向前、外、下方,盂表面覆有一层透明软骨。关节盂的边缘附有一层纤维软骨为盂唇,可增加盂的深度,间接增加了运动过程中关节面与关节窝的接触面积,增加了肩关节的稳定性。关节囊由纤维组织构成,薄弱而松弛。关节囊深层与韧带包含很多本体感受器,通过这些特殊感受器,人体可感知肩关节运动时的位置及牵张应力,通过反射弧传导至周围肌肉,在动态稳定结构的共同协同作用下,稳定运动状态中的肩关节。对于复发性肩关节脱位的患者,因静态稳定结构的损伤,这种稳定协同机制遭到破坏。

2. 动态稳定结构　包括肩袖肌群、肱二头肌、三角肌。肩袖像一个袖套一样,四根肌腱犹如四个手指,牢牢地抓住肱骨头,对稳定盂肱关节起重要作用,通过拮抗对应的肌肉来防止肱骨头脱位,肱二头肌的长头腱跨过结节间沟,随肱骨内收、外展、旋转的活动而上下滑行,因此导致结节间沟变窄的因素均可引起肱二头肌腱鞘炎的发生。肱二头肌长头约束肱骨头上移,在肩关节上举活动时可阻止肱骨头与肩峰撞击,对避免冈上肌的继发损伤有一定的临床意义。三角肌是肩关节外展的主要动力结构,有利于维持肩关节的力学中心点,增加肩关节动力稳定。这些结构围绕着肩关节的外侧、前上方与后方,肩关节前下方肌肉较少,加之关节囊软弱,因此常发生肩关节前脱位。

3. 运动中的力学模式　肩关节是灵活性最佳的一个关节,它可做前屈、后伸、外展、内收、旋内、旋外以及环转等多向运动,其运动内容包括盂肱关节和肩胛胸壁关节的三维方向广泛运动。盂肱关节在正常活动范围时,肩关节屈可达 70°~90°,伸可达 40°~50°,收展约 90°~120°,旋转可达 360°,肩胛胸壁关节在静息位时相对躯干的冠状位向前旋转 30°。盂肱关节运动时遵循杠杆力学平衡原理,通过周围肌肉动态力学改变,达到各向力学平衡。在肩关节前屈或外展活动过程中,需要三角肌和冈上肌协同作用,启动时,三角肌的作用力是垂直的,冈上肌的作用力是水平的。当上臂逐渐抬高时,三角肌的剪切力和垂直力逐渐减少,此时拉力方向与冈上肌一致。在此过程中,三角肌有使肱骨头在肩峰下向上半脱位的趋势,而肩袖肌群的活动可以下压肱骨头,主要是因为冈下肌、肩胛下肌、小圆肌的走行产生了将肱骨头向关节盂压迫并向下牵拉的应力。在上臂后伸过程中,冈上肌和肩胛下肌作为拮抗肌积极活动以稳定肱骨头,防止向前脱位。同时,背阔肌与大圆肌也与上臂后伸运动有关。冈下肌是主要的外旋肌,同时三角肌的后组与小圆肌也发挥了一定的作用。在肩外旋过程中,肩胛下肌作为拮抗稳定肱骨头,防止向前或向外脱位。肩胛下肌是主要的内旋肌,同时胸大肌的胸骨部、背阔肌和大圆肌共同作用来完成肩关节内旋运动。肩关节外展主要靠三角肌和冈上肌联合作用,肩关节内收主要由胸大肌、大圆肌、肩胛下肌和背阔肌的协同作用完成。

### (二)肩关节受力分析

在分析肩关节上的受力情况时,可将肩关节的结构简化为一杠杆系统,然后进行力学分析。

例 4-1　计算平抬手臂时(图 4-5),肌肉力及肩关节上产生的反作用力的大小。假设手臂重量为体重的 $\frac{1}{20}$,人体体重为 600N,则手臂重为 30N,其重心作用在大约离肱骨头中心 30cm 处。

解:为了平衡手臂的重量,假设肌力 $\vec{F_m}$ 平行手臂,并离关节中心 3cm,此时肩关节处于相对的静态,根据杠杆平衡原理,可得:

$$F_m \times 0.03 - 30 \times 0.30 = 0$$

$$\therefore F_m = \frac{30 \times 0.30}{0.03} = 300N$$

设肩关节上的反作用力为 $T$,$T$ 与 $\vec{F_m}$ 是一

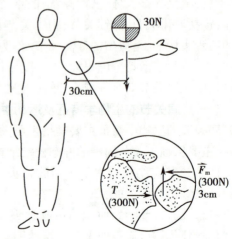

图 4-5　肩关节简化为杠杆系统

笔记栏

对作用力与反作用力,因此,它的值与 $\vec{F}_\mathrm{m}$ 的大小相等、方向相反,因此,$T=300\mathrm{N}$。

但实际情况是三角肌肌力与臂不平行,而是成一定的夹角,因此,精确的计算过程比以上要复杂得多。

## 二、肘关节受力分析

肘关节是个复合关节,由肱骨下端与尺骨组成的肱尺关节、肱骨下端与桡骨组成的肱桡关节、桡骨与尺骨组成的桡尺关节三组关节所组成,它们包在一个关节囊内,属于蜗状关节。关节囊的纤维层在前、后方较薄弱,两侧韧带较强。

### (一)肘关节的生物学特征及运动中的力学模式

肘关节是上肢的中枢关节,运动过程中关节比较稳定,肱尺关节的马鞍状连接方式决定了肘关节的运动轨迹。肘关节的稳定性主要依赖于关节的静态稳定结构与动态稳定结构。

1. 静态稳定结构 主要包括肘关节的骨性结构、关节囊及周围韧带组织。骨性结构主要有肱骨远端、桡骨小头和尺骨近段,尺骨冠状突是对于保持肘关节稳定性不可或缺的结构。临床经验显示,至少保留50%的冠状突才能够保持肘关节的功能稳定。肘关节的稳定性主要取决于肱尺关节,肱尺关节的正常保证了肘关节的前后稳定、内外翻稳定及旋转稳定。其次是肘关节的韧带结构,主要有肘尺侧副韧带、桡侧副韧带、环状韧带。侧副韧带提供了近侧肘关节稳定性(内翻和外翻)的50%,关节面承担另外50%,肘关节外侧的稳定主要依赖于完整的尺侧副韧带的作用,桡骨小头则是第二重要的预防肘外翻的稳定结构。

2. 动态稳定结构 主要包括肘关节的屈肘肌群、伸肘肌群、旋前肌群与旋后肌群。肘关节屈曲时,以尺骨鹰嘴为支点,尺骨干为杠杆,通过屈肘肌群与伸肘肌群的力量交替,产生肘关节的屈伸运动。旋转运动时通过旋前肌群与旋后肌群交替作用,以尺骨为中心轴产生旋转。

3. 运动中的力学模式 肘关节是屈戌关节,主要进行屈伸运动,屈曲时的旋转中心位于肱骨小头中心 1~2mm 范围内,其屈伸幅度可达140°,过伸则可增加 10°~20°。桡尺部在垂直轴上做旋前、旋后运动,幅度为 10°~15°,女性可达25°左右。由于肱骨滑车关节轴斜向下内,在屈前臂时前臂与上臂中轴之间产生一个 5°~15°角的转动,称为提携角。肘关节运动过程中遵循杠杆力学平衡原理,稳定力与旋转力均达到动态平衡,肘关节失稳状态时,这种力学平衡状态被破坏。

### (二)肘关节受力分析

如图 4-6 所示,当前臂屈曲某一角度时,肌肉力 $\vec{F}_\mathrm{m}$(主要为肱二头肌及肱肌)可以分解为

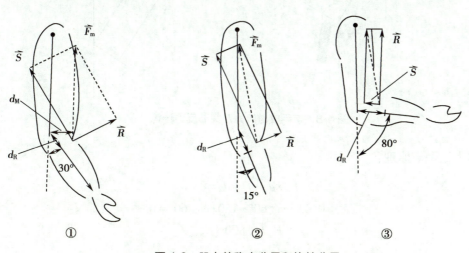

图 4-6 肌力的稳定分量和旋转分量

两个分力:①稳定力 $\vec{S}$。沿着前臂方向压紧肘关节,起稳定作用。②旋转力 $\vec{R}$。垂直于前臂轴线,引起前臂屈伸、旋转。设肌力的作用点,与肘关节的转动中心距离为 $d_R$(常数)。从图中可以看出,旋转力 $\vec{R}$ 随臂屈曲角度的变化而变化,在肘屈曲接近 90° 时,R 最大。力 $\vec{R}$ 与屈曲角度成非线性关系。当接近 90° 时,力 $\vec{R}$ 增大较快。

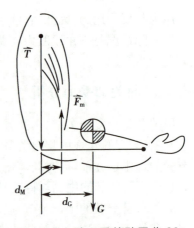

图 4-7　上臂下垂前臂屈曲 90° 时的肌力和肘关节反力计算

**例 4-2**　在上臂垂直下垂、前臂屈曲 90° 的情况下,计算肱二头肌的肌力及肘关节反力。已知 $d_M = 0.05\text{m}$,$d_G = 0.15\text{m}$,$G = 15\text{N}$(前臂及手重)。

**解:** 如图 4-7 所示,此时肌力 $F_m$ 几乎与前臂轴线垂直,根据杠杆平衡原理:

$$-F_m \times d_M + G \times d_G = 0$$

$$F_m = \frac{G \times d_G}{d_M} = \frac{15 \times 0.15}{0.05} = 45\text{N}$$

肘关节反力垂直向下为:$T = F_m - G = 45 - 15 = 30N$

如果前臂屈曲在其他角度时,计算过程就相对要复杂一些。在临床中,由于疾病的原因,患者会使用手杖,此时作用在肘关节上的力应如何呢?

**例 4-3**　假设患者用手杖时,前臂屈曲 30° 角,手杖反力为 $F_c = 150\text{N}$,$l_1 = 3\text{cm}$,$l_2 = 36\text{cm}$。请计算此时肘关节的肌肉力及关节反力。

**解:** 使用手杖时,手臂是肱三头肌力 $F_m$ 所起的伸直力(图 4-8)。

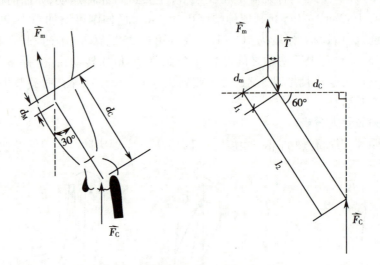

图 4-8　持手杖时肌力及关节反力计算

根据力矩平衡原理:

$$F_m \times d_M - F_c \times d_c = 0$$

$$F_m \times 0.03 \times \cos 60° - 150 \times \cos 60° = 0$$

$$F_m = 1\,800\text{N}$$

关节反力 $T$ 是力 $F_m$ 和力 $F_c$ 的矢量和:$T = F_m + F_c = 1\,800 + 150 = 1\,950\text{N}$

### 三、髋关节受力分析

髋关节是连接躯干与大腿的重要枢纽结构,在人体中是一个比较稳定的球窝状滑膜关节,由球形股骨头、凹形的髋臼组成,是全身位置最深的关节,具有相对稳定的骨性结构,并有坚强的关节囊与韧带以及强大的肌肉群保护。髋关节既坚固,又相当灵活,它将躯干的重量传达至下肢,具有重要的负重和活动功能。

#### (一)髋关节的生物学特征及运动中的力学模式

髋关节是下肢主要的承重关节,运动过程中关节比较稳定,髋关节的稳定性主要依赖于关节的静态稳定结构与动态稳定结构。

1. 静态稳定结构　包括骨性结构、关节囊和周围韧带结构,其中髋关节髋臼较深,与股骨头形成对合关系。髋臼盂唇的存在,加深了髋臼,像一条领带将股骨头套住,并增加了关节稳定性。髋关节囊比较厚而致密,能承受强大的牵拉应力,稳定股骨头不偏离运动轨道。髋关节囊外周前方附着髂股韧带,可以限制大腿过度后伸,保持身体直立姿势,下部有耻股韧带,可以限制大腿过度外展及外旋,后部有坐股韧带,限制大腿内旋,还有很多环形的轮匝韧带,防止股骨头向外侧脱位。关节内有股骨头韧带,韧带内有血管通过,供给股骨头营养。这些关节周围静态稳定结构,能保障髋关节的稳定性,预防运动过程中所产生的损害。

2. 动态稳定结构　髋关节周围有强大的肌群结构,包括内外旋肌群、屈伸肌群、内收外展肌群,这些结构给予髋关节活动的动力,并保障髋关节在运动过程中的稳定。正常髋关节的稳定性依靠髋臼的形态和方向、髋臼对股骨头的覆盖以及髋关节周围肌肉的动力保持平衡,髋关节的动态稳定性与关节活动的位置有关。当关节全伸时,由于同时发生少量的外展和内旋而产生交锁效应,此时关节最为稳定。当关节屈曲或内收时,股骨头进入髋臼的深度减小,关节的稳定性就相应减弱。当重心落在髋关节前方时,臀大肌收缩要防止髋关节突然屈伸,当重心落在髋关节后方时,前方伸肌群被动紧张,限制髋关节过伸,以维持髋关节的动态稳定。

3. 运动中的力学模式　髋关节可做三个平面的运动,矢状位主要是前屈、后伸,冠状位是内收、外展,横断位是内、外旋转,运动过程中稳定的要求大于灵活度。髋关节做屈伸活动时,股骨头沿横轴在髋臼内旋转,但大腿内外旋转时,是以股骨头中心至股骨髁间凹连线作为其活动的轴心。髋关节屈曲可达140°、后伸15°,外旋和内旋约为70°、内收25°、外展30°,这些数字只说明髋关节活动的一个大致幅度,因人而异,尤其是当发生关节病变时差异更加显著。髋关节在冠状面的平衡,是外展肌与内收肌之间的平衡。臀中肌是主要的外展肌,大收肌是主要的内收肌,阔筋膜张肌则是主要的冠状面的稳定肌。在矢状面的平衡主要是伸肌与屈肌之间的平衡。髋关节的各平面活动模式可认为是股骨头在髋臼中的滑动与转动,活动时环绕着股骨头中心。如果股骨头出现病变或髋关节周围静力及动力结构的改变,产生不正常的牵张力,将导致关节软骨面产生异常压力,甚至力矩中心点的改变,导致髋关节运动轨迹变化,临床表现可出现跛行。

#### (二)髋关节受力分析

髋关节面所承受的应力正常情况下应均匀地分布到负重关节面上,负重关节面积与所受的压力成反比。超负荷的应用将促使软骨面受损而形成骨关节炎。如图4-9所示,正常关节面骨端相互适应,所受应力分布面广,单位面积所受压力较小。当关节面不相适应时,压力传至有接触的关节面上;或当关节软骨面遭受破坏,臼头的半径不一致,传递外力的面积亦减少,均将产生应力集中。另外,还要看髋关节的负重力线在髋臼上的位置如何。

人体在行走或站立时,髋关节是主要的负重结构,主要为股骨头和髋臼。大量实验提示

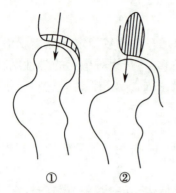

**图 4-9　髋关节负重位置与应用的关系**
①正常；②髋臼发育不良，着力点外移

髋关节是一个轻度不和谐的关节，即髋臼与股骨头的不同部位并不承担相同的压力。如处于行走的摆动相时，髋臼仅在前部、后部与股骨头接触，承受压力，顶部则几乎没有压力；当单腿站立时，髋臼产生弹性应变而与股骨头的关节面完全接触，达到和谐一致。

当双腿平衡站立时，股骨头承担上身和上肢的重量。由解剖学可知，上身及上肢的重量约为总体重的 $\frac{2}{3}$，亦即作用在股骨头上的力为人体体重的 $\frac{1}{3}$。1960 年 Rydell 做了在体试验证明：单腿站立时作用在股骨头上的力为人体体重的 2.6 倍。在慢步行走时为人体体重的 1.6 倍，在跑步时作用在股骨头上的力约为人体体重的 5 倍。

**例 4-4**　请计算单腿站立时，股骨头受力情况。已知外展肌力 $\vec{F}_m$ 与水平轴大约为 60°角。假定 $\vec{F}_m$ 力作用点、股骨头中心及体重作用点在一条水平线上。肌力臂 $d_M$ 与体重力臂 $d_G$ 之比为 1:3.5，若取 1:3.0，单腿承受人体重量（660N）的 $\frac{5}{6}$，为：$\frac{5}{6} \times 660N = 550N$。

**解**：为了维持骨盆的水平位置，需外展肌来平衡（如图 4-10①所示），先画出杠杆简图如图 4-10②所示。

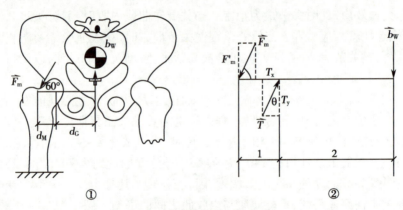

①　　　　　　　　　　　　　②

**图 4-10　髋关节受力分析图**
①单腿站立时股骨受力情况；②杠杆简图

根据杠杆平衡：

$$F'_m \times 1 = 550 \times 3$$

$$F'_m = 1\ 650N$$

而：

$$F_m = F'_m / \sin 60° = 1\ 650 / 0.866 = 1\ 905N$$

进一步计算出作用在股骨头上的力 $T$：

$$T_y = F'_m + G = 1\ 650 + 550 = 2\ 200N$$

$$T_x = F_m \cos 60° = 1\ 905 \times 0.5 = 952.5N$$

$$T = \sqrt{T_x^2 + T_y^2} = \sqrt{952.5^2 + 2\ 200^2} = 2\ 397N（约为体重的 3.6 倍）$$

$$\theta = tg^{-1}\frac{T_x}{T_y} = tg^{-1}\frac{952.5}{2\,200} = tg^{-1}(0.433) \approx 23.4°$$

从上面的计算过程可以看出，$d_M$ 与 $d_G$ 比例的改变，会得到不同的结果，$d_M$ 的值与股骨的颈干角有关。一般颈干角为 125° 左右，如大于 125°（髋外翻）时，则 $d_M$ 减小，从而外展，肌力增大，关节受力亦增大；如小于 125°（髋内翻）时，则 $d_M$ 增大而减小肌力，关节受力亦减小。这在置换假肢时，应该加以注意。相反，如果改变 $d_G$ 的值，亦可以改变外展肌力及关节受力情况，如在临床上当外展肌受损或麻痹时，由于不能提供平衡用肌力，患者只好把重心（除去支持腿）移向股骨头中心的正上方，此 $d_G$ 减小，外展肌力亦减小。但是长期处于这种步态，由于股骨头承受垂直向下的力，从而引起骨端软骨板的位移，骨将向上方生长，形成"外反股"病态。为了避免这种情况，可借用手杖来减小外展肌力。

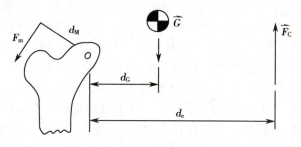

图 4-11 用手杖减小外展肌力

**例 4-5** 计算使用手杖时，外展肌的肌力大小。如图 4-11 所示，设手杖离股骨头中心为 $d_e = 0.5m$，$d_G = 0.15m$，手杖作用力 $F_c = 100N$，单腿承受人体重量（660N）的 $\frac{5}{6}$，为：$G = \frac{5}{6} \times 660N = 550N$。

**解：** 依杠杆平衡：

$$-F_m \times d_M - F_c \times d_e + G \times d_G = 0$$

$$F_m = \frac{F_c \times d_e + G \times d_G}{d_M} = \frac{100 \times 0.5 - 550 \times 0.15}{0.05} = 650N$$

即使用手杖时，外展肌的肌力为 650N，接近人体体重（660N），比不用手杖时要小得多。

## 四、膝关节受力分析

膝关节是人体中最复杂的关节之一，也是一个发病率较高的关节，包括髌股关节、内侧胫股关节、外侧胫股关节。因为长骨的结构特点，任何异常外力都会在作用点上显著地扩大，因此，膝关节比身体其他关节更易损伤。了解膝关节的运动和受力情况及其结构的稳定性，对临床和人工关节的制造及使用都是有益的。

### （一）膝关节的生物学特征及运动中的力学模式

膝关节属于铰链关节，主要用于承重，能做屈伸、内外旋转、内外翻动作，这些特点决定了膝关节在负荷、运动及稳定等生物力学特性上的复杂性。膝关节的稳定性依赖于关节周围静态稳定结构和动态稳定结构。膝关节软组织结构的损伤应力是由关节承受前后屈伸力量产生的同时，也受到旋转力量的影响，屈伸载荷与旋转载荷力量集中，导致主要受力组织结构过度载荷运动，产生组织结构断裂。这种力量包括前外旋、前内旋、后外旋及后内旋应力损伤。当膝关节活动时，前后交叉韧带各有一部分纤维处于紧张状态。

1. 静态稳定结构　包括骨性结构、膝关节韧带、半月板、关节囊及膝后内侧及后外侧复合体结构。髌骨是股四头肌发育中形成的籽骨，是伸膝装置中的重要结构，对增加股四头肌的力臂和做功具有重要意义，并且可以保护膝关节的前面。由于股四头肌的力线与髌腱纵轴线之间存在一个外翻角度即股四头肌角（Q 角），因此，髌骨存在向外侧移位的倾向。膝关节在完全伸直位时，关节将发生扣锁而获得最大的关节稳定性，这是因为膝处于完全伸直位时,股骨在胫骨上向内旋转,而于过度屈曲位时,股骨则向外旋转,此时将通过关节面的咬合和交叉韧带的限制作用增加关节的稳定。膝关节侧向稳定依赖于侧副韧带的平衡,膝关节前方的稳定依赖于伸膝装置的稳定,尤其是股四头肌的力量。膝后内侧复合体包括五个功能结构:内侧半月板后角、后斜韧带、半膜肌扩张部、冠状韧带、腘斜韧带。膝关节后外侧复合体包括外侧副韧带、弓形复合、豆腓韧带、后外侧关节囊。膝关节运动过程中包括旋转运动,旋转不稳定包括前内旋转不稳定、前外旋转不稳定、后内旋转不稳定、后外旋转不稳定,前后交叉韧带、膝关节后内外侧复合体的形态与功能正常,是维持膝关节这些旋转不稳定的保障。另外,半月板从形态上看,其纤维的排列主要是环行与纵行胶原纤维交错,具有缓冲软骨压力、吸收震荡、协助控制关节运动作用,对于膝关节的各向稳定性起着重要作用。

2. 静态稳定结构　主要为膝关节周围肌群结构,膝关节前方有股四头肌,后侧有股二头肌、腘肌、腓肠肌,侧方有缝匠肌腱、半腱肌腱、半膜肌腱、髂胫束,如维持髌骨稳定及活动的主要动力结构是股四头肌,维持胫股关节外旋的主要动力结构是髂胫束与股二头肌,膝关节通过这些动力结构,保障在运动中的动态稳定。

3. 运动中的力学模式　膝关节的运动模式在各平面中均可得到体现,是进行生物力学分析的理想关节。在日常生活中,膝关节矢状面的屈伸为 $0° \sim 140°$,伸膝位时内旋及外旋 $10° \sim 15°$,屈膝 $90°$ 时内旋 $0° \sim 30°$,外旋 $0° \sim 45°$,在冠状面的运动范围受屈膝角度的影响,屈膝 $30°$ 时内收外展范围达到最大化。膝关节屈曲约到 $70°$ 可满足正常行走角度,坐位时在屈曲 $90° \sim 110°$ 之间最为适宜。正常胫股关节的几何中心行径呈半圆形,胫股关节的运动是股骨髁在平台上的滑动,当膝关节周围稳定结构受到破坏后,这种正常的滑动轨迹就会发生改变,导致软骨面的压应力不均衡,临床可出现继发性软骨损伤。内侧髌股韧带承担 $50\%$ 的向内牵拉应力,与股内侧肌、髌周支持带及外侧髌股韧带协同作用,维持髌骨横向自运动中的稳定。如该组织损伤,可导致髌股关节失稳,出现髌骨外侧倾斜或移位。

### (二)膝关节受力分析

人体在直立位时,其重心线在膝关节中心稍前一些通过。这种情况不需很大的肌肉力来维持。因此,可以认为膝关节受力只有体重减去小腿足重的一半。如果站立体态不正确,则将在膝关节产生力矩,需要肌力来平衡。当膝关节弯曲情况下站立或慢步上楼时,膝关节可能承受 $3 \sim 5$ 倍体重的力。在行走时,作用在膝关节上的力约为体重的 $3$ 倍。

在膝关节受力分析中,半月板的作用非常重要,它主要在胫骨间起分散负载的作用,可以将股骨传来的压力分散到胫骨平台(图 4-12)。另外,当膝关节受到冲击荷载时,半月板还有缓冲的作用,而在负荷轻时,半月板分隔股骨和胫骨,当负重荷时,则会发生股骨髁软骨与胫骨平台软骨相接触。

**例 4-6**　如图 4-13①所示,人上楼时,前腿弯曲,在后腿离地时,求作用在膝关节上的肌肉力和关节力。已知 $d_G = 0.20\text{m}$,$d_m = 0.06\text{m}$,膝关节所受重力可以大致等于人体重量,即 $G = 600\text{N}$。

**解:**根据杠杆平衡原理建立平衡方程:

$$F_m \times d_m - G \times d_G = 0$$

$$F_m = \frac{G \times d_G}{d_m} = \frac{600 \times 0.20}{0.06} = 2\,000\text{N}$$

$F_m$ 就是髌韧带的作用力,据此再计算作用在膝关节上的力。为方便起见,取小腿为自由体,因为地面对足的反力(600N)已知,如图 4-13②所示,要注意此时已知的肌力 $F_m$ 为向上,经过计算得:$T = 2\,580\text{N}$,方向如图所示。

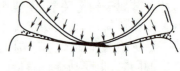
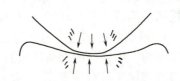

图 4-12　半月板把压力分散到胫骨平台上

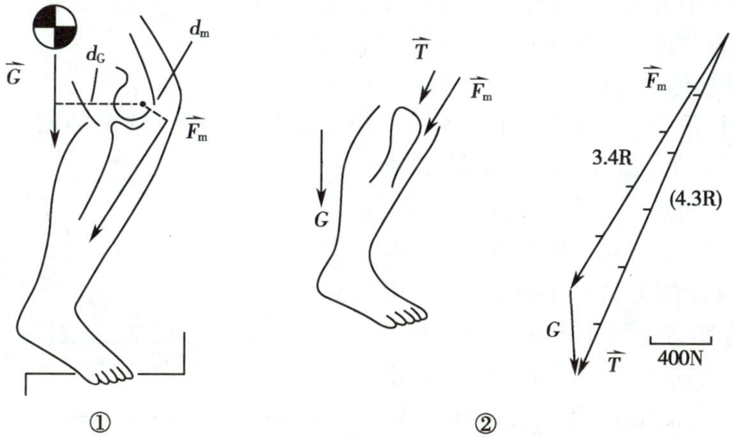

图 4-13　上楼时作用在膝关节上的肌肉力和关节力

### 五、踝关节受力分析

踝关节又称距小腿关节,由胫、腓骨下端与距骨构成。胫骨下端内侧向下的骨突称为内踝,胫骨下端后缘稍向下突出称为后踝,腓骨下端突出部称为外踝,外踝比内踝窄,但较长,其尖端在内踝尖端下 0.5cm,且位于内踝后约 1cm。在外踝尖端上方约 2.5cm 处的横向水平,即为踝关节位置。

#### (一)膝关节的生物学特征及运动中的力学模式

踝关节是一个典型的鞍形关节,前后外踝形成特殊的踝穴,当踝关节活动时,距骨在踝穴内移动。踝关节周围韧带及关节囊前后松弛,两侧较紧。踝关节的前后韧带较薄弱,这利于踝的屈伸活动。踝关节的稳定结构依赖于静态稳定结构和动态稳定结构。

1. 静态稳定结构　包括踝关节骨性结构、关节囊、内侧三角韧带,距腓前韧带、距腓后韧带、跟腓韧带、下胫腓联合韧带复合体。这些解剖结构保障距骨运动状态时始终位于踝穴内。内侧三角韧带约束踝关节过度外翻,跟腓韧带约束踝关节固定内翻,距腓前、后韧带约束踝关节的前后位移运动。下胫腓联合韧带复合体中,骨间韧带承受的横向载荷最大,其次为下胫腓后韧带,最弱的为下胫腓前韧带。故下胫腓联合后侧损伤时多为撕脱骨折,前方损伤时多为韧带损伤。

2. 动态稳定结构　包括踝周主要肌肉,前方肌肉有胫前肌及足趾伸肌使踝关节背伸运动,后方肌肉有强大的跟腱、跖肌腱、胫后肌及足趾屈肌群使踝关节跖屈与内翻,外侧有腓骨长短肌使踝关节跖屈及外翻。这些肌肉的协同作用保障踝关节运动状态下的稳定。

3. 踝关节运动中的力学模式　踝关节的运动主要是胫、腓骨在距骨滑车的前后转动,具有一个自由度,但绕垂直轴亦可有少许的转动和侧向位移,主要还是绕横轴转动。转动角度因人而异,一般可为 40°～80°,平均为 45°左右(其中背伸占 20°～30°,跖屈占 30°～50°),在步行时一般为 25°～35°。

踝关节可以从背屈、跖屈两个运动方式来分析其运动中的模式。

(1)背伸:①骨的影响:当背伸至终极位时,距骨颈的上表面与胫骨的前缘相接触,压缩载荷达到极限,限制了背伸的运动幅度,如压缩应力继续增大,会引起距骨颈骨折;②关节囊和韧带的影响:背伸时关节囊和并行韧带的后纤维被拉紧,增加了关节的稳定力,从而限制了背伸的幅度;③肌肉的影响:肌肉常在其他两个因素之前就开始限制踝关节的背伸运动,参与的肌肉主要有比目鱼肌和腓肠肌。

(2)跖屈:①骨的影响:距骨的后结节(尤其是后外结节)压在胫骨表面的后缘,限制踝

89

关节的跖屈;②关节囊和韧带的影响:关节囊前缘和并行韧带的前纤维被拉紧;③肌肉的影响:背屈肌的强直收缩而产生的阻力是第一个限制因素。

### (二)踝关节受力分析

人体站立时,重力主要由胫骨传到距骨,下传至跟骨及前足,力线如图 4-14 所示。

在胫骨受压力时,踝关节成一不稳定结构(图 4-15①)。为了保持其稳定,小腿前、后群肌肉形成一稳定力系(图 4-15②)。如使用绳索稳定旗杆的方式(图 4-15③)。其结果是增加了在距骨上的压力。

**例 4-7**　如图 4-16 所示,当身体向前倾时,计算肌肉力及关节反力。已知体重为 600N,在每一足上承受 300N(忽略脚的重量),$d_G = 0.02m$,$d_M = 0.03m$。

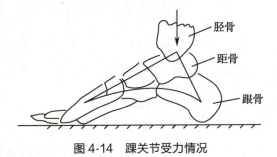

图 4-14　踝关节受力情况

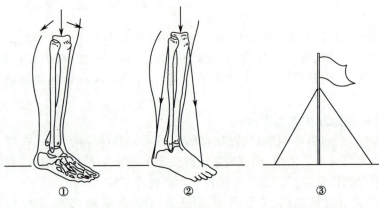

图 4-15　胫骨受压时小腿前群肌肉和后群肌肉保持踝关节稳定

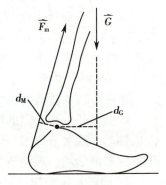

图 4-16　身体前倾时作用在距骨上的压力

**解:**根据杠杆平衡原理:

$$G \times d_G - F_m \times d_m = 0$$

$$F_m = \frac{G \times d_G}{d_m} = \frac{300 \times 0.02}{0.03} = 200N$$

假设 $F_m$、$G$ 大致平行,则作用在距骨上之反力 $T$ 为:

$$T = F_m + G = 200 + 300 = 500N\left(相当于体重的\frac{5}{6}\right)$$

（康俊峰　欧阳建江）

扫一扫
测一测

## 复习思考题

1. 以肩关节为例,简述关节主要结构和辅助结构的生物力学特征。

2. 设计一种新式的测量关节活动的方法。

3. 试分析一个运动员举起 50kg 杠铃时,肩关节、肘关节的受力情况。

4. 试述站桩时膝关节的受力情况(假设人体体重为 85kg)。

5. 简要设计一种新的减轻膝关节受力的装置。

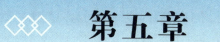

# 第五章

# 脊柱的生物力学

脊柱的生物力学包括脊柱结构及功能、运动、损伤、疾病、外科及支具等方面的生物力学,涉及的范围非常广泛。本章仅结合临床最常见的问题(如脊柱不稳定、侧弯等),介绍脊柱的基本生物力学理念。

## 第一节　脊柱的生物力学特点

### 一、脊柱的生物力学特性

人体脊柱是一个力学结构,以椎体为功能单位,各椎体间通过复杂的关节、韧带系统相互连接在一起,肋骨编成的支架显著增强了这种由韧带连接起来的细长纤弱的骨性结构,脊柱虽具有固有的韧带稳定性,但其机械稳定性主要取决于高度发达的、具有神经支配的肌肉动力系统。脊柱有三方面基本生物力学功能:作为躯干的支架,向骨盆传导头部及躯干部的重力;维持躯体在三维空间内的生理运动,如伸、屈、轴向旋转;保护脊髓免受可能的暴力及创伤性运动的危害。脊柱生物力学功能的实现,有赖于其正常解剖结构的力学特性。

#### (一)椎间盘

椎间盘构成脊柱总高度的 20%~33%,由髓核、纤维环和软骨终板组成,具有多种功能,承受大量的各种各样的压力和运动,与小关节一起承担躯体的全部压力载荷。依据载荷的作用时间,可将椎间盘所承受的载荷分为两类,即短时间放大载荷(如猛然举物)和长时间载荷(产生于日常活动)。

1. 压缩特性　椎间盘受压时主要表现为纤维环向四周膨出,即使在高载荷下,去除载荷后产生永久变形时,也未出现某个特殊方向的纤维破裂。在脊柱的运动节段承受压缩试验中,首先发生破坏的是椎体而不是椎间盘,表明临床上的椎间盘突出不单纯是受压,而更主要的原因是椎间盘内应力分布不均匀。

2. 张力特性　在脊柱前屈、后伸或侧弯活动中,椎间盘的纤维环承受轴向张应力。在围绕脊柱纵轴的旋转活动中与轴线呈45°角后压应力载荷即转变为张应力。即使在脊柱受压时,也有一部分椎间盘承受张应力。因此,可认为在所有的不同方向和载荷条件下,椎间盘都承受张应力。

椎间盘的强度测试实验表明,椎体前后部位的椎间盘强度比两侧的高,中间的髓核强度最低;椎间盘的纤维环在不同的方向上也表现出不同的强度,沿纤维走行方向的强度是水平方向强度的 3 倍。了解这一点,对于分析脊柱损伤的发病机制,确定合理的治疗方法具有重要的意义(图 5-1)。

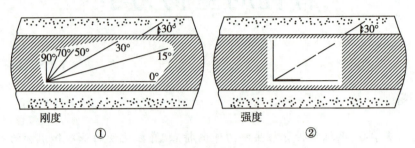

图 5-1 椎间盘的各向异性
①表示纤维环在不同方向的刚度;②比较纤维环在两个方向的强度

3. 弯曲特性 引起椎间盘损伤的主要原因是弯曲及扭转载荷,而不是压应力载荷。实验发现,脊柱矢状、冠状或其他垂直平面内弯曲 6°~8°时并不发生椎间盘的损伤,但是去除后部结构后,施加 15°的弯曲载荷,可观察到三角形骨块从上位椎体的后下部撕脱,结果与椎间盘的膨出有关,前屈时向前膨出,后伸时向后膨出。在脊柱侧弯时,椎间盘向凹侧面膨出(图 5-2)。借助于椎间盘造影技术,Roaf 发现在脊柱的屈伸活动中,髓核并不改变其形状及位置。这些试验结果,为解释卧平板床或轻度屈曲脊柱作为防治腰腿痛的方法提供理论依据。

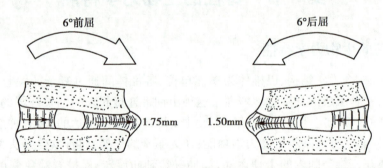

图 5-2 弯曲造成的椎间盘突出,前屈和后伸都在凹侧膨出,而在凸侧椎间盘受拉

4. 扭转特性 1973 年 Farfarn 提出假设,扭转可能是主要的损伤性载荷。实验发现,扭矩和转角变形之间的关系曲线呈 S 形,明显地分为三个部分,初始部分为 0°~3°变形,只要很小的扭矩即可产生;在中间部分为 3°~12°扭转,这部分扭矩与转角之间存在着线性关系;在最后部分,扭转 20°左右发生断裂。一般情况下,大的椎间盘能够承受较大的抗扭转强度,圆形的椎间盘比椭圆形的承受强度高。

5. 剪切特性 椎间盘的水平剪切强度大约为 260N/mm$^2$,这一数值具有重要的临床意义,其表明单纯的剪切暴力很少造成纤维环破裂,提示纤维环破裂多是由于弯曲、扭转和拉伸的综合作用。

6. 松弛和蠕变特性 椎间盘在承担载荷时有松弛和蠕变现象。在三种不同载荷下观察 70 分钟的结果发现,较大的载荷产生较大的变形及较快的蠕变率。蠕变的特点与椎间盘的退变程度有关,没有退变的椎间盘蠕变很慢,经过相当长的时间也能达到最大变形,显示出黏弹性性质;退变的椎间盘则相反,表明退变的椎间盘吸收冲击的能力减退,也不能将冲击均匀地分布到软骨终板(图 5-3)。

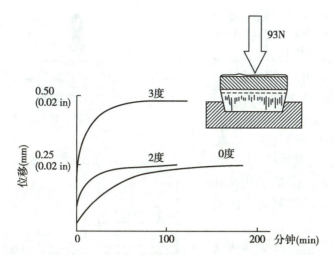

① 椎间盘的蠕变行为,无退变的椎间盘(0度)需要相对长的时间达到较小的变形

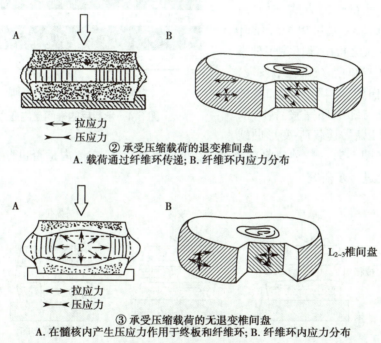

② 承受压缩载荷的退变椎间盘
A. 载荷通过纤维环传递; B. 纤维环内应力分布

③ 承受压缩载荷的无退变椎间盘
A. 在髓核内产生压应力作用于终板和纤维环; B. 纤维环内应力分布

图 5-3 松弛和蠕变特性

7. 滞后特性 椎间盘和脊柱的运动节段均属于黏弹性体,有滞后性能。这是一种结构在循环加载卸载时伴有的能量损失现象。当一个人跳起或落下时,冲击能量通过脚,由椎间盘和椎体以滞后的方式吸收。这可以看作是一种保护机制。滞后与施加的载荷、年龄及椎间盘所处位置有关。载荷越大,滞后越大;年轻人的滞后大,中年以后的滞后小;下腰部椎间盘比胸腰段及上腰部椎间盘的滞后大。同一椎间盘在第二次加载后的滞后比第一次加载时下降,这表明,反复的冲击载荷对椎间盘有损害。汽车驾驶员的腰椎间盘脱出发病率高,可能就是由于反复承受轴向震动的原因。

8. 疲劳耐受 确定纤维环辐射状的周边发生撕裂前,能够承受多少次循环载荷,疲劳试验是重要的依据。在离体的脊柱运动节段疲劳试验发现,施加一个很小的轴向持续载荷,向前反复屈曲5°,屈曲200次时椎间盘出现破坏迹象,屈曲1 000次时完全破坏,表明在离体试验条件下,疲劳寿命是较低的。

9. 椎间盘内压　无论是离体的还是在体的椎间盘内压测试都是很困难的，Nachemson 等首先利用髓核的液态性作为载荷的传导体，用一个脊柱运动节段来做离体的测试，发现髓核内压与轴向加载有直接关系。他们的实验方法是将一个微压力传感器装在一个特制的针尖上，当针刺入髓核后，压力便通过传感器反映出来。后来，他们又利用这一方法做了在体的椎间盘内压力测试（图 5-4）。

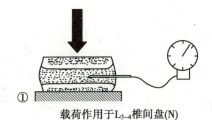

10. 自动封闭现象　由于椎间盘缺乏直接的血液供应，一旦发生损伤，就需要通过一种特殊的方式——"自动封闭"来修复。在通过单纯纤维环破裂、髓核切除及终板中部切除三种椎间盘损伤类型的轴向加载试验中发现，单纯纤维环损伤的标本第一次加载的载荷-变形曲线与纤维环完整者不同，但加载 2~3 次以后，其载荷-变形曲线接近正常情况（图 5-5）。这种现象在受扭或受剪时是否存在，在体内是否也存在这种自动封闭现象，还需要进一步研究。

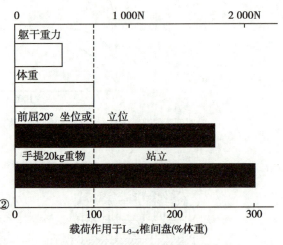

图 5-4　承载后的椎间盘内压力

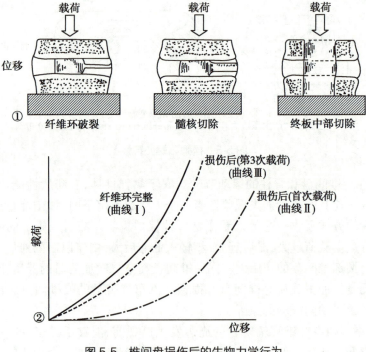

图 5-5　椎间盘损伤后的生物力学行为

### （二）椎体

椎体的强度随着年龄的增长而降低,特别是在40岁以后,发生明显的降低(图5-6)。

1. 皮质骨　椎体是脊柱的主要负载成分,在40岁以前,皮质骨壳承载45%而松质骨核承载55%;40岁以后,皮质骨壳承载65%而松质骨核承载35%。这种强度的消长说明,随着年龄的改变,椎体的韧性不断降低而脆性不断增高。这可能是老年人骨质疏松及椎体容易发生压缩骨折的主要原因。

2. 松质骨　椎体松质骨强度测试发现载荷-变形曲线有三种破坏形式:Ⅰ型显示最大载荷以后强度降低(占13%),Ⅱ型在最大载荷以后可以维持其强度(占49%),Ⅲ型在断裂点以后强度升高(占38%)。实验研究表明,椎体的松质骨核可以承受很大的压缩载荷,在断裂前其变形率可高达9.5%,而相应的皮质骨壳的变形还不足2%。这说明椎体损伤首先发生皮质骨断裂,而不是松质骨的显微骨折。

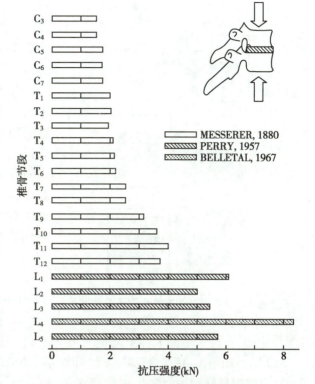

图5-6　$C_3 \sim L_5$ 椎体的抗压强度

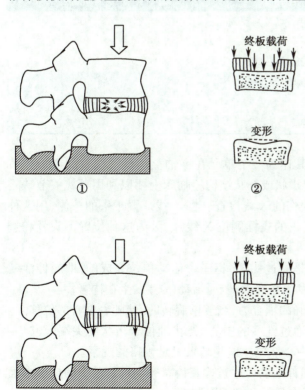

图5-7　终板的断裂机制

3. 终板　终板在脊柱的正常生理活动中承受着很大的压力。在脊柱运动节段(完整的椎间盘及其上下椎体)的疲劳试验中,有三分之一的标本发生终板断裂伴髓核突出,而且这种断裂多发生在年龄比较小的标本上。终板的断裂有三种形式:中心型、周围型及全板断裂型。中心型在没有退变的椎间盘中最多见,周围型多见于有退变的椎间盘,全板断裂多发生于高载荷状态(图5-7)。

4. 椎弓　至目前为止,还没有将椎弓做成分离体的研究。图5-8示三种不同加载方式作用于整体椎弓的试验。结果显示,大部分断裂发生在椎弓根。椎弓根的强度与性别及椎间盘的退变与否关系不大,但随着年龄的增长而减退。

5. 关节突　在一个完整的脊柱运动节段加载试验中,关节突关节大约承担18%的载荷。在脊柱从后伸到前屈的全过程中,关节突关节承担的载荷从33%下降到0。在极度前屈时,关节突不承担载

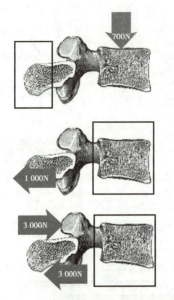

图 5-8　三种不同加载方式作用于整体椎弓

荷但关节囊韧带受拉。在扭转试验中发现,椎间盘、前后纵韧带与关节突关节囊、韧带各承担 45% 的扭转载荷,余下的 10% 则由椎间韧带承担。

### (三)韧带

脊柱共有 7 条韧带,从前向后分别是前纵韧带、后纵韧带、横突间韧带、关节囊韧带、黄韧带、棘间韧带和棘上韧带。脊柱的韧带有不同的功能:首先,要保证准确的生理活动及固定椎体间的姿势和状态;其次,限制过度的活动以保护脊髓;最后,在快速高载荷的创伤环境中保护脊髓。这些不仅需要韧带限制椎体位移在安全范围内,而且需要吸收突然施加在脊柱上的大量能量。

## 二、脊柱的运动

### (一)颈椎

1. 枕-寰-枢椎　无论是解剖学还是运动学方面,枕-寰-枢椎关节是人体最复杂的关节。

(1)运动范围:两个关节在矢状面参与屈伸活动的范围基本相同,侧屈活动发生在枕寰关节,而轴向旋转则主要发生在寰枢关节(表 5-1)。

表 5-1　枕-寰-枢椎复合体运动范围的参数

| 运动单位 | 运动形式 | 运动范围 |
|---|---|---|
| 枕寰关节 | 屈伸（ $\pm Q_x$ ） | 13° |
|  | 侧屈（ $\pm Q_z$ ） | 8° |
|  | 轴向旋转（ $\pm Q_y$ ） | 0° |
| 寰枢关节 | 屈伸（ $\pm Q_x$ ） | 10° |
|  | 侧屈（ $\pm Q_z$ ） | 0° |
|  | 轴向旋转（ $\pm Q_y$ ） | 47° |

寰枕关节的解剖结构限制轴向旋转,其作为一个单元在 $y$ 轴上运动。枕骨的拱形关节面与寰椎的杯状关节面在矢状面形成一个拱状或杯状结构。临床上要以利用寰枕关节缺乏轴向旋转的特点,进行枕-寰-枢椎复合体损伤的 X 线检查。将 X 线片置于头的一侧,用这种方法可以不考虑颈和肩的位置而拍一张真正的寰椎侧位 X 线片,因为这种位置下头颅和寰椎之间除非有脱位,否则不会有旋转。

(2)运动方式:头在三维空间的旋转是通过枕-寰-枢三个运动单位完成的,即屈伸活动( $Q_x$ ),发生在枕寰和寰枢,轴向旋转( $Q_y$ )发生在寰枢,侧屈活动( $Q_z$ )发生在枕寰。

(3)耦合特征:寰枢椎间存在着很明确的耦合力,当寰椎旋转时,伴随着椎骨的位移。

(4)瞬时旋转轴:枕寰运动的水平轴通过乳突的中心,矢状轴位于齿状突尖端上方 2～3cm 的点,轴向旋转的轴心位于齿状突的中心部位。这些结果只是粗略的观察。

(5)解剖单位的功能:在枕寰关节,屈伸运动可通过检查齿状突与椎管前缘的接触来确定,伸直则受覆膜限制,轴向旋转则受寰枢椎间的黄韧带限制。

2. 下位颈椎　枢椎是枕-寰-枢复合体与下位椎体间的重要过渡节段。下位椎骨的运动特点与枕-寰-枢复合体的差别较大。

（1）运动范围：颈椎的大部分屈伸活动发生在颈椎的中间部位，最大的运动范围发生在 $C_5$ 和 $C_6$ 之间。这可能是 $C_5$、$C_6$ 容易发生颈椎病的一个原因。侧屈和轴向旋转范围越向下部颈椎活动范围越小。下位颈椎在矢状面（$Z$ 轴）上的最大平移在"生理载荷"条件下，从离体标本上直接测得的平均值为 2mm，最大 2.7mm。同样的标本用 X 线测得的数值为 3.5mm。

（2）运动方式：一个椎骨的运动方式由其解剖学结构及生理特点来确定。例如：椎骨的位置由全屈至全伸的过程中，整个脊柱有其共同的特点，但不同的节段也各有其不同点。颈椎运动是由平移和旋转 2 种基本运动形式结合完成的，通常用"角顶"来描述颈曲在全伸至全屈过程中的弧度改变。这个弧度在 $C_2$ 最平坦，$C_6$ 最尖，$C_7$ 次之。其他椎骨相差不多。

（3）耦合特征：下位颈椎的力的耦合作用有重要的临床意义。这种耦合表现在脊柱侧弯时，棘突向侧弯的相反方向移动。即向左侧弯时棘突移向右侧，向右侧弯时棘突移向左侧（图5-9）。研究这种耦合作用对于了解脊柱侧弯及某些脊柱损伤和治疗是有意义的。例如，一个暴力损伤使椎间关节超过它的正常运动范围就可能产生脱位，这种力的耦合作用就起到了产生轴向旋转和侧方弯曲的作用，造成一侧关节突脱位。

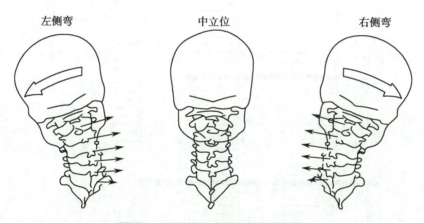

图 5-9 颈脊柱运动的重要耦合形式

不同节段椎骨的轴向旋转及侧方弯曲程度是不同的，在 $C_2$ 每 3° 侧方弯曲就伴有 2° 轴向旋转。在 $C_7$ 每 7.5° 侧方弯曲则伴有 1° 的轴向旋转。从 $C_2$ 至 $C_7$，是一个从上到下逐渐降低的趋势。

（4）瞬时旋转轴：下位椎骨的瞬时旋转轴与相邻椎骨位置、椎体的中心、椎间盘和髓核有关。有人认为 $C_2$ 的瞬间旋转轴位于下位椎体的后下缘，而 $C_6$ 的瞬时旋转轴位于下位椎体的前上缘。也有人认为每个椎骨都有很多瞬时旋转中心。到目前为止，还没有一个定量的研究。在矢状面和水平面的瞬时旋转轴位于下位椎体的前部，对于侧方弯曲，它可能位于图 5-10 所示的部位，但这只是一种推测。

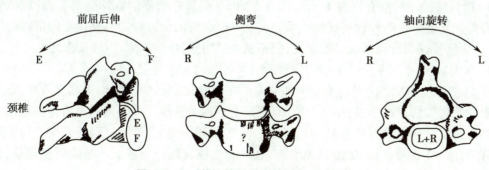

图 5-10 下位颈椎瞬时旋转轴的大致位置

笔记栏

（5）解剖单位的功能：离体标本实验显示,无论椎骨前后侧的解剖结构是否完整,都没发生明显异常活动。纤维环的强度、方向及其与椎体及软骨终板的坚韧附着,有力地限制了椎骨在水平方向的平移。这点对维持脊柱的临床稳定性起着非常重要的作用。

屈伸运动范围主要受椎间盘的刚度和几何形状影响。例如,在前屈活动时,椎间盘越高、前后径越小,其活动范围越大。同样,如果分析侧屈,若椎间盘左右径小,则侧方活动范围大。另外,椎间盘越硬、活动范围越小。

### （二）胸椎

1. 运动范围　胸椎在矢状面屈伸活动范围见图5-11,上位胸椎为4°,中间部分为6°,下位($T_{11 \sim 12}$ 和 $T_{12} \sim L_1$)每个节段为12°。在水平面(轴向旋转),上半部胸椎为8°~9°的活动范围,下位3个运动节段每个椎间隙的活动范围为2°,这组数据与活体的测量结果完全吻合。

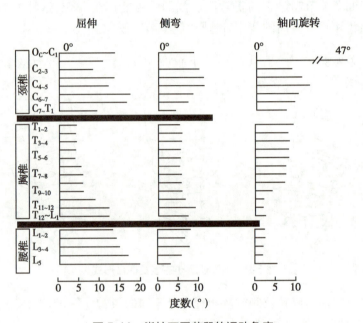

图 5-11　脊柱不同节段的运动角度

2. 运动方式　胸椎在矢状面的运动方式与颈椎相似,用来描述颈椎运动的拱形角度也同样适用于描述胸椎在矢状面和冠状面的运动方式(方向相反)。在矢状面的运动(屈伸)弧度相当小,上位胸椎和下位胸椎的运动方式没有大变化。在冠状面上的运动弧也相当平缓,没有超过矢状面的活动。但上位胸椎与下位胸椎的活动有改变。从 $T_1$ 至 $T_{12}$,活动角度趋向增加。

3. 耦合特征　胸椎有许多不同的耦合方式,有些具有重要的临床意义。颈、胸椎共同的耦合特征是侧方弯曲和轴向旋转的耦合。上下位胸椎的侧方弯曲与轴向旋转的耦合明显不同,上位胸椎这两种运动明显地耦合,但不及颈椎明显,中段次之,下段又次之。

4. 瞬间旋转轴　图 5-12 所示为胸椎瞬间旋转轴的大致位置。

5. 解剖单位的功能　各种胸椎的解剖单位在胸脊柱运动学中的作用都有研究,在所有后部附件都切除的标本中,后伸活动增加,这是由于棘突及椎间关节限制了后伸的范围。这一事实支持了后部附件有负重功能的说法。图 5-13 表示整个屈伸过程的改变。当去除后侧附件后,水平面(绕 $y$ 轴)的旋转也增加,这种改变也有统计学意义。去除后侧件后,限制活动的结构只剩下纤维环。临床上,限制则来自于纤维环和肌肉。

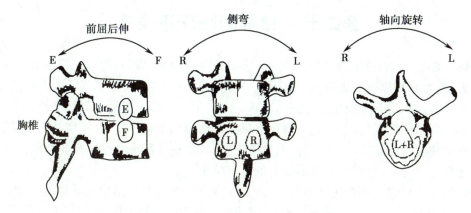

图 5-12　胸椎瞬时旋转轴的大致位置

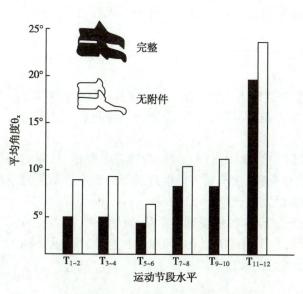

图 5-13　胸椎有附件和无附件时在矢状面的平均旋转角度

### （三）腰椎

1. 运动范围　屈伸活动在腰椎一般是自上而下逐渐增加,腰骶关节在矢状面的运动范围明显比其他节段大。侧弯在每个节段大致相同,特别是腰骶关节,它的侧弯活动相对较小。轴向旋转也很相近,但腰骶关节例外,$L_{4\sim5}$ 和 $L_5 \sim S_1$ 椎间盘承担着最高的载荷和最大的运动量,所以在临床上容易出现相关症状。

2. 耦合特征　腰椎有几种力的耦合方式,最强有力的耦合是侧弯（绕 $z$ 轴旋转）与屈伸（绕 $x$ 轴的旋转）。与颈胸部脊柱不同的是轴向旋转伴侧弯时,棘突偏向侧弯的相同方向。

方向。

3. 瞬时旋转轴　对腰椎在矢状面（屈伸）的旋转轴有过许多研究,其结果相对比较集中在椎间盘的前缘附近。在侧弯活动中,如果向左侧弯,轴心落在椎间盘的右侧,向右侧弯,轴心落在椎间盘的左侧。当椎间盘退变时,旋转轴心的位置则比较离散。

目前对于瞬时旋转轴心的测量虽然还没有用于临床,但从理论意义上讲,一旦测试技术过关,将对预测椎间盘退变、椎体失稳及韧带结构的生理特点都有重要意义。除此之外,准确地确定瞬时旋转轴心,有助于预测不同损伤力矢量对脊柱运动单位的影响及各种脊柱融合术的效果。

4. 解剖单位的功能　腰椎的椎间关节限制了向前方的平移,允许矢状面和冠状面旋转,对轴向旋转活动有限制作用,所以单个腰椎功能单位的旋转活动度是很小的,往往要借助腰骶关节及骨盆来完成较大范围的轴向旋转。腰椎水平方向的移动（脊椎滑脱）的主要应力是水平向前的剪切应力,有实验观察到双侧峡部离断后,腰椎的水平方向刚度只有峡部完整的 73.6%。由此可见,双侧峡部结构破坏使腰椎水平稳定性下降,在向前的剪切力作用下易出现滑移。

## 第二节　脊柱的临床不稳定

人体脊柱是一个"稳定"的轴,而发生于脊柱的多种疾病,常以疼痛、功能障碍、外形异常为主要表现,尤其是以疼痛更为多见。因此,应把疼痛、功能障碍、外形异常与脊柱的稳定性联系起来考虑。稳定与不稳定是反映结构状态的一个力学概念。脊柱的稳定性一般指脊柱维持自身生理平衡位置的能力,它是脊柱承载和运动的基础,反映着脊柱生物力学的重要特征。正常脊柱保持在稳定状态时应没有异常应变,各脊柱节段没有过度或异常的活动,脊柱的稳定性越强,在同等载荷作用下所发生的位移越小。

脊柱临床不稳定是指在生理载荷下,失去保持脊椎骨之间的相互关系的能力,损坏和刺激脊髓和神经根,并且发生由于结构变化而引起不允许的变形和疼痛。生理载荷是指患者正常活动时承受的载荷;不允许的变形是指患者感到不能承受的最大变形;不允许的疼痛是指非麻醉药物不能控制的疼痛。临床不稳定可由损伤、疾病、外科手术或者三者的某种组合引起。

### 一、临床不稳定的生物力学因素

脊柱不稳定的基本力学现象,是在生理载荷下,脊柱某部分的异常位移,位移可能是平移、旋转或者是二者的某种组合,类似的生理载荷,可以是力、力矩或二者的某种组合。

#### （一）异常位移

1. 平动引起的位移　研究一个运动段,下脊椎固定,生理载荷加在上脊椎上,同时测量位移。如果脊椎运动段是不稳定的,上脊椎平移,比承受同样生理载荷的稳定运动段的平移要大。如双侧关节面断裂错位后 $C_5$ 对 $C_6$ 的向前位移。

2. 旋转引起的位移　不稳定脊椎与稳定脊椎在承受同样的生理力矩时,前者比后者有更大的旋转运动。如脊柱发生单侧关节面错位和椎间盘的部分断裂,当此脊柱承受轴向力矩时,上脊柱将会有围绕靠近完整关节面的轴向旋转。

#### （二）韧带结构

脊椎固有的平移和旋转稳定性是由韧带提供的,韧带的作用不仅取决于其生物力学性质,而且也取决于其位置及载荷的情况。如棘突间韧带对弯曲旋转稳定性有显著贡献,但对前后方向的平移稳定性影响很小。

假设全部韧带是由同一种材料制成的,则韧带的抗载荷能力将与其横截面积成比例,当运动段承受生理载荷时,横截面积大的韧带,将提供比较大的稳定性和比较小的位移。纤维环比棘突间韧带的横截面积大,因而提供的稳定性更大。

提供稳定性的另一个因素,是韧带离开旋转中心的距离。距离越远,提供的稳定性越大。棘突间韧带虽提供比椎间盘较大的力臂,但椎间盘由于强度要大得多,所以在脊柱的稳定性方面起着更大的作用。

#### （三）移位和髓核侵占

不稳定的运动段,可以用两个一样的方块(脊柱)和圆孔(脊髓腔)来代表,在理想的脊椎排列时,脊髓腔空间最大,方块之间的任何相对位移,结果都使脊髓可占用的空间减少(图5-14)。

### 二、临床不稳定的生物力学问题

脊柱要发挥正常的生理功能,必须首先维持机体的平稳,包括内源性稳定和外源性稳定

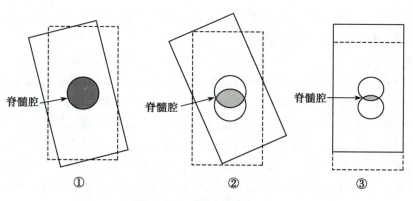

图 5-14　移位和髓核侵占

因素两大部分,前者包括椎体、附件、椎间盘、关节囊和相连接的韧带结构,维持静力平衡;后者包括椎外肌肉或肌群的协调运动,维持动力平衡,是脊柱运动的原始动力。在神经系统的调节下,内外源性稳定结构的平衡,有利于脊柱的各种活动,并保证骨关节及椎管不受损害。如果其中任何环节遭受破坏,均可引起脊柱生物力学失衡,导致颈、背、腰痛。内源性稳定与外源性稳定在病理上相互影响,功能上互为补充。

### (一)颈椎

1. 枕-寰-枢椎复合体　维持枕寰关节稳定性的解剖结构,包括枕寰关节的环形结构和关节囊,以及前后寰枕膜、项韧带。连接枕骨和枢轴的韧带也提供稳定性。它是通过覆膜、翼状韧带、顶端韧带等实现的。枕寰关节错位是致命的,$C_{1~2}$ 关节是最复杂而又难分析的关节。

对枕寰关节和寰枢关节的稳定性起作用的结构可分为两组,一组是纵向延伸的,与全部三个组件连接,包括前纵韧带、顶膜、十字韧带和项韧带。另一组包括跨过一个元素而对两个关节提供某种稳定性的翼状韧带和顶端韧带。

枕寰关节弯曲是由大孔环前缘与齿突的骨接触来限制的,拉伸由覆盖膜约束,侧弯由翼状韧带限制。在 $C_{1~2}$ 水平,弯曲由覆盖膜和其他后部韧带限制。旋转由翼状韧带来限制。十字韧带虽在生理运动中作用很小,但它却是限制异常向前移动的最主要结构。

虽然横向韧带结构很弱,在某些情况下,它可以阻止大于 3mm 的 $C_1$ 在 $C_2$ 上的向前位移。当横向韧带断裂,就会发生 $C_1$ 在 $C_2$ 上的向前错位,翼状韧带很容易变形,它不能阻止进一步错位。

$C_{1~2}$ 的半脱臼和错位的临床问题非常复杂,也很难诊断。一旦 X 线片或其他症状表明有齿状物断裂或横向韧带断裂,则是临床不稳定的。例如,$C_1$ 环的整体断裂,从 X 线片可发现 $C_1$ 相对于 $C_2$ 的侧向齿状物伸出,若两侧总伸出为 7mm,则可推测有横向韧带断裂(图 5-15)。此种情况是临床不稳定的。

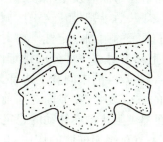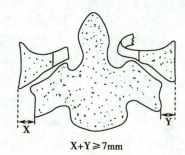

X+Y≥7mm

图 5-15　$C_1$ 环的整体断裂

2. 下位颈椎 颈椎稳定性主要来自椎间盘和前后纵韧带以及黄韧带。对于承受载荷的运动段,骨的损坏在椎间盘和黄韧带之前发生。

在高湿度实验舱内进行颈椎运动段稳定性实验,实验装置如图 5-16 所示,在一些运动段依次从后向前,在另一些运动段从前向后依次把韧带切断,断裂点定义为上椎突然转 90° 的点,后纵韧带和它前边的所有结构定义为前部元素,后纵韧带后边的全部结构定义为后部元素。基于这些研究,若一个运动段所有前部元素和一个附加结构都完好,或全部后部元素和附加结构完好,则可以认为在生理载荷下能保持稳定。任何运动段,全部前部元素或全部后部元素损坏或者不能起作用,可以认为是潜在不稳定的。为了保持临床稳定性,必要的解剖结构应当是全部前部元素加一个后部元素,或者是全部后部元素加一个前部元素。

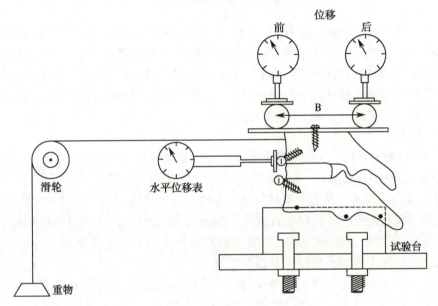

图 5-16 颈椎运动段的实验装置

在撞击时发生的损伤位移和在 X 线片上实际看到的变形之间通常有差异。脊柱复杂的骨和韧带结构可以适应足够大的变形以致使脊髓损伤,但仍保持在它的弹性范围内。在此情况下,运动段会回到正常位置和状态。在动物实验中,支持结构完整,脊髓损坏还是可能的,在人体也可能出现这种情况,尤其当椎管狭窄或被骨赘及黄韧带侵占,这种情况更可能发生。因此,当牵连到神经,特别是脊髓损伤时,可认为是临床不稳定的。

### (二)胸椎和胸腰椎

脊柱的这一部分比其他任何部分的力学性能都强,而活动性小。由于椎体和椎间盘的轻微楔形结构,使得正常胸椎向后弯曲,胸椎段较倾向于在弯曲时发生不稳定。

在胸椎段,椎间盘是保持临床稳定性的主要因素之一,后纵韧带在这一区域也是非常重要的,两个脊椎之间的肋骨关节,对胸椎运动段提供了显著的附加稳定性。放射状韧带和各种肋横突韧带,使相邻脊椎中间的联系更加紧密。棘上韧带对这一部分的稳定性,不起重要作用。关节囊韧带薄且松散,对弯曲提供的支持较小。在胸椎的中间和上边部分,关节面提供的稳定性,主要是阻止向前横移;在 $T_9$ 和 $T_{12}$ 之间的方位改变,关节面对向前和向后的移位提供较小的稳定性,关节面较多倾向于矢状面,因而提供阻止轴向转动的稳定性。

肋骨通过两种机制增加胸椎稳定性:首先是肋骨关节对相邻椎体的作用,其次是与完整的胸腔骨架存在有关。胸腔骨架显著地增加了脊柱结构的横向大小($x$、$z$ 平面),这样就增加了惯性矩,结果是增加了矢状面和冠状面内对弯曲的抵抗能力(图 5-17)。

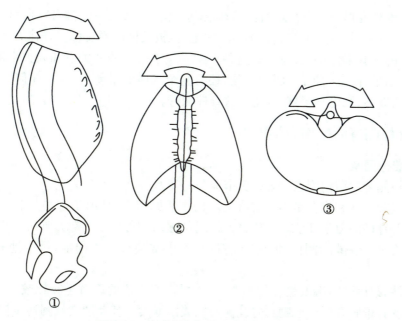

图 5-17　胸腔增加抵抗弯曲与扭转能力

有研究表明，切去后部元素可以使胸椎之间的运动范围改变，弯曲、拉伸和绕纵轴旋转都有统计学意义的增加，在肋椎关节破坏之前，运动段在弯曲时是稳定的，只要后纵韧带及其余前部元素完好，对模拟弯曲的载荷，运动段能保持稳定，全部前部元素和至少一个后部结构破坏，才会造成不稳定。临床研究表明，前楔形、侧楔形和压缩性骨折通常是稳定的，而错位和断裂错位通常认为是不稳定的。

（三）腰椎

腰椎的前纵韧带发展得很好，纤维环占椎间盘总面积的 50%～70%，其在运动段的临床稳定中起着主要作用。棘突间韧带对成年人下腰椎段的临床稳定性贡献很小或无贡献。

关节面在腰椎段稳定性中起着重要作用，通常有弯曲旋转损伤和移位才能发生错位。关节面的空间方位可防止过分轴向旋转。显然，若要产生异常轴向旋转，这些结构必然断裂或错位。实验证明，腰椎段 30°或更大的轴向旋转可引起神经损伤，从关节面错位发展到关节突断裂，明显造成此类错位、断裂的作用力，会使黄韧带损伤，后纵韧带变性和断裂。所以，关节面错位和断裂错位会引起临床稳定性的丧失。

肌肉在临床稳定性中的作用是难以评价的，但肌肉在腰段能很好地支持脊柱，竖脊肌、髂肌、腰肌在保持腰椎的直立和坐姿功能中都有主动作用，其也对腰椎承受大载荷起作用，在此区域，这些肌肉的承载特性可使腰椎较少产生临床不稳定。

在腰椎段，脊髓及神经根占据的空间远超过它们实际利用的空间。如果有足够的位移引起神经损伤，必然有足以使韧带和骨骼损伤的位移。因此，神经损伤的出现是临床不稳定的预兆。

# 第三节　脊柱侧弯

脊柱侧弯的形态学定义为相对于脊柱正常中心线明显的侧向弯曲。由于其最终后果是脊柱在力学结构上的极端变化，所以生物力学定义为脊椎骨之间或之内不正常的变形，既在正面有过多的弯曲，又在不当的方向上绕竖直轴的转动太大。临床表现为椎骨之间的相对位置不正常、椎骨变形、额面过度弯曲、绕轴转动方向不正常、一侧椎弓宽而另一侧椎弓窄、中间的横突不对称、棘突发生弯曲且不在中线上、椎板及椎体不对称。脊柱通过维持一种微妙的、不稳定的平衡来保持正常状态,这种平衡有赖于一种精神关系和动力平衡,其关键因素是骨结构、韧带、固有的神经、肌肉结构,还有整个身体的平衡与对称,任何一种对于这种微妙的平衡的破坏,无论其轻重,都将导致脊柱侧弯。

## 一、脊柱侧弯的生物力学因素

### (一)结构因素

影响脊柱侧弯的结构因素主要是关节面与韧带。

关节连接的形状和位置是影响脊椎运动的主要原因,正是由于这些关节面的位置和定向作用影响着脊椎的力学性能。在研究连接现象时,对于胸椎,正常关节面是几乎接近于平滑面并向后延展,略微向侧面和向上倾斜;而不正常关节面则向前、缓缓地向下、向中部倾斜。

对原发性脊柱侧弯、继发性脊柱侧弯、仅患脊椎突出症的患者进行比较,发现棘间韧带的力学特性及脊椎竖脊肌的肌腱与脊柱侧弯相关性不大。有大量文献阐述黄韧带在力学上的重要意义,研究表明黄韧带对限制与支配正常活动起着主要作用。在临床上,黄韧带与脊柱侧弯有关,黄韧带及关节面限制正常胸椎绕轴间的旋转,而如果做单侧椎板切除的手术,黄韧带的控制力就将减弱,从而导致实验性脊柱侧弯。

### (二)功能因素

脊柱由多个椎体、多重关节(椎间"关节"、椎小关节)、众多肌肉和韧带紧紧围绕,与四个生理弯曲协同作用,以满足脊柱的坚固性和可动性(柔韧性)。影响脊柱侧弯的功能因素主要是后体与螺旋轴。

在可控的条件下对脊柱各节的运动力学进行研究,对后体参与和不参与的情况分别加以考虑,这些结构的移动增大了绕脊柱的转动,后体则对正常脊柱绕轴转动起限制作用。对于侧弯的脊柱,它们的放松很可能便于校正不正常的轴向转动。研究指出,不论是缘于截骨还是因为软组织松弛引起的黄韧带横断面及关节囊的松弛,都有益于阻止侧弯导致的脊柱转动。这种技术可用来通过对第二颈椎施加绕轴向的力矩来校正异常的转动。由于在对脊柱侧弯的治疗中,脊椎是整体的一部分,所以这种过程很难引起失稳。理论计算表明:采用外科手术摘除椎间盘(前体)将有效地减少对于矫正脊柱的阻力,这一切都有力学上的意义。

真正的三维分析是用一种螺旋运动来描述与之等价的脊椎的空间运动。螺旋状运动是一种沿螺旋轴的轴向移动与绕该轴的转动的叠加,该轴的方向是与旋转轴一致的。这种三维分析方法很重要,可以精确地确认每节椎骨与其邻近椎间盘的关系。但问题在于如何校正脊柱侧弯这种畸形:一节正常的脊椎由正常生理弯曲时的位置,移动到侧弯下的位置,此间位移是多少;而采用 Milwaukee 支具、锻炼或外科手术后,位移减少到多少。由于这些位移是三维的,所以有利于按照螺旋运动进行定义。

## 二、治疗脊柱侧弯的生物力学问题

生物力学治疗原则是力图使脊柱恢复正常结构。两种变形必须矫正:一种为功能性弯曲,由于重力作用于松弛的韧带与肌肉之上引起的变向功能性弯曲,可通过肌肉锻炼来矫正;另一种为结构性弯曲,这种弯曲很刚硬,包括脊椎变形、骨结构破坏或发生变形、弯曲韧带失去弹性等,不能通过肌肉的力量来矫正。对于矫正力,可通过不同的技术来施加,矫正力在频率、大小、持续时间及施加方式上均有所不同,最根本的原理在于矫正侧弯。治疗的生物力学条件主要有以下两个问题：

1. 蠕变与弛缓　蠕变是一种变形,在对物体施加了初始力之后,即使受力不再随时间变化,变形也将随时间推移而增大。蠕变由肌肉、骨骼、韧带的弹性力学性质决定。当施力以矫正脊椎变形时,力便自始至终持续起作用,后续的矫正归因于蠕变(图 5-18)。

$F$ 是加于轴线面的恒力,脊椎节的原始长度随时间推移而得到的修正直至增长到 $L+D$, $D$ 是侧弯的脊椎节长度的变化量。

当力加至弹性体上,会产生一定的变形,随后发生受力随时间而减少的现象,称为弛缓。实验研究发现,在手术后 1 小时内,关节的受力减小了 20%~45%。

2. 脊柱侧弯矫正时轴向力与切向力的比较　侧弯脊柱的模拟,在数学上要求复杂的三维模型。为了验证基本概念,比较脊柱侧弯时所施加的各种不同形式力的组合,应采用相当简化的模型来研究脊柱的形态,以便获得一些有价值的结果。通过三个分量来模拟脊柱,两根刚性连杆 AC 和 BC,通过扭转中心 C 相连接。且可在同一额面内移动(图 5-19)。这种关系被用来模拟脊柱变形的角度,$\theta$ 的角度值可测量。在三种受力情况(轴向力、径向力、轴向力与径向力复合作用)下,可对模型的静力学特性进行研究。在正位 X 线像上,先确定侧凸的上终椎及下终椎,在主弯上端的上、下终板线向凹侧倾斜度最大者为上终椎,主弯下端者为下终椎。在上终椎椎体上缘及下终椎椎体下缘各画一水平线,对此两横线各作一垂直线,这两条垂线的夹角即为 Cobb 角,用量角器可测出其具体度数。

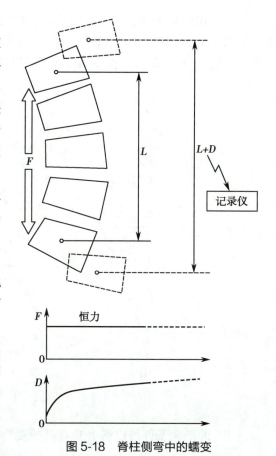

图 5-18 脊柱侧弯中的蠕变

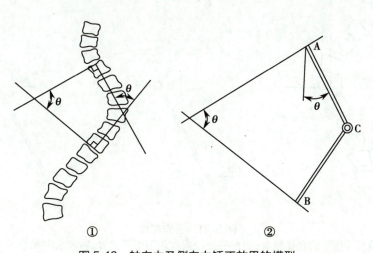

图 5-19 轴向力及侧向力矫正效果的模型

经常应用的是矫正脊柱侧弯的轴向加载原则。在病例中,分别有采用骨牵引、Milwaukee 支具及 Harrington 棒的矫正方法。从图 5-20①中可以看到脊柱受到轴向力的拉伸。图 5-20 ②展示了脊柱受力示意图,图 5-20③是作用在 A 点的力 F 向 C 点简化后的示力图。

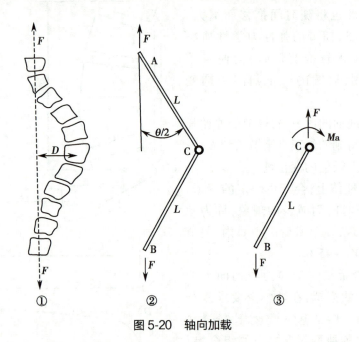

图 5-20  轴向加载

由 BC 的平衡条件可以得出 C 点处所受弯矩 $M_a$ 的表达式: $M_a = FL\sin\left(\dfrac{\theta}{2}\right)$。其中: $F$ 是脊柱轴向拉力可施加的最大限度的安全力; $L$ 是长度; $\theta$ 为角变形。上式表示弯矩 $M_a$ 为角 $\dfrac{\theta}{2}$ 的正弦函数。

轴向力使脊柱拉长,以矫正角度。这种角度的修正,主要是通过椎间盘之间空间不同引起的弯矩实现,而非通过张力实现。

与轴向加载相对的径向受力并没有广泛加以应用。在 Milwaukee 支具及 Risser 台上,侧向垫片产生了径向载荷,图 5-21 示侧向力作用下的脊柱,图 5-21②则表明这种加载方法下

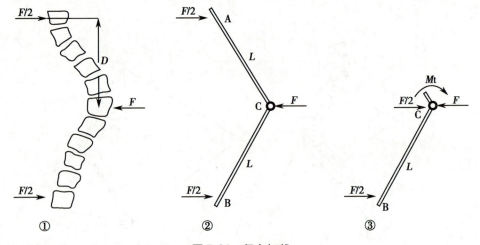

图 5-21  径向加载
①径向载荷作用下的脊柱侧弯;②在三处径向作用下的简化脊柱模型;③结点 C 与杆 BC 的受力分析图

笔记栏

的受力示意图,侧向力加在 C 点上,在 A、B 上产生了与之方向相反、大小为其一半的力。通过在椎间盘之间产生矫正弯矩来修正角度。图 5-21③是作用在 A 点的力 $\frac{F}{2}$ 向 C 点简化后的示意图。

在由 C 点平衡条件可得到弯矩的表达式:$M_t = \frac{F}{2}L\cos\left(\frac{\theta}{2}\right)$。其中:$F$ 是加在弯曲中部的径向力。$\frac{F}{2}$ 为支撑反力。弯矩 $M_t$ 为角 $\frac{\theta}{2}$ 的余弦函数。

仔细研究图 5-20①,可以发现:作用在弯曲顶端 C 的校正弯矩等于轴向力 $F$ 乘以该力到 C 点的垂直距离 $D$,很容易看出,变形愈大,距离 $D$ 愈大。换言之,变形愈大,力的矫正效果就愈好。

当脊柱受到侧向力时,也会发生类似的情况。图 5-21①显示作用于弯曲顶端的矫正弯矩等于顶端受力的一半(另一半作用于脊柱的另一侧)与 $D$ 之积,$D$ 是到弯曲顶点的垂直距离。侧向力的弯矩与轴向力相比,是随脊柱变形加剧而减小的。图 5-22 即为组合加载的情况。在三个加载点施加同样大小的力,其中两个力均与另一个力的垂线成 30°,且使脊柱受力平衡。对于轻度弯曲,作用在支撑杆上的轴向力仅能提供较小的修正,还需要加更大的力。这个结论可通过对图 5-20③至图 5-22③进行受力分析而加以证实。

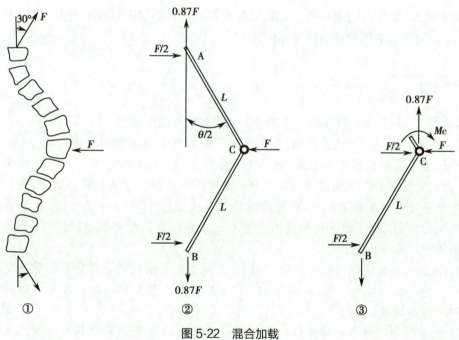

图 5-22 混合加载

从以上讨论可看出,对于所有情形,轴向力与径向力一起作用显然是有利的,换句话说,轴向分量在变形较大时提供大部分矫正弯矩,而径向分量在变形轻微时起矫正作用。

图 5-23 表示三种作用力,产生不同的校正弯矩。图中水平轴表示角度变形 $\theta$(以度为单位),可由 Cobb 方法测出;垂直轴表示 $M/FL$,对于给定弯曲脊柱上作用同样的力 $F$、$L$,则 $M/FL$ 就表示相对矫正弯矩。对理论模型的研究可知:组合加载方式对任意角度的变形都最有效;轴向加载方式的效率随变形加剧而增大;径向加载方式的效率则随变形加剧而减小。变

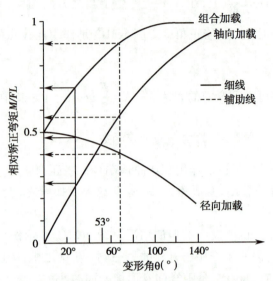

图 5-23　三种加载情况下脊柱变形角（Cobb 方法）随"相对矫正弯矩 M/FL"的变化规律

形角为 53°的点是轴向和径向加载方式的交叉点,图中还表示轻症(30°)及重症(70°)的病例。

各种不同的治疗方法,如体操、牵引、局部矫正石膏背心、Milwaukee 支具、各种手术矫形方法等,都是生物力学理念的具体临床应用。

### 知识链接

#### 脊柱的功能单位、共轭现象与数学模型

1. 功能单位　也叫运动单位,是表现整个脊柱生物力学特性的最小单位,由相邻椎体和连接它们的韧带组织构成(胸椎还包括肋椎关节),脊柱由多个运动单位连接组成,所以它的整体特征是由单个运动单位组合而成。生物力学特性可描述为,按笛卡尔右手三维平面直角坐标系,脊柱运动功能单位具有三维空间($x$、$y$、$z$ 轴)内 6 个自由度的载荷和运动(位移),并通过精确的力学测试系统可以测量并记录,运动行为依赖于其结构的生物力学特征。

2. 脊柱的共轭现象　在脊柱的运动中(主要是颈腰椎),共轭现象是指同时发生在同一轴上的平移和旋转活动,或指在一个轴上旋转或平移必然同时伴有另一轴的旋转或平移运动的现象。

3. 数学模型　建立数学模型的目的是将结构中的单个元素的基本生理特性与整个结构性联系起来。利用其生理特性与运动单元资料和数学模型技术可以再现整个脊柱行为。利用高速计算机建立模型已被临床和实验确认,将成为预防、治疗脊柱疾病的理想有效工具,脊柱侧凸即是一个典型的例子。计算机模拟可更经济、安全地达到临床实验目的。

扫一扫
测一测

（何　伟　张开伟）

## 复习思考题

1. 维持脊柱稳定性的因素有哪些?
2. 脊柱不稳为什么会造成神经症状?
3. 胸椎和腰椎维持生物力学稳定性有哪些不同?
4. 脊柱侧凸的常见因素有哪些?
5. 为什么特发性脊柱侧凸不容易发生失代偿?
6. 试述退变性脊柱侧凸发病的生物力学过程。
7. 怎样评估脊柱失代偿?

# 第六章

# 软组织的生物力学

　　本章通过学习人体软组织的生物力学特性,熟练掌握人体软组织的生物力学特性,重点掌握骨骼肌的功能与其力学特性的关系,了解骨骼肌、心肌和平滑肌的结构,为临床应用和软组织研究奠定力学基础。

## 第一节　软组织的基本生物力学特性

　　生物软组织具有一定的力学特性,如柔软易变形、富有弹性、有不同程度的抗拉强度,但不能抗弯和抗压等,许多软组织还具有预拉伸应力,如一根肌腱被切断后,会发生自动收缩,需加以外力牵拉方可对接。下面我们拟对软组织的生物力学特性进行阐述。

　　1. 非线性　软组织的应力-应变关系不遵循胡克定律,而是呈非线性关系。在如图 6-1 ①所示实验中,对兔的跟腱加以较高的单向拉伸载荷,其载荷-变形规律形成三个阶段,在初始加载阶段(AB 段),载荷-变形呈指数关系;继续施以载荷(BC 段),软组织材料刚度增大,出现伸长变形,载荷-变形呈线性关系;最后阶段(CD 段),载荷与伸长变形之间又呈非线性关系,材料瞬时刚度逐渐下降到零;到 D 点时,材料被拉断。

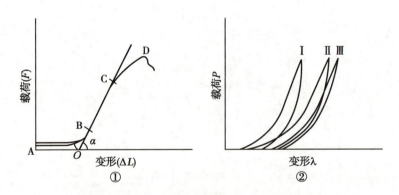

图 6-1　兔跟腱的载荷-伸长曲线
①较高单向拉伸兔跟腱的载荷-伸长曲线;②预调兔跟腱时的载荷-变形循环曲线( Ⅰ、Ⅱ、Ⅲ代表载荷循环顺序)

　　对于一般的生物材料,AB 段为正常生理工作阶段,此阶段所承受的载荷是软组织在生物体正常生理状态下所承受的载荷,其最大值即为最大使用载荷;BC 段和 CD 段相当于强度储备,它保证了材料在一定的强度下不发生破坏;D 点相当于破坏载荷。对于正常情况下受力不大的软组织材料施以小的载荷,AB 段即可能出现很大的变形趋势,甚至可伸长到原来的一倍长度,而后才能以较大的刚度承受外力。

2. 加载试验时的预调　同一份软组织材料,每次加载循环下的载荷-变形曲线都不尽相同(图 6-1②)。但从每次的循环曲线可以看出,随着循环次数的增加,加载曲线与卸载曲线之间的差别越来越小,两次循环间曲线的形状以及距离上的差别也越来越小。因此,对这一类材料的研究通常应对稳定后的载荷-变形规律进行分析,这就需要进行多次重复加载,使两次循环间曲线接近重叠为止,这一种做法称为预调。

各种材料或同一种材料不同状态下的预调过程也不相同。例如,对血管来说,当有血液在其中流动时,预调过程只需要 2~3 次即可完成,如果血流被阻断,则需要较多次数的预调。在经过充分的预调后,得到的载荷-伸长之间的关系趋于稳定,才能为下一步的研究作依据。

3. 黏弹性　软组织材料具有黏弹性,一般来讲,黏弹性具体解释为应力-应变曲线滞后、应力松弛、蠕变等三个特点。

(1) 应力-应变曲线滞后:软组织的加载应力-应变曲线与卸载应力-应变曲线不同(图 6-2①)。形成的闭合曲线称为滞后环。滞后环面积反映了加载与卸载循环过程中能量的损耗。这种特性在完全消除载荷并经过一段时间后,就可以恢复到原有形状并无明显残余畸形,而不同于金属材料的塑性特性。软组织这种与常规弹性材料性质既相似又有所不同的特性称为拟弹性。

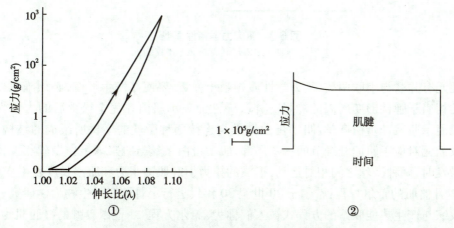

图 6-2　腱的应力-应变曲线和应力松弛曲线
①腱的应力-应变曲线;②腱的应力松弛曲线

(2) 应力松弛:软组织在其生理活动过程中,表现出应力松弛现象,图 6-2②所示为腱的应力松弛曲线。

(3) 蠕变:软组织具有一般生物材料的蠕变特性。

## 第二节　肌肉、韧带、肌腱的生物力学特性

### 一、肌肉的生物力学特性

肌肉可以在神经的控制下,通过自身的主动收缩而产生运动,从而实现对外界环境以及外界物体的作用。肌肉是将化学能转换成为机械能的生物学机器。动物的肌肉有骨骼肌、

心肌和平滑肌三类。它们组织成分相同、收缩的生化机制相近,但在结构、功能和力学性质上有着许多差异。

1. 骨骼肌的力学特性

(1) 肌肉构造的简化模型:肌肉的构造比较复杂,很难对其作直观的描述,我们简单地把肌肉看作是弹性元和收缩元的联合体,从而建立一个模型(图6-3),以便于对肌肉的构造进行生物力学研究。

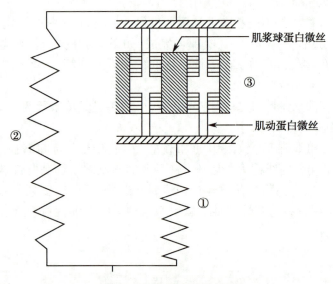

图6-3　肌肉力学特性模型
①串联弹性元;②并联弹性元;③收缩元

弹性元有并联与串联两类,其力学性质相当于弹簧,要使其发生形变,必须施以外力,力所做的功相当于弹性形变所需的能量。并联弹性元表示肌肉在完全松弛后的力学性质;串联弹性元表示肌浆球蛋白微丝、肌动蛋白微丝与连接两种微丝的横桥所组成的结构的力学性质。收缩元对应于肌原纤维节的一些局部,肌动蛋白微丝与肌浆球蛋白微丝相互覆盖,当肌肉受激发时,两种微丝之间相对运动,形成的拉力引起肌肉张力和肌肉长度发生变化。

(2) 骨骼肌的希尔方程:希尔于20世纪30年代进行了骨骼肌的生物力学研究,他的有关肌肉收缩与产生热能联系的方程式被人们称为"希尔方程"。他以青蛙的缝匠肌为研究试件,将其两端夹紧,使其长度固定为 $L_0$。以足够高的频率和电压加电刺激,肌肉挛缩而产生张力 $T_0$。然后将一端松开,这样使肌肉的张力降为 $T$,$T<T_0$,则肌肉纤维以速度 $V$ 缩短。由此可以测定 $T$、$V$ 与 $T_0$ 的关系,以及肌肉发生短缩时产生的热能与维持肌肉挛缩所需的热能。

根据热力学第一定律:$E=A+S+W$,$E$ 代表肌纤维单位时间内释放的能量,$A$ 代表肌纤维单位时间内保持的热量,$S$ 代表肌纤维单位时间内的收缩热,$W=TV$,代表肌纤维单位时间内所做的功。

当长度不变时,$S$ 和 $W$ 都为0,因此 $E=A$;

当长度改变时,$S+W=E-A=b(T_0-T)$,b 是一个常数。

进而假设,$S=aV$,a 为常数,而已知 $W=TV$,那么 $b(T_0-T)=aV+TV$,则有 $aV+TV=bT_0-bT$,等式的两边分别加上一个 ab,就得出下面的公式:

$$(a+T)(V+b)=b(T_0-a) \tag{6-1}$$

这就是著名的希尔方程。当肌肉处于挛缩状态时，$T=0$，则 $T_0=a/b$，张力是个常数，因此在单位时间内从化学反应获得的机械能是个常量；当肌肉缩短时，$V$ 与 $T$ 与成反比，张力越大，则缩短速率越小，张力越小，则缩短速率越大。这与普通的黏弹性材料是完全不一致的。

2. 心肌的力学特性 心脏正常工作时的静息张力是心肌和骨骼肌最重要的区别，它确定了心脏的舒张末期容量，并由此而得到每搏输出量，而舒张末期的容积又取决于舒张状态时心肌的应力-应变关系。在正常骨骼肌力学中，它的静息张力可完全忽略不计，而在心脏中不能忽略。另外，正常体内骨骼肌的收缩都属于强直收缩，而心肌一般不能发生强直收缩。

心肌的静息张力是心脏功能至关重要的因素，因此下面讨论未受刺激的心肌力学性质。正常的心脏具有一个窦房结，它产生一个电压信号使肌肉收缩。一个离体的、完整的心脏能自身跳动，但是分离的心室乳头肌没有很强的起搏点，所以能在无刺激状态下试验。从力学的观点来看，心肌在静息状态时是一种具有不同性质、各向异性和不可压缩的材料，它的特性随温度和环境状态而改变。保持伸长时出现应力松弛而在保持应力时产生蠕变。在循环加载和卸载时，要消耗能量，并具有滞后环。因此，心肌在静息状态时是黏弹体。

现在对于激活状态下心肌的本构方程仍不清楚。人们曾期望将骨骼肌的希尔模型和方程用于心肌。但经过一段时间的研究表明，只有在心肌收缩的情况下，其纤维很短，松弛状态的张力可以忽略不计时，希尔的理论才能应用。而正常生理条件下需要研究整个收缩-舒张过程，尤其是接近舒张阶段的情况。目前对这一情况虽然已做了大量工作，但还没有得到令人满意的结果。

3. 平滑肌的力学性质 在人体，除了心脏，其他的内脏器官都是由平滑肌构成的，如胃肠道、血管以及其他内脏器官等。平滑肌没有横纹，是由很多小梭形细胞组成的，肌细胞要远远小于骨骼肌细胞，其运动也不受自主神经所支配，而且种类繁多、机械性能复杂，因此研究难度更大。

平滑肌的收缩机制与横纹肌是一样的。在电子显微镜下观察，平滑肌也具有肌浆球蛋白纤维和横桥。平滑肌细胞的排列不像横纹肌那样规则和平直，而是弯曲的，往往纠缠在一起，而且平滑肌中不存在规则的肌纤维节，这是平滑肌收缩不规则以及速度较快的原因。平滑肌还有一个不同于横纹肌的特殊现象是自主收缩。

## 二、韧带和肌腱的生物力学特性

1. 肌腱的结构与生物力学特性 肌腱的功能是使肌肉附着于骨或筋膜，并且将拉伸载荷从肌肉传递给骨或筋膜，从而产生关节运动。肌腱有两种构造形式：有腱鞘肌腱和无腱鞘肌腱。摩擦力特别大的部位，肌腱需要有腱鞘保护，如手掌的背侧部、手指、腕关节等，腱鞘由纤维层和滑膜壁层组成，滑膜细胞产生的滑液有利于腱的滑动；在肌腱承受较低摩擦力的部位，肌腱没有腱鞘，而是由腱周组织包裹，后者为疏松的结缔组织。

肌腱的大小、形状和加载速度决定肌腱的强度。运动时作用在肌腱上的应力大小则是由肌腱所属肌肉的收缩量、肌腱与肌肉的体积比决定的。

肌肉的收缩力取决于肌肉的生理横截面面积。肌肉的横截面面积越大，收缩所引起的力就越大，通过肌腱的拉伸载荷也就越大。同样，肌腱的生理横截面面积越大，它能承受的载荷也越大。虽然肌肉的最大拉伸破坏应力很难精确计算，但是测量表明，健康肌腱的拉伸强度可能比肌肉高 2 倍以上。临床上肌肉破裂比肌腱的破裂更常见就是一个很好的证明。

只要知道肌腱横切面积以及组织本身的拉伸长度,就可用应力-应变关系描述肌腱的力学性质。应力-应变曲线与载荷-伸长曲线相似,为非线性曲线。通过应力-应变曲线,可获得弹性模量、极限拉伸强度、极限应变以及应变能量。

在活体中对肌腱承受载荷研究很少。已在动物实验中证明,肌腱弹性模量的变化范围为500~1 200MPa,极限拉伸强度的变化范围为45~125MPa。人类肌腱弹性模量的变化范围为1 200~1 800MPa,极限拉伸强度的变化范围为 50~105MPa,极限应变的形变范围为9%~35%。

肌腱与许多软组织一样,具有随时性及过程性相关的黏弹性特征,即肌腱的伸长不仅与受力大小有关,也与力作用的时间及过程相关。这种黏弹性反映了胶原的固有性及胶原与基质之间的相互作用。

肌腱的随时性是指肌腱的性质随时间变化而发生改变,可以用蠕变-应力松弛之间的关系来描述。肌腱性质随过程发生变化是指载荷-拉长曲线的形状会取决于前载荷的情况而变化,即加载曲线与卸载曲线均沿不同路径循环,形成滞后区。

肌腱的黏弹性也与其载荷有关。拉张的最初几次循环均比以后的循环滞后区面积大,表明能量损失较大。在预载荷之后,在生理范围内加载的肌腱,每次循环时,其应变能量可恢复到 90%~96%,表明肌腱在反复拉张中没有损失多少能量。

已确定有多种生物学因素影响着肌腱的力学性质。除黏弹性以外,解剖位置、运动水平、年龄、温度等都是影响肌腱力学性质的因素。

2. 韧带的结构与生物力学特性　韧带附着于骨的部分是从一种组织到另一种组织的过渡部分,较为复杂。韧带的附着区通常可分为两类,即直接附着区和间接附着区,后一种更为常见。直接附着区包含四种形态上完全不同的区域,称为韧带、纤维软骨区、钙化纤维软骨区和骨区。间接附着区中的表浅层直接与骨膜相连而深层通过骨纤维与骨相连接。同时有两种连接方式的韧带有膝关节内侧副韧带,它在股骨侧的连接处为直接连接而在髌骨处的连接为间接连接。

韧带本身的力学特性同肌腱相似,可以从应力拉伸强度、极限应变以及应变能量等参数得出韧带的力学性质,从应变曲线中获得弹性模量。

研究韧带的拉伸特性不能单一研究韧带,必须按照骨-韧带-骨这样一个复合体的结构来确定。这个复合体的结构性质不仅受到韧带的力学性质和几何形状的影响,还受到附着点组织的结构特性的影响。得出的结论也代表了韧带本身的力学性质,这一点与肌腱不同。与肌腱类似,载荷-拉伸曲线可被分为最初的强度较低区域、"延滞"关系区域,以及有较高强度的线性区域。这样韧带就具有非线性、应变强度结构的特征。这种特征可能是由胶原纤维具有波浪状弯曲而且个别纤维的排列方向不一致所致。拉伸过程中,最初只要有很小的力就可以产生较大的变形,这是因为波浪状弯曲很容易被拉直;之后则需较大的力才能进一步拉伸,使纤维本身得到拉伸。由于纤维中卷曲的程度和排列方向不同,所以拉伸不同长度时,韧带中的每根纤维在拉直卷曲结构之后,都不同程度地对抗拉伸。随着拉伸程度的增加,更多的纤维束被拉直并沿受力方向排列,这种纤维方向的重排使韧带的强度逐渐增加。

在不同的载荷条件下,骨-韧带-骨这个复合体结构的性能也不同,这是韧带的组成成分胶原与基质之间的相互作用,以及与时间、过程相关的黏弹性的特点决定的。这些研究对于在临床上对关节损伤的估计和各种疾患的治疗有着很大意义。

当关节受到持续载荷并作用一段时间后,软组织产生缓慢变形或蠕变,在加载后的最初6~8小时,这种蠕变现象最显著,但在以后数月中蠕变将以很低的速率进行。持续低载荷长时间作用于软组织可产生这种蠕变现象,这对许多种畸形很有治疗作用。例如,对脑瘫儿童马蹄畸形足的治疗,就是利用石膏在足上加一持续载荷;再如在治疗特发性脊柱侧凸时,也是利用石膏或其他支架施加持续载荷使软组织伸长。

与骨组合在一起时,单根韧带可贮存较多能量,需要大的力才能使其断裂。载荷速度即变形速率增加时能承受更大的伸长。在对骨-韧带-骨组合作拉伸破坏试验时,可以看出它们具有更复杂的力学性能。不同载荷速率作用下,骨-韧带-骨组合中具有更大强度的部位也不同。

上述性质在临床上有着广泛的运用。例如,在前交叉韧带重建术中,最初作用在移植物上的张力会由于应力松弛的作用而逐渐减少,移植韧带具有黏弹性的特点,以及经过了预载荷,可以有效地减少应力的松弛;肩关节脱位的早期,韧带张力较大难以复位,通过牵引或悬吊重物,使肩关节囊韧带及附属软组织产生蠕变,应力逐渐松弛,有助于关节的复位。

## 第三节　血管的力学性质

血管是循环系统中的主要部分之一,是血液流动的基础。在血管中发生的一些病变严重威胁着人类的健康,因此对血管的研究成为现代生物医学的一项重大课题。

### 一、血管的主要成分与构造

血管的力学性质与血管壁的成分和结构密切相关。血管是一个中空的管道,管壁承受血管内压力和管外组织的约束。血管壁具有多层复合结构,可简单分为三层:内膜、中膜和外膜。内膜由内皮细胞、基膜和一层散布的聚合物组成。越过一层内弹性膜便过渡到中膜。中膜是肌肉性的,分为若干个带有窗口的同心弹性薄层,胶原纤维和弹性纤维穿过这些窗孔,把组织三维地束紧在一起,平滑肌细胞常常和弹性纤维相连接,而胶原纤维似乎是独立伸展的。平滑肌纤维呈节距很短的螺旋形排列,弹性蛋白纤维只有一些纵向裂缝的网络;而胶原纤维呈现为另一种交织网络,当应力低时,它处于皱缩状态,当应力较高时,此网络就被拉伸开来。根据这样的结构很容易推测出血管的应力-应变关系。在外弹性膜之外的外膜,是松散的结缔组织。

以上得出构成血管壁的主要成分是内皮、弹性纤维、胶原纤维和平滑肌。血管的力学性质主要取决于弹性纤维、胶原纤维和平滑肌的性质、含量及空间构型。弹性纤维、胶原纤维和平滑肌在力学性质上有明显差异。如图6-4中所示,把项背韧带加热到76℃,使其中的胶原失去本来的属性,它便代表弹性蛋白的属性,即具有低的弹性模量,非常小的滞后环和非常小的应力松弛,即弹性纤维接近于完全弹性体,弹性模量亦较低。腱则代表胶原的属性,它有中等的应力松弛特性,在循环加载和卸载时具有中等程度的滞后环,对较小的拉伸率有高的应力响应。平滑肌的特性可用肠来代表,它具有较低的应力响应和较大的变形。在循环加载时的滞后环非常大,并且经过较长时间后,应力松弛特性趋于零。当具有上述各种属性的成分组成复合材料时,我们可以想象,这种复合材料的性质不仅与其成分有关,还要取决于它的结构。

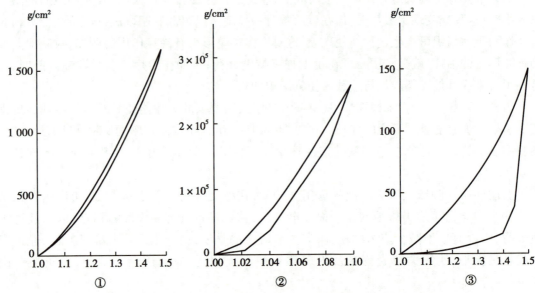

图 6-4　非血管组织的滞后环类型（横坐标表示拉伸率，纵坐标表示应力）
①项背韧带；②腱；③肠平滑肌

## 二、血管壁的生物力学特性

1. 血管壁的黏弹性　血管壁是黏弹性体。实验得知,血管试样会发生蠕变、应力松弛和滞后现象。通过对狗颈动脉试样在等速加载、等速减载过程中测得的应力-应变关系曲线可以发现,试验时对动脉管壁加载和卸载的应变历程往往是不同的,存在着滞后现象。

另外,用 100ml/min 或 10ml/min 的速率对离体主动脉做注入和抽出血液实验,并将所测血管的容积 $V$ 和跨壁压强 $P_{TM}$ 数据作图得到图 6-5。当血液以一定的压力和流速进入血管时,将使血管沿周向和轴向扩张,由图可见,血管充盈或塌陷时跨壁压 $P_{TM}$ 和血管 $V$ 的关系近乎直线,但它们不重合,形成一个滞后环,说明血管具有黏弹性。

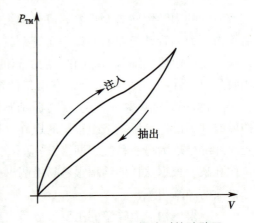

图 6-5　血管充盈和塌陷时的跨壁压

当外力作用在动脉管壁试件上使之变形,然后如果保持应变一定时,发现其应力会随时间逐渐减小,这种现象称为动脉管壁的应力松弛,从升主动脉至股动脉其应力松弛将逐渐增大,而且动脉血管的应力松弛过程和初始应力的大小有关。在纵向和周向试样切片上进行应力松弛试验,观察到在动脉系统中有显著的差别,周向应力松弛往往比纵向应力松弛更为明显。

当一个恒定的负荷加载到动脉管壁的试件上时,其长度一开始迅速伸长,随后有一缓慢的继续伸长的过程,最后才逐步达到其平衡状态,这种应变随时间变化的现象称为蠕变,动脉具有这一特征。

2. 血管的体膨胀系数、顺应性　由于动脉管壁富有弹性,当动脉管内的压力 $P$ 增大时,将引起血管的扩张和动脉管容积 $V$ 的增大。血管顺应性是指在压力或力的作用下,使容积增大而不破裂的一种特征,它通常为动脉管内压力改变一个单位时所对应的血管容积变量的大小,是量度动脉管可扩张度的指标。动脉顺应性越大,说明同一压力变化量所引起的动脉管容腔体积的变化量也越大,也就是动脉的可扩张度大或弹性好。血管的周向弹性直接影响着血管的顺应性,而血管的顺应性随年龄的增大而变小,即血管的弹性性能随年龄的增大而变差。与心室的情况一样,年龄增大时,血管出现"硬化"现象。一般来说,静脉的顺应性约为相应动脉的 24 倍。

3. 血管壁的张力

(1)周向张力和轴向张力:血管壁内的张力可分为周向张力和轴向张力两种。将血管看成中空的圆柱管,考虑两个与管轴垂直的管段。现取任一通过管轴的纵剖面,它与管轴的交线为 ABB'A',管壁两部分都有一个作用于另一部分的垂直于剖面的拉力,即周向张力指单位管长上壁纵断面所引起的张力 $T_C$,其方向和圆周切向一致(图 6-6①)。轴向张力指作用于垂直血管轴线的断面单位周长上的张力 $T_L$,其方向平行于管轴(图 6-6②)。

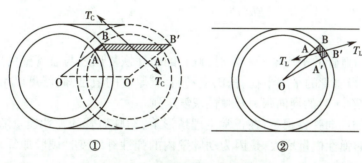

图 6-6 周向张力、轴向张力

(2)弹性张力与主动张力:在体血管的周向张力一般由两种不同的力所组成。一种是由于血管壁的被动变形而产生的弹性张力,它是血管壁应变的函数;另一种是由于平滑肌在血管壁内收缩而产生的主张动力,它与组织的生理活性有关。

(3)周向张力与压力、半径的关系:图 6-7 所示为一段圆柱形动脉。其中 $P_V$ 为血管内血液给予管壁的静压强,$P_T$

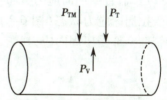

图 6-7 圆柱形动脉的跨壁压

为周围组织液对管壁的压强。$P_V - P_T$ 叫做血管的跨壁压。这个压强使血管扩张,并被血管的弹性回复力产生的附加压强 $P_{TM}$ 所平衡。

1)当不考虑血管厚度的情况下,$T_C$ 与大血管平均半径 $r$ 的关系:假设血管的周向张力为 $T_C$,单位面积管壁的纵向曲率半径为 $R_1$(即血管的半径),单位面积的横向曲率半径为 $R_2$(即血管轴线的曲率半径),由拉普拉斯公式可知,弹性恢复力产生的附加压强为:

$$P_{TM} = T_C \left( \frac{1}{R_1} + \frac{1}{R_2} \right)$$

当 $R_2 \to \infty$,$R_1$ 用血管的内、外半径平均值 $r$ 代替,上式可以简化为 $P_{TM} = \dfrac{T_C}{r}$。

式中:$T_C$ 是弹性张力和主动张力的综合效应,故不是恒量,如在应力较低时,主要起作用的是弹性纤维和平滑肌,在高应力时,起主要作用的是胶原纤维。周向张力与血管半径的关系如下:在低应力状态时 $T_C$ 与 $r$ 增长的关系几乎成正比,但因弹性纤维接近于完全弹性体,弹性模量也较低,所以张力比较小。在高切应力状态下,张力 $T_C$ 与管径 $r$ 不成正比,它随管径的增大而急剧增大。这是由于胶原纤维有明显的滞后环的应力松弛现象,很小的应变就会引起很高的应力,使血管内周向张力明显增大。平滑肌在应变不变时,应力几乎可以完全松弛,所以在上面的静态实验曲线中几乎没有影响。

2)考虑血管壁的厚度,讨论 $P_{TM}$ 与大血管管径之间的关系:假设血管壁的杨氏模量为 $E$,血管壁的厚度为 $h$,血管未扩张时的平均管径为 $r_0$,扩张到平均管径 $r$ 时,血管壁周向张力为 $T_C$,血管壁内周向应力 $\tau$ 为

$$\tau = \frac{T_C}{h} = E \frac{\Delta l}{l_0}$$

其中:
$$l_0 = 2\pi r_0, \quad L = 2\pi r, \quad \Delta l = 2\pi \Delta r$$

代入上式:
$$\frac{T_C}{h} = E \frac{2\pi(r-r_0)}{2\pi r_0} = E \frac{r-r_0}{r_0}$$

得
$$T_C = \frac{Eh(r-r_0)}{r_0} \qquad\qquad P_{TM} = \frac{T_C}{r}$$

上式表明:当血管的平均半径一定时,血管的弹性恢复压强与血管壁的厚度、血管半径的增量成正比。当血管的平均半径、杨氏模量、管壁厚度的值已知,就可以用上式推算出管腔半径由 $r_0$ 扩张到 $r$ 时的周向张力及弹性恢复压强。

3)血管壁的周向弹性模量:在正常生理情形下,动脉血管的弹性模量随着年龄的增长而增大,老年人的弹性模量增大,是因为动脉壁内的弹性纤维变性硬胶原纤维增多,管壁增厚等老年性变化所致。

(4)正常生理和高血压下血管壁周向张力的分析

1)血管壁周向应力分布:血管壁周向应力分布概括为以下三种状态:状态 I 为管壁全部受拉周向应力状态(图 6-8①);状态 II 为管壁内拉外压周向应力状态(图 6-8②);状态 III 为管壁全部受压周向应力状态(图 6-8③)。

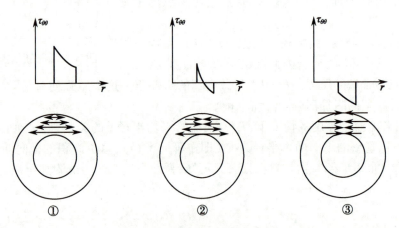

图 6-8　血管壁三种应力状态

通过对血管壁周向应力状态的分析可以看出:血管壁周向全部受拉状态对血管最为不利,当周向应力大到一定程度可能引起血管破裂造成严重疾病,故该区域为病理区;第二种分布状态为内拉外压,较第一种状态对血管的损害次之,所以定义为过渡区;第三种情况为血管壁全部受压状态,此种应力状态不会引起血管壁损伤,定义为生理区。

2)血管的力学状态与血管疾病的关系:生物组织都有功能适应性,当血管长期处于高的拉应力状态,必将引起组织的增生变化,血压升高使血管壁的应力水平增高,长期作用的

结果可能引起血管内皮增生,从而引起动脉硬化或动脉狭窄。这种现象在临床上是一个普遍公认的事实。另外,高血压引起血管壁应力升高,进而使壁的周向变形增大(膨胀),故使血管壁的通透性呈指数规律上升,导致血浆中的脂蛋白在血管壁上的沉积增加,造成动脉硬化。所以,高血压引起动脉硬化的产生和发展的根本原因在于血管壁力学性质的改变。如果血管壁的拉应力再进一步增加,可能导致血管的损伤,导致如脑卒中等更严重疾病的发生。

血管壁的应力水平和血管硬化部位密切相关,在动脉分叉部位较易发生动脉硬化,因该处膜内易出现较强的应力集中。

## 第四节 关节软骨的生物力学特性

关节软骨是组成活动关节面的有弹性的负重组织,可减轻关节反复滑动中关节面的摩擦,具有润滑及耐磨损的特性,并且还吸收机械性震荡,传导负重至软骨下骨。没有任何合成材料能够替代关节面完成这些功能。本节综述目前对于关节软骨特有的结构、组成及功能的认识,并描述与其相应的生物力学特性。

### 一、关节软骨的结构、成分及功能

活动关节的关节软骨要承受人一生中几十年静态的、周期的、反复的高负荷。因此,其结构分子即胶原、蛋白多糖与其他分子要组成一种强大、耐疲劳、坚韧的固体基质来承受负重时组织中产生的高压力与高张力。就材料性质来讲,这种固体基质被描述成一种充满液体的多孔的、可渗透的、非常柔软的组织(类似包含水的海绵)。水分占正常关节软骨总重量的65%~80%,位于微小的孔中,水分可以由于压力梯度或基质的挤压在多孔-渗透性的固体基质中流动。因此,当把关节软骨看作一种由液相与固相组成的材料时,才能充分理解其生物力学特性。这是关节软骨水合软组织的双相变形性质。

软骨和骨骼在材料成分上的差别在于软骨不含无机盐成分,所以很柔软、易变形,但它和许多软组织材料在力学性质上也有所区别,不仅能承受拉伸载荷,而且在一定程度上还能承受压缩、弯曲和剪切载荷。一般来说,软骨能在自重下大体维持本身的几何形状。根据所含纤维的种类与数量,可将软骨分为透明软骨、弹性软骨和纤维软骨三类。

总的来说,软骨的力学功能包括:维持某些器官的外形,避免骨骼与骨骼之间的局部硬接触而产生的集中应力,在冲击载荷作用下利用自身的变形以吸收一部分冲击能量,在关节部位的软骨还能起到很好的润滑作用。软骨的位置使人联想到它们的功能:椎间盘承受脊椎上的负荷,具有弹性,能减少脊椎骨所承受的负荷;肋骨端部的软骨,给予肋骨所要求的机动性;在长骨端部的关节软骨则提供关节表面的润滑,对冲击载荷起减震器作用,并在正常功能中起载荷承载面作用。有时则可能涉及软骨的弹性和刚性。

### 二、关节软骨的生物力学特性

研究认为,软骨是一种复杂的组织,它具有确定的超微结构的纤维排列,生物学上是活性的,流变学上是复杂的。

#### (一)关节软骨的渗透性

渗透性是指液体流过多孔的固体基质时的摩擦阻力。关节软骨对液体的流动有很大的阻力,即渗透性很低。一系列的研究表明,当组织受压存在压力差时,水分也可以在多孔-渗透性的固体基质软骨中流动。压力使固体基质压缩,组织间隙压力升高,促使水分流出组织。已有实验证实,渗透性与组织水分成正比,与蛋白多糖的含量成负相关关系,且流出的速度由液流时产生的阻滞力所决定。

但是,在体的软骨组织受载的力学性能与加载速度存在高度相关性,所以它的材料性能与载荷的施加和消除速度密切相关。在快速加载与卸载的情况下(如跳跃时),没有时间将液体挤出。软骨组织类似于弹性材料,在承载时变形,卸载后立即复原。如果持续性、缓慢负载作用于软骨组织,如持续长时间地站立,其内的液体被挤出,组织的变形将随时间持续而加重。消除载荷后,若有充分时间使其吸收液体,软骨组织可恢复原状。

与普通海绵的渗透性相比,健康软骨的渗透性很低。液体通过如关节软骨等多孔介质时是顺液体的压力梯度而行,这种液压梯度是液体在软骨中流动的动力。关节液体在软骨中的流动与正常组织的营养需要、关节的润滑、承载能力和软骨组织的磨损程度有密切关系。

关节软骨的变性及机械应力均可影响关节软骨的渗透性。例如,骨性关节炎软骨组织的渗透性较之正常组织要高。

### (二)非线性

将平行于软骨组织分层结构切取全厚标本,制成标准试件。然后在慢速下(0.5cm/min)拉伸直至拉断,记录其拉伸应力、应变参数。并绘制应力-应变曲线(图6-9①)。曲线最初的低坡部分形成原因是施加拉力的方向与胶原蛋白结构的排列一致。最后曲线的陡峭部分代表胶原蛋白本身的拉伸刚度。关节软骨的病理变化或结构异常,都会导致拉伸曲线特征变化。

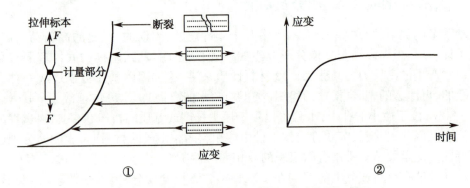

图6-9 软骨组织应力-应变特征和蠕变特征示意图
①软骨组织应力-应变特征示意图;②软骨组织里蠕变特征示意图

### (三)黏弹性

软骨是一种黏弹性材料,证明其黏弹性的一种简单方法是压痕试验,可以在自然位置模拟生理状态下进行。在该试验中可以看到与事件相关的蠕变变形,即卸载时发生与时间相关的瞬时恢复。如果试验在试样暴露在空气中进行,则恢复不可能是完全的。若试样完全浸泡在浴槽中的溶液里,那么在卸载时,软骨通过吸收液体可达到完全恢复。

对关节软骨进行压缩载荷下的蠕变测试,可得出关节软骨的蠕变曲线(图6-9②)。由于关节软骨是固、液双相材料,因此蠕变曲线的早期有大量液体渗入;当无液体渗出时,蠕变曲线稳定。

### (四)润滑作用

关节软骨在使两个关节骨面更好地适应、吸收能量以减缓冲击力的同时,对关节润滑有着重要的影响。关节面软骨的润滑作用主要借助于关节滑液的存在,在关节面软骨之间形成"界面润滑""液膜润滑",来减少关节面之间的摩擦。

### (五)磨损

磨损是通过机械作用去除固体表面物质的一种现象。关节软骨的磨损,包括承载面之间相互作用引起的界面磨损,以及承载面变形引起的疲劳性磨损两种形式:如果两个承载面接触,可因粘连或研磨而产生界面磨损;如果两个承载面接触引起的结合力超过其下面的材料所能承受的力,就会发生疲劳性磨损。

一旦出现软骨面超微结构损害或质量损耗,软骨的表面层即变软,渗透性增加。在这种情况下,液体流动的阻力减少,使液膜中的液体通过软骨而泄漏。这种液体丧失增加了不光滑软骨面紧密接触的可能性,从而进一步加剧研磨过程。

即使承载面润滑作用良好,周而复始的反复变形也可发生疲劳性磨损。疲劳性磨损的发生是材料反复受压而产生微小的损伤积累所致。虽然施加应力的量远远小于材料的极限强度,但如果经常施加应力,最终将发生磨损。

正常关节软骨反复承载,引起固体基质的反复受力及组织间液的反复渗出和吸入,这种反复对胶原蛋白、蛋白多糖基质施加应力可引起胶原纤维、蛋白多糖大分子网和纤维及原纤维基质之间的界面成分受到破坏,这些破坏可被认为是软骨组织积累性损伤的原因。

### 三、软骨变性的生物力学特性

关节软骨的修复和再生能力是有限的,如果承受应力太大,那么就可能发生破坏。关节活动时,是关节透明软骨面之间时而相互压缩时的过程。压缩时,基质内液体溢出;放松时,液体进入基质内。如此反复交替进行,以保持关节软骨细胞的营养供给。这种营养供给渠道遭到破坏,即可发生骨基质改变,进而使软骨细胞退化和死亡,产生骨关节退行性改变。究其病因,有以下两种:一是外来的过度负重,或是由于整个应力太大,或是由于负重区域太小,或二者兼有;二是内在的软骨缺陷,软骨遭受单次重伤或多次轻伤使软骨损伤,或是软骨病变,病因可能为炎性疾患、代谢性疾患、软骨失去支撑、缺乏血液供给。

关节软骨退行性改变是原发性病损,关节缘和骨裸露区的骨质增生是继发结果。关节软骨最先发生病理改变,继而软骨下骨质与邻近结构受累。软骨的基质首先受累,基质的液体缺失和变性,胶原纤维缺乏对抗正常活动的受压能力,以致易于破裂。同时软骨细胞也发生改变,主要改变是细胞核肿胀,然后破裂,或软骨细胞变为致密。细胞死亡后,其周围基质溶解形成一个小囊腔,几个小囊腔融合形成一个大囊腔。

少数病变区,软骨细胞增生以修补之。关节压力区正常的光滑、半透明的软骨表面变得干涩,失去光泽,显得暗淡,呈黄色弹性降低,表面呈纤丝状如绒毛感,软化、粗糙,进而破碎,出现垂直裂隙,原纤维变性。之后软骨表面磨损,变薄,出现水平裂隙,以致表面软骨成为小碎块,脱落于关节腔内。在应力和摩擦最大的部位,软骨逐渐被全层破坏,使软骨钙化层甚或软骨下骨质裸露。骨面下骨髓腔内血管和纤维组织增生,不断产生新骨,沉积于裸露骨面之下,形成硬化层,其表面被磨光如象牙样,故称为牙质变。应力最小的部位有骨质疏松,新生骨向阻力最小的方向生长,在关节边缘形成骨赘。应力最大处的骨质由于承受压力的影响产生显微骨折、坏死,形成内含黏液性骨质、坏死骨小梁、软骨样碎片和纤维样组织的囊肿。后期软骨下骨塌陷变形,周围增生膨出,使关节面更不能完善地密合,关节活动进一步受限,加重症状。关节滑膜和关节囊受脱落软骨碎片的刺激而充血、水肿、增生、肥厚、滑液增多,产生继发性滑膜炎,出现疼痛、肌肉痉挛等症状。甚而关节囊挛缩和纤维化,导致关节纤维性强直。

（李 琰　王志荣）

扫一扫
测一测

### 复习思考题

1. 软组织的基本生物力学特性具体是什么?
2. 肌肉力学特征是什么?其重要意义是什么?
3. 简述肌肉力量和肌肉收缩速度的变化关系。
4. 影响肌腱、韧带力学性质的因素有哪些?
5. 简述血管壁的周向张力与压力、半径的关系。
6. 简述关节软骨形变渗透的营养润滑机制。

◆◆◆　第七章　◆◆◆

# 血流动力学

**学习目标**

　　通过对流体力学基础知识、血流动力学知识等内容的学习,掌握流体运动的基本规律以及血流动力、微循环、脉搏传播的基本知识,为临床和基础研究血流动力学奠定基础。

## 第一节　流体动力学基础

### 一、流体的流动

　　1. 理想流体的稳定流动　流体具有三大特性,即流动性、黏滞度和可压缩性。在外力作用下,流体的一部分相对另一部分很容易发生相对运动,这是流体最基本的特性,即流动性。由于实际流体内部各部分的流速不尽相同,速度不同的相邻两流体层之间存在着内摩擦力,它阻碍流体各层间的相对滑动,流体的这种性质称为黏滞性。实际流体都是可压缩的。但是就液体而言,可压缩性很小。为了使问题简化,只考虑流体的流动性而忽略流体的可压缩性和黏滞性,引入一个理想模型,称为理想流体,它是绝对不可压缩和完全没有黏滞性的流体,根据这一模型得出的结论,在一定条件下可以近似地解释实际流体流动的情况。

　　通常流体流动时,不但在同一时刻流体粒子通过空间各点的流速不同,而且在不同时刻,流体粒子通过空间同一点时的流速也不相同,即流体粒子的流速是空间坐标与时间坐标的函数:

$$V = \nu(x, y, z, t)$$

　　流体粒子通过空间各点的流速不随时间而变化,这种流动称为稳定流动,即流体粒子的流速仅仅是空间的函数:

$$V = \nu(x, y, z)$$

　　为了便于描述流体的运动情况,在流体通过的空间中做一些假想的曲线,称为流线,如图 7-1①所示,带箭头的曲线表示的就是流线。流线上任意一点的切线方向与流体质点通过该点的速度方向一致,而流线的疏密情况则表明流速的大小。流线密集,流速较大;流线稀疏,流速较小。流速在空间的分布形成一个流速场,因为流速是一个矢量,它不仅有大小还有方向,所以流速场是一个矢量场,它反映流体的一个运动状态,若流体作稳定流动,即流速不随时间变化,则形成一个稳定的流速场。

　　在图 7-1②所示的流体中取一截面 S,则通过截面周边上各点的流线围成的管状区域称

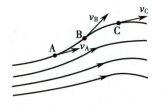

①

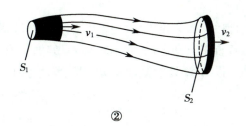

②

图 7-1　流线与流管

为流管。当流体做稳定流动时,流线和流管的形状不随时间而改变,由于每一时刻空间一点上的流体质点只能有一个速度,所以流线不可能相交,流管内的流体不能穿越界面流出管外,流管外的流体也不能穿越流管界面流入管内,只能从流管的一端流进,从另一端流出。

2. 流体的连续性方程　如图 7-1②,在一个稳定流动的不可压缩流体中取一截面很小的流管,在流管中任意两处各取一个与该处流速相垂直的截面 $S_1$ 和 $S_2$。因为流管的截面很小,流体质点在 $S_1$ 处各流线上的速度可近似看做相等为 $\nu_1$,同理 $S_2$ 截面上各处的流速为 $\nu_2$,因此在 $\Delta t$ 时间内,流过 $S_1$ 和 $S_2$ 截面的流体体积分别为 $S_1\nu_1\Delta t$ 和 $S_2\nu_2\Delta t$,由于流体不可压缩,根据质量守恒定律,可知流入 $S_1$ 和流出 $S_2$ 的流体体积应相等,则

$$S_1\nu_1\Delta t = S_2\nu_2\Delta t \tag{7-1}$$

即

$$S_1\nu_1 = S_2\nu_2 \tag{7-2}$$

这一关系式对于同一流管中任意两个垂直于流管的截面都是适用的,即

$$S\nu = 恒量 \tag{7-3}$$

上式表明,不可压缩的流体做稳定流动时,单位时间内通过同一流管各横截面的体积相等,且等于恒量。流速与横截面积成反比,截面面积大处流速小,截面面积小处流速大。式(7-2)和式(7-3)称为流体的连续性方程。

当不可压缩的流体在管中流动时,整个管子可看成一根流管,而连续性方程中的流速可用该截面的平均流速代替。

## 二、伯努利方程

如图 7-2 所示,理想流体在重力场中做稳定流动,在流体中取一细流管,A、B 为流管中任取的两个与流管垂直的截面。设 A 处的压强为 $P_1$,平均流速为 $\nu_1$,高度为 $h_1$,B 处的压强为 $P_2$,平均流速为 $\nu_2$,高度为 $h_2$,在某一时间点 $t$ 以 AB 之间的流体作为研究对象,并设经过很短时间 $\Delta t$,这部分流体从 AB 位置移动到 A′B′位置。由于 $\Delta t$ 时间很短,下截面 AA′和上截面 BB′的流体在此期间的各物理量变化很小可近似认为不变。下面分析在 $\Delta t$ 时间内,研究对象动能和势能的变化以

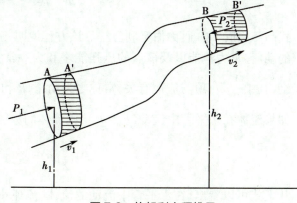

图 7-2　伯努利方程推导

123

及所做的功。

因为理想流体内没有内摩擦力,因此流体段周围不受切向作用力,流管周围流体对流体段的压力垂直于流动方向,对流体段不做功,只有流体段两端处流体的压力($F_1$、$F_2$)对这段流体做功。设 A、B 处的截面积分别为 $S_1$、$S_2$,则

$$F_1 = P_1 S_1$$
$$F_2 = P_2 S_2$$

$F_1$ 的方向和流体流动方向一致,$F_2$ 的方向和流体流动方向相反。A 面的位移是 $\nu_1 \Delta t$,B 面的位移是 $\nu_2 \Delta t$,故当流体从 AB 移至 A′B′时,两力所做的总功为:

$$A = F_1 \nu_1 \Delta t - F_2 \nu_2 \Delta t = P_1 S_1 \nu_1 \Delta t - P_2 S_2 \nu_2 \Delta t \tag{7-4}$$

上式中 $S_1 \nu_1 \Delta t$ 和 $S_2 \nu_2 \Delta t$ 分别等于流管中 AA′和 BB′段的流体体积,根据连续性方程,这两段流体体积相等,用 $V$ 表示,上式可写成:

$$A = P_1 S_1 \nu_1 \Delta t - P_2 S_2 \nu_2 \Delta t = P_1 V - P_2 V \tag{7-4a}$$

下面讨论 AB 段流体流至 A′B′时的机械能变化,$\Delta E$ 表示机械能的增量。由图 7-2 可以看出,在流动过程 $\Delta t$ 前后 A′与 B 之间的那段流体的运动状态没有变化,所以其机械能的变化仅反映在 AA′和 BB′两段流体上,设 AA′段流体的机械能为 $E_1$,BB′段流体的机械能为 $E_2$,AA′和 BB′两段流体的质量相等,并用 $m$ 表示,因此机械能增量 $\Delta E$ 为

$$\Delta E = E_2 - E_1 = \left( \frac{1}{2} m\nu_2^2 + mgh_2 \right) - \left( \frac{1}{2} m\nu_1^2 + mgh_1 \right) \tag{7-4b}$$

由功能原理可知 $A = \Delta E$,将($a$)和($b$)式代入可得:

$$P_1 V - P_2 V = \left( \frac{1}{2} m\nu_2^2 + mgh_2 \right) - \left( \frac{1}{2} m\nu_1^2 + mgh_1 \right)$$

整理得,以 $V$ 除各项得:

$$P_1 + \frac{1}{2} \rho \nu_1^2 + \rho g h_1 = P_2 + \frac{1}{2} \rho \nu_2^2 + \rho g h_2 \tag{7-5}$$

式中 $\rho = m/V$,是流体的密度。因为 A 和 B 是在流管上任意选取的两个截面,所以对同一流管的任一垂直截面来说:

$$P + \frac{1}{2} \rho \nu^2 + \rho g h = 常量 \tag{7-6}$$

式(7-5)和(7-6)通称伯努利方程。该方程说明,理想流体在流管中作稳定流动时,单位体积的动能、重力势能以及该点的压强能之和为一常量。伯努利方程中的三项都具有压强的量纲,其中 $\frac{1}{2} \rho \nu^2$ 项与流速有关,常称之为动压,$P$ 和 $\rho g h$ 项与流速无关,常称之为静压。

如果流体在水平管中流动($h_1 = h_2$),则流体的势能在流动过程中不变,式(7-6)变成

$$P + \frac{1}{2} \rho \nu^2 = 常量 \tag{7-7}$$

从上式可以看出,在水平管中流动的流体,流速小的地方压强较大,流速大的地方压强较小。

### 三、黏性流体的流动

1. 层流和湍流　实际流体在流动时总有内摩擦力,表现出黏滞性,简称黏性。黏性流体的流动形态主要有层流和湍流两种。

所谓层流,即流体分层流动,相邻两层流体之间只作相对滑动,流层间没有横向混杂。甘油是黏性流体,若在一支垂直放置的滴定管中倒入无色甘油,上面再加一段着色的甘油,打开下端活塞使甘油流出,从着色甘油的流动形态可以看出甘油流速的差异,如图 7-3①所示,愈靠近管壁速度愈慢,与管壁接触的液层附着在管壁上,速度为零,而中心轴线上速度最大。图 7-3②是层流的示意图,流体沿竖直方向分成许多平行于管轴的圆筒形薄层,各流体层之间有相对滑动,说明管内的流体是分层流动的。

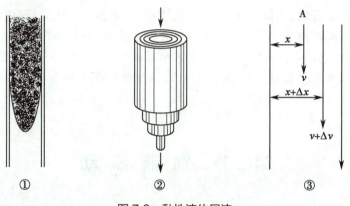

图 7-3　黏性液体层流

当流体流动的速度超过一定数值时,流体不再保持分层流动,而可能向各个方向运动,在垂直于管轴的方向上产生有分速度,因而各流体层将混淆起来,并有可能形成旋涡,整个流动显得杂乱而不稳定,这样的流动形态称为湍流。流体作湍流时所消耗的能量比层流多,湍流区别于层流的特点之一是它能发出声音。在水管及河流中都可以看到这些现象。

2. 牛顿黏滞定律　流体作层流时,相邻两层流体作相对滑动,两层之间存在着切向的相互作用力,称为内摩擦力或黏滞力。内摩擦力是由分子间的相互作用力引起的,液体的内摩擦力比气体大得多。

在层流中,内摩擦力的大小与从一层到另一层流速变化的快慢程度有关,图 7-3③表示相距 $\Delta x$ 的两流层,其速度差为 $\Delta v$,比值 $\Delta v/\Delta x$ 表示在 $\Delta x$ 距离内的平均速度变化率。当两流层无限接近时($\Delta x \to 0$),比值 $\Delta v/\Delta x$ 的极限 $dv/dx$ 表示在 A 点速度沿 X 方向的变化率,称为 X 方向上的速度梯度。

实验表明,内摩擦力 $f$ 的大小与两流层的接触面积 S 以及接触处的速度梯度 $dv/dx$ 成正比,即

$$f = \eta S \frac{dv}{dx} \tag{7-8}$$

上式称为牛顿黏滞定律。式中比例系数 $\eta$ 称为流体的黏度。$\eta$ 值的大小取决于流体的性质,并与温度有关。一般来说,液体的 $\eta$ 值随温度升高而减小,气体的 $\eta$ 值随温度的升高而增大。$\eta$ 值的大小表示流体黏性的强弱,其 SI 制单位是 Pa·s,有时也用 P(Poise,泊),1P =0.1Pa·s。式(7-8)也可写成:

笔记栏

$$\tau = \eta\gamma \tag{7-9}$$

式中 $\tau = \dfrac{f}{S}$ 为切应力，表示作用在流层单位面积上的内摩擦力。

3. 雷诺数　黏性流体的流动形态是层流还是湍流，除与速度有关外，还与流体的密度 $\rho$、黏度 $\eta$ 以及流管的半径 $r$ 有关，雷诺提出了一个无量纲的数作为决定层流向湍流转变的根据，即

$$Re = \frac{\rho v r}{\eta} \tag{7-10}$$

$Re$ 称为流体的雷诺数，实验结果表明：①$Re<1\,000$ 时，流体作层流；②$Re>1\,500$ 时，流体作湍流；③$1\,000<Re<1\,500$ 时，流动不稳定（可以由层流变为湍流，或相反）。

从式（7-10）中以看出，流体的黏度愈小、密度愈大，愈容易发生湍流，而细的管子不易出现湍流。如果管子是弯曲的，则较低的 $Re$ 值也会发生湍流，且弯曲程度愈大，$Re$ 的临界值就愈低。因此，流体在管道中流动时，凡有急弯或分支的地方，就容易发生湍流。人的心脏、主动脉以及支气管等处都是容易出现湍流的地方，医生常根据听诊器听到的湍流声来辨别血流和呼吸是否正常。

## 第二节　血液流动

### 一、黏性流体的伯努利方程

在理想流体的伯努利方程推导中，我们忽略了流体的黏性和可压缩性。在讨论黏性流体的运动规律时，可压缩性仍可忽略，但流体的黏性必须考虑。黏性流体在流动时存在内摩擦力，流体必须克服内摩擦力做功，因而要消耗流体运动的部分机械能（使之转化为热能）。这就是说，流体沿流管流动的过程中，总机械能将不断减少。对图 7-2 所示的流管，如果是黏性流体作稳定流动，用 M 表示单位体积的流体从截面 A 流动到截面 B 的过程中因存在内摩擦力而引起的能量损耗（也就是克服内摩擦力所做的功），则对 A、B 两处有

$$P_1 + \frac{1}{2}\rho v_1^2 + \rho g h_1 = P_2 + \frac{1}{2}\rho v_2^2 + \rho g h_2 + M \tag{7-11}$$

上式即为黏性流体作稳定流动时的伯努利方程。

如果流体在等截面水平细管中流动，此时 $h_1 = h_2$，$v_1 = v_2$，上式变为：

$$P_1 = P_2 + M$$

可以看出 $P_1 > P_2$，因此，在水平细管的两端，必须维持一定的压强差，才能使黏性流体做匀速运动。

### 二、泊肃叶定律

黏性流体在等截面水平细管中作稳定流动时，如果雷诺数不大，则流动的形态是层流。由黏性流体的伯努利方程可知，要使管内的流体均匀流动，必须有一个外力来抵消内摩擦力，这个外力就是来自管子两端的压强差。实验表明，在水平均匀细圆管内作层流的黏性流

体,其体积流量与管子两端的压强差 $\Delta P$ 成正比,即

$$Q = \frac{\pi R^4 \Delta P}{8\eta L} \tag{7-12}$$

式中 $R$ 是管子的半径,$\eta$ 是流体的黏度,$L$ 是管子的长度,上式称为泊肃叶定律。泊肃叶定律表明,不可压缩的牛顿流体在水平圆管中做稳定流动时,流量 $Q$ 与管道半径 $R$ 的四次方成正比,与管两端的压强梯度 $\frac{\Delta P}{L}$ 成正比,与流体的黏度 $\eta$ 成反比。

若令 $Z = \frac{8\eta L}{\pi r^4}$,那么式(7-12)式可写成:

$$Q = \frac{\Delta P}{Z} \tag{7-13}$$

式(7-13)中 $Z$ 称为流阻(flow resistance),单位是 $Pa \cdot S/m^3$,循环系统中血液的流阻习惯上称为外周阻力,它的大小由液体的黏度 $\eta$ 和管道的几何形状决定。特别要注意的是,流阻与圆管半径的四次方成反比。可见半径的微小变化对流阻的影响是显著的,半径减小一半,流阻就要增加 16 倍。人体血管的弹性非常好,血管大小的变化对血液流量的控制作用是很强的。特别是人体小动脉对血流流量有着非常灵敏而有效的控制。

对于牛顿流体在圆管中的流动,$Z$ 可由 $\frac{8\eta L}{\pi r^4}$ 计算,对于非牛顿流体或非圆管中流动的情形,$Z$ 一般由实验测定。

如果流体流过几个"串联"的流管,则总流阻等于各流管流阻之和。若几个流管相"并联"则总流阻和各流阻的关系与电阻并联的情况相同。

### 知识链接

奥氏黏度计是一种常用的测量液体黏度的仪器,是用比较法进行测量的。如图 7-4 所示,设已知标准液体的黏度为 $\eta_1$,密度为 $\rho_1$,液面从 m 点降至 n 点的时间为 $\Delta t_1$,而同体积的未知液体的密度为 $\rho_2$,其液面从 m 点降至 n 点的时间为 $\Delta t_2$,根据式(7-12)应有

$$V_{mn} = \frac{\pi R^4 \Delta P_1}{8\eta L}\Delta t_1 = \frac{\pi R^4 \Delta P_2}{8\eta L}\Delta t_2$$

由此可得

$$\frac{\rho_1 \Delta t_1}{\eta_1} = \frac{\rho_2 \Delta t_2}{\eta_2}$$

整理可得

$$\eta_2 = \frac{\rho_2 \Delta t_2}{\rho_1 \Delta t_1}\eta_1$$

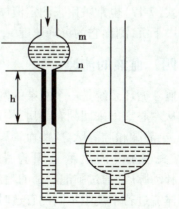

图 7-4　奥氏黏度计

### 三、斯托克斯定律

当固体在黏性流体中做相对运动时,将受到黏滞阻力,这是由于固体表面附着一层流体,该流体随固体一起运动,因而与周围流体间有相对运动,产生内摩擦力,此力阻碍固体在流体中的运动。

如果物体是球形的,且流体对于球体作层流运动,则球体所受的阻力为

$$f = 6\pi\eta\nu R \tag{7-14}$$

$R$ 为小球的半径,$\nu$ 是球体对流体的运动速度,$\eta$ 为流体的黏度。式(7-14)称为斯托克斯定律。

设在黏性液体内有一半径为 $R$ 的小球,它受重力作用而下沉,小球所受到的合力为:

$$F = \frac{4}{3}\pi R^3 \rho g - \frac{4}{3}\pi R^3 \sigma g - 6\pi\eta\nu R \tag{7-15}$$

其中 $\rho$ 为球体密度,$\sigma$ 为液体密度,$\frac{4}{3}\pi R^3 \sigma g$ 为向上的浮力,$6\pi\eta\nu R$ 为向上阻力。

在此合力作用下,小球以加速度下沉,但随着速度 $\nu$ 的增加,阻力愈来愈大,最后当合力 $F = 0$ 时,它将匀速下降。此时有

$$\frac{4}{3}\pi R^3 (\rho - \sigma) g = 6\pi\eta\nu R \tag{7-16}$$

所以

$$\nu = \frac{2}{9\eta}\pi R^2 (\rho - \sigma) g \tag{7-17}$$

该速度 $\nu$ 称为收尾速度或沉降速度。由式(7-17)可知,当小球(空气中的尘粒、黏性液体中的细胞、大分子、胶粒等)在黏性流体中下沉时,沉降速度与颗粒大小、密度差以及重力加速度 $g$ 成正比,对于颗粒很小的微粒,我们利用高速离心机可增加有效 $g$ 值,就可以加快它的沉降速度。

式(7-17)也常被用来测定液体的黏度,方法是把一个已知 $R$ 值和 $\rho$ 值的小球放入待测液体中下沉,测出它的沉降速度 $\nu$,就可计算出液体的黏度 $\eta$。

### 四、血液的流速

血液循环系统是一个复杂的网络系统,由体循环和肺循环两部分组成。当心室收缩时,血液从左心室出来回到右心房,构成体循环,按血管的先后顺序,途经主动脉、小动脉、毛细血管、小静脉和腔静脉,这些血管属于串联;而按各段血管的若干分支或全部体循环的六大分支(头、上肢、下肢、躯干、肝脾、肾)则属于血管的并联。肺循环始于右心室,血液从右心室进入肺动脉后,通过肺泡周围的毛细血管与肺泡中的空气进行交换,经肺静脉回到左心房。当液体流过若干流阻不同的管道时,如果这些管道是串联关系,则总流阻与分流阻的关系是

$$Z = Z_1 + Z_2 + Z_3 + \cdots + Z_n \tag{7-18}$$

如果这些管道是并联关系,则总流阻与分流阻的关系是

$$\frac{1}{Z} = \frac{1}{Z_1} + \frac{1}{Z_2} + \frac{1}{Z_3} + \cdots + \frac{1}{Z_n} \tag{7-19}$$

血液在心血管系统中的流动近似符合流体力学规律。根据流体的连续性方程,血液在各类血管中的流速应与该类血管的总横截面积成反比,主动脉是体循环的主干,血液的流速最大,而毛细血管总横截面积要比主动脉大得多,因此其血液的流速最小,有利于血液与组织间液进行物质交换。

## 五、血流阻力

血液在血管内流动时所遇到的阻力,称为血流阻力。血流阻力的产生,是由于血液流动时因摩擦而消耗能量,一般表现为热能,这部分热能不可能转换成血液的势能或动能,故血液在血管内流动时压力逐渐降低。在湍流的情况下,血液中各个质点不断变换流动的方向,故消耗的能量较层流时更多,血流阻力就较大。

血流阻力一般不能直接测量,而需通过计算得出,血液在血管中的流动与电荷在导体中的流动有相似之处。根据欧姆定律,电流强度与导体两端的电位差成正比,与导体的电阻成反比。这一关系也适用于血流,即血流量 $Q$ 与血管两端的压力差成正比,与血流阻力 $R$ 成反比,可用下式表示:

$$Q = (P_1 - P_2)/R \tag{7-20}$$

在一个血管系统中,若测得血管两端的压力差和血流量,就可根据上式计算出血流阻力,如果比较上式和泊肃叶定律的方程式,则可写出计算血流阻力的方程式,即

$$R = \frac{\Delta P}{Q} = \frac{8\eta L}{\pi r^4} \tag{7-21}$$

公式表明血流阻力与血管的长度和血液的黏滞度成正比,与血管半径的 4 次方成反比。由于血管的长度变化很小,因此血流阻力主要由血管半径($r$)和血液黏滞度($\eta$)决定。

血液黏滞度是决定血流阻力的另一因素。全血的黏滞度是水黏滞度的 4~5 倍。血液黏滞度的高低取决于以下几个因素:

1. 血管口径　是影响血流阻力的最主要因素,如果血液黏滞度不变,则器官的血流量主要取决于该器官的阻力血管的口径。阻力血管口径增大时,血流阻力降低,血流量就增多;反之,当阻力血管口径缩小时,器官血流量就减少。机体主要是通过神经和体液因素调节,改变血管阻力和口径来调节各器官之间的血流分配的。

血液在较粗的血管内流动时,血管口对血液黏滞度不发生影响,但当血液在直径小于 0.2~0.3mm 的微动脉内流动时,只要切率足够高,则随着血管口径的进一步变小,血液黏度也变低。这一现象产生的原因尚不完全清楚,但对机体有明显的益处。如果没有此种反应,血液在小血管中流动的阻力将会大大增高。

2. 红细胞比容　一般来说,红细胞比容是决定血液黏滞度最重要的因素,红细胞比容愈大,血液黏滞度就愈高,但二者不呈线性关系。

3. 血流的切率　在层流的情况下,相邻两层血液流速的差和液层厚度的比值,称为血流切率(shear rate)。匀质液体的黏滞度不随切率的变化而改变,称为牛顿液。血浆属于牛顿液。非匀质液体的黏滞度随着切率的减小而增大,称为非牛顿液。全血属于非牛顿液。当血液在血管内以层流的方式流动时,红细胞有向中轴部分移动的趋势。这种现象称为轴流(axial flow)。当切率较高时,轴流现象更为明显,红细胞集中在中轴,其长轴与血管纵轴平行,红细胞移动时发生的旋转以及红细胞相互间的撞击都很小,故血液的黏滞度较低。在切率低时,红细胞容易发生聚集,使血液黏滞度增高。

4. 温度　血液的黏滞度随温度的降低而升高。人体的体表温度比深部温度低,故血

液流经体表部分时黏滞度会升高。如果将手指浸在冰水中,局部血液的黏滞度可增加2倍。

## 第三节　微循环血流

微循环是指在动脉系统终端分支后的微血管系,包括小动脉、毛细血管和小静脉,体循环的压力降发生在这里。同时,这里又是物质和能量交换的主要场所。

### 一、微循环的结构形态及流动特点

机体各组织、器官结构和功能的不同,各处微循环血管系统的结构与形态也不完全一样,小动脉、小静脉及其连通微血管网络的几何结构也千变万化。

小动脉的直径为 $20\sim200\mu m$,内壁面为一内皮细胞薄层,外侧为弹性蛋白、平滑肌和胶原纤维包围。平滑肌收缩与松弛,能有效地控制小动脉直径,可从完全闭锁状态到直径膨胀 $2\sim4$ 倍。它是外周阻力的主要来源和血流量调节控制的主要部位。

毛细血管的直径为 $5\sim25\mu m$,由一层扁平内皮细胞构成,是物质交换的主要部位。哺乳动物毛细血管入口处都有“毛细管前括约肌”,起调节毛细管中血流的作用。平静时,同时开放的毛细血管只占一小部分,约20%,血液在其中流速也极低,仅 $0.4\sim1.0mm/s$。

小静脉的直径约为 $10\sim200\mu m$,内壁也由一层内皮细胞构成,外侧是胶原结缔组织。稍粗的小静脉外侧也有平滑肌包围。

从流体力学观点看,微循环血流主要有以下特点:

1. 微循环中的血液不能被看作均质连续介质。红细胞的外形特征直接影响流动,应看作具有微结构的介质或二相流体。

2. 微循环中的雷诺数很小,约 $10^{-2}\sim10^{-3}$ 量级,黏性是主要影响因素,大多数情况下表现为非牛顿性流体特征。

3. 为一个热力学开放的非平衡系统。与周围组织间存在物质和能量交换,其质量和内能的变化不能忽略。

4. 小动脉平滑肌在神经、物理、化学因素作用下的舒缩功能,自动调节血流量。这种控制过程与微循环血流有互相耦合作用。

### 二、微循环的流动效应

在微循环中,由于红细胞间相互作用,以及与血浆间、与管壁间的相互作用,引起了一系列特异现象。可概括为“分层效应”“分流效应”“管径效应”和“管壁效应”四种效应。

1. 分层效应——血浆层与红细胞径向迁移　血液在微小管道中流动时,管壁附近存在一个几乎没有红细胞的薄层,叫血浆层。这样,血液就被分为两层:血浆层与中心流,如图 7-5①所示。这种分层流动现象早在 18 世纪就被 Haller 等发现,随后又被许多人反复观察到。

血浆层厚度 $\delta$ 和血液平均速度 $\nu$、红细胞直径与管径之比 $D_C/D_T$、血细胞比容 $H$ 和红细胞聚集等有关。在直径为 $10\mu m$ 的玻璃毛细管内,血浆层厚度 $\delta$ 在 $2\sim4\mu m$ 之间。

血浆层的存在,使管壁附近血流黏度降低,血流阻力下降,流量增加,从而使全血表现黏度降低。这种结果,可用血浆与血液的“二相流”理论给予定量说明。

产生血浆层现象的原因,一是几何原因,如图 7-5②所示。由于红细胞不可能跨越边界,

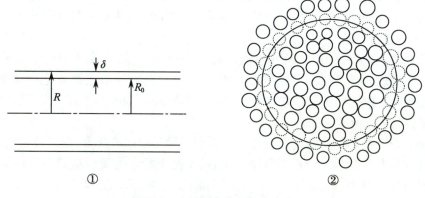

图 7-5　血液的血浆层与中心流

必然出现血浆层。而更重要的原因是,管壁附近的红细胞会发生径向迁移或向轴集中。许多人的模拟试验都证实了这种现象。红细胞径向迁移速度在管壁附近最大而在轴心附近最小。理论分析表明:粒子径向迁移速度随粒子的可变形性、其直径与管道直径比、流场切变率等的增大而增加。

对红细胞的"径向迁移"的理论解释有:

(1)红细胞在轴心位置能量耗散最小。

(2)"Magnus 效应":旋转物体在流场中要受到一垂直于流动方向的力的作用。

(3)"平面壁影响":小球在平面壁附近平行于壁运动,要受到一垂直于壁的升力作用。

2. 分流效应——血浆撇取效应与 Fahraeus 效应

(1)血浆撇取:作为血浆层现象的一个直接结果,当血液由大的微血管流入较细的侧支时,侧支中的血浆含量增高,这种现象称为血浆撇取。这是由于血浆层在侧支处会自然地沿壁转入侧支的结果。支管与母管夹角愈趋于垂直、支管管径愈小,血浆撇取作用就会愈强烈,如图 7-6 所示。当病理条件下发生红细胞聚集时,血浆撇取效应加剧。

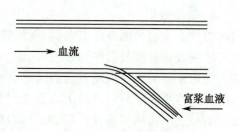

图 7-6　血浆撇取效应

(2)Fahraeus 效应:研究血液从一个大容器流入小管时发现,当管径很小时(实验测得为 $128\mu m$),小管内的血细胞比容 $H_T$ 比容器中红细胞的比容 $H_F$ 小。这种现象称为 Fahraeus 效应。其原因主要是:第一,血浆层的存在,使容器壁附近的血浆层会更多地沿壁转入小管,出现血浆撇取效应,因而 Fahraeus 效应也是一种分流效应;第二,据颜荣次、冯元桢等人的研究,血液进入小管后,管内仍然存在血浆层,这将使红细胞的平均速度 $U_C$ 高于管内血液平均速度 $U_T$,由于进入管内的红细胞数量是一定的,必然会导致 $H_T = H_F U_T / U_C$,因 $U_T < U_C$ 故有 $H_T < H_F$。后来,许多研究者又发现,$H_T / H_F$ 随直径 $D$ 的变化有一个极小值 $D_{min} = 15 \sim 20\mu m$。比这更小的直径,效应会突然逆转,即 $H_T / H_F$ 随管径变小而增大,称为 Fahraeus 逆效应或逆转。

3. 管径效应——Fahraeus-Lindvist 效应、Σ 效应、毛细管逆转现象

(1)Fahraeus-Lindvist 效应:1931 年,Fahraeus 和 Lindvist 在《美国生理学杂志》报道用毛细管黏度计测定血液黏度时,黏度与管径有关。许多学者研究了血液表观黏度同管径的关系,均发现当管内径 $d < 1mm$ 时,泊肃叶定律(黏度为常数)不成立,血液表观黏度随管径减小而降低。这种现象称为 Fahraeus-Lindvist 效应。

产生这种现象的原因,第一可能是血浆层的存在,使壁面切应力降低,流动阻力减小,流量增大,从而表观黏度减少;而且管径越小,血浆层作用越大,表观黏度也就越小。第二可能是 Fahraeus 效应的作用。

（2）Σ 效应（Sigma 效应）：当管径较小时,表观黏度依赖于管径的现象并不局限于血液。研究者们发现油漆、泥浆、牛奶等许多悬浮液、多种高分子溶液都有这种现象。这种更为广泛的表观黏度的管径依赖现象称为 Σ 效应。Fahraeus-Lindvist 效应指的就是血液的,它的一种解释就是由 Σ 效应造成的。

Sigma 效应理论认为,细管内的悬浮液不再是一种匀质连续介质,由于粒子性显著,连续的速度分布被一系列间断的同心圆薄层所代替,于是小管内的流量应是各分层流量的总和（即 Σ）。设液体被分为 N 层,每层厚 $\varepsilon$,则可导出小管内的表观黏度：

$$\eta_\alpha' = \frac{\eta_\alpha}{(1+\varepsilon/R)^2} \tag{7-22}$$

式中 $\eta_\alpha$ 为足够大的管子中悬浮液的黏度。此式说明 $R$ 很小的毛细管中,测得的黏度 $\eta_\alpha'$ 就比较低。而且 $R$ 愈小,$\eta_\alpha'$ 也愈小,这就是 Σ 效应。

（3）毛细血管的逆转现象：研究观察了从较大的毛细管一直到管径小于 $10\mu m$ 的毛细管内的血液流动,发现有一临界管径存在,当毛细管直径小于临界管径时,血液黏度又急剧上升,这种现象称为毛细管逆转现象或 Fahraeus-Lindvist 逆效应。通常逆转临界直径约为 $5\sim7\mu m$。这可能是由于红细胞直径与管径同量级甚至大于管径时红细胞产生变形而挤过毛细管,使流动阻力急剧增加的结果。临界半径的大小主要与红细胞变形性有关,也同 pH 值、血小板聚集、血细胞比容等许多因素有关。

4. 管壁效应　Copley 等发现,当用毛细管黏度计测量血液表观黏度时,若在玻璃毛细管内表面涂上一层薄的纤维蛋白,则所测得的表观黏度低于光滑的玻璃管。这表明在毛细管内的血液表观黏度与管壁性质有关,称为管壁效应。这种效应的解释是管壁滑移理论。许多人报道了若干悬浮液流过管道时的确有管壁滑移,因而认为应当放弃流体力学中通常应用的基于连续介质假设基础上的管壁无滑移条件。根据 Helmholtz 的研究,若引进滑移系数来反映管壁与流体的相互作用,则流量 $Q'$ 和表观黏度 $\eta_\alpha'$ 可以写为：

$$Q' = Q\left(1+4\frac{\lambda}{R}\right) \tag{7-23}$$

$$\eta_\alpha' = \eta/\left(1+4\frac{\lambda}{R}\right) \tag{7-24}$$

$Q'$、$\eta$ 是作为泊肃叶流动时的流量与黏度。管壁效应可用此式得到解释。但是也有学者持不同意见,认为可能是表面电荷作用的结果。

### 三、毛细管血流模型实验

1969 年李仁师和冯元桢做了毛细血流的放大模型实验,提供了毛细血流特征的重要信息。实验按自然红细胞形状用橡皮制成模型红细胞,用硅橡胶液模拟红细胞内液和血浆,用有机玻管模拟毛细血管,发现了模型内的流动特征：

1. 正间隙流动　当红细胞模型直径 $D_C$ 小于管径 $D_T$ 时,在管内流动的红细胞模型基本不变形,或在流速较高时有较小变形。这就是所谓正间隙流动。

2. 负间隙流动　当 $D_C$ 大于等于管径 $D_T$ 时,流入管内的细胞膜严重失稳变形,前沿凸出,后沿凹陷,成弹头形,且总是侧着进入管口。这即是所谓负间隙流动。

3. 红细胞模型与"血浆"之间存在相对运动 若取固联于细胞模型的参考系,则红细胞周围的血浆存在环形流动,称为团流。

4. 有特别的轴向压力分布 模型细胞前沿压力最高(超过更前面的流体压力),后沿压力最低(低于更后面的流体压力)。前后压差是推动血浆通过红细胞与管壁间的间隙反向倒流的动力,这个压差愈大,壁面附近速度梯度愈小,因而壁面摩擦也愈小,使血液表观黏度降低,这就是血浆润滑理论的基础。

## 四、毛细血管中的正间隙流动

当红细胞在大于自身直径的毛细管内流动时(即正间隙流),由于变形很小,故可用刚性球作为红细胞模型来近似分析其正间隙流动。

近年来,许多学者对各种形状的红细胞模型做了大量理论计算工作。下面简述如图 7-7 所示的刚性球红细胞模型流动的主要分析结果。

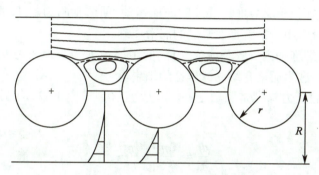

图 7-7　刚性球红细胞流动模型

由于毛细管流可忽略惯性效应,决定运动的主要参数是球径管径比 $r/R$,它决定了球和流体的相对速度。当 $r/R \ll 1$ 时(在毛细管流中不会出现),流动为泊肃叶流;由于球位于轴心,故球速为流动平均流速的 2 倍。

当 $r/R$ 趋于 1 时,速度比也趋于 1(这相当于"塞满"的极端情况),流体不可能绕过球流动。通常 $r/R < 1$,则球速大于流体速度,意味着流体有相对于球的"泄漏回流",从而也就存在相对于球的"团流"。

$r/R$ 也决定了固定流量下,推动球粒悬浮液所需的压力差与推动单纯液体所需压差之比,因而也决定了二者表观黏度之比,此两个比值均随 $r/R$ 增大而增加。当 $r/R$ 趋近于 1 时,压差(或表观黏度)比约为 2。若将此结果应用于毛细管血流,即可预料全血压力差或表观黏度将大于血浆的两倍。实际上,这个比值仍低于大血管中全血表观黏度与血浆黏度之比(约为 3 倍),表明了 Fahraeus-Lindvist 效应仍在起作用。

Skalak 等用刚性叠合圆盘模拟红细胞,计算了成串运动的红细胞模型与单个模型细胞流动时的表观黏度,结果表明在相同条件下,成串运动的红细胞相对黏度较小。这是因为此时血浆与红细胞间相对运动的能量损耗较小。但每串红细胞数量多于 5 时,这种趋势消失。

## 五、毛细血管中的负间隙流动

在负间隙流中,红细胞发生剧烈变形才能流过比自身直径小的毛细血管。这种流动的一个最令人信服的模型是 Lighthill 的血浆层润滑理论。他指出:当红细胞从很细的毛细血管里挤过去时存在润滑效应。其原理如下:图 7-8 表示大变形后红细胞膜与毛细管壁间有一层薄的血浆层,相当于润滑膜。为便于研究,取固联于红细胞的参考系,则红细胞相对静

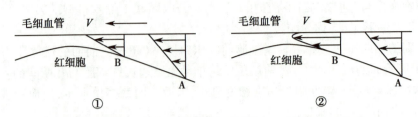

图 7-8　毛细血管内红细胞的负间隙流中血浆层润滑原理示意图

止,而管壁却相对反向运动,压力和润滑层厚度在此参考系中不随时间变化。

图 7-8①的情况是:间隙中血浆层内的流速呈线性分布,必导致截面 A、B 处体积流量不等,违反质量守恒原理,因而是不可能的。图 7-8②的情况是:若截面 A 处速度线性分布,则截面 B 处因间隙变小而必须是非线性分布的,中间要向外凸出,才能使两截面上体积流量相等。这时管壁附近血浆速度剖面的斜率为负(即切变率为负)。因而,壁面切应力不仅不起阻碍红细胞运动的作用,相反会推进红细胞向前运动,使流动阻力减小,即间隙中的血浆倒流对红细胞起了润滑作用。这就是血浆层的润滑原理。

Lighthill 假定红细胞和内皮膜是线弹性体,间隙厚度 $h$ 与当地压力 $p$ 成正比,对这个模型进行了理论分析。这里简略介绍润滑理论的结果。

血浆润滑层内的压力梯度是两项之和:一项为正值,正比于 $Q/h^3$;另一项为负值,正比于 $(-U/h^2)$,即:

$$\frac{dp}{dx} = \frac{12\eta Q}{h^3} - \frac{6\eta U}{h^2} \tag{7-25}$$

在压力梯度一定时,血液流量比单纯是血浆时的流量小得多(与正间隙流相反)。

红细胞速度正比于总压力梯度的平方。

与正间隙流相反,血浆润滑厚度随红细胞速度或压力梯度的降低而显著变薄。在压力梯度趋于零时,层厚正比于压力梯度。在压力梯度一定时,若细胞运动速度很低,润滑层变得极薄,甚至可能完全被破坏,阻力急增,细胞突然黏附于管壁,流动暂时被阻塞,上游压力因此又剧增,使红细胞加速,重新建立起润滑层。细胞的这种间歇流动现象,在微循环中是常见的。

压力降与红细胞速度平方成正比。这不同于一般小雷诺数下的流动(压差与速度成正比)。

以上这些结论,原则上已为生理实验所证实。另外,润滑层中的高压力和细胞间血浆团内的环流,对血液和毛细血管壁间的物质输运是有利的。

## 第四节　脉搏的生物力学基础

### 一、动脉中血流力学的基本概念

动脉系统动力学研究需要建立合适的分析模型。目前已建立的分析模型有阻力模型、弹性腔模型、Womersley 理论等。这些分析理论的基础都是基于对血管特性和血液流动特性的了解。以下给出关于血液流动的基本特征。

在心室收缩主动脉瓣开启后,血液从左心室射出,这时主动脉和其他大动脉中的血压将上升;而在舒张时,心脏停止射血,主动脉和其他大动脉中的压力将下降。压力的上升与下降将伴随着血管膨胀-回弹式的周期振荡。血管的周期振荡,对应心动周期的周期振荡。这就是说,主动脉和其他大血管中的压力、速度、血管的尺寸等都是随时间变化的参变量,即血液的流动是不定常的脉动流。

由于心脏的周期性收缩与舒张引起了血管中的压力,即血压的变化,图7-9给出了循环系统中血压的分布,由图看出,推动血液通过血管时的压力被大量地消耗掉了。

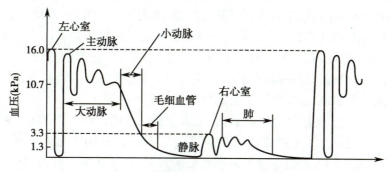

图7-9 动脉循环中血压的分布曲线

从力学角度看,血流动力学是一个复杂的课题。通常可近似认为血液是牛顿流体。于是血液流动可由 Navier-Stokes 方程来描述,该方程为:

$$\rho \frac{\partial u_i}{\partial t} + \rho\left(u_1 \frac{\partial u_i}{\partial x_1} + u_2 \frac{\partial u_i}{\partial x_2} + u_3 \frac{\partial u_i}{\partial x_3}\right) = X_i - \frac{\partial \rho}{\partial x_i} + \mu\left(\frac{\partial^2}{\partial x_1^2} + \frac{\partial^2}{\partial x_2^2} + \frac{\partial^2}{\partial x_3^2}\right)u_i \qquad (7\text{-}26)$$

上式表示四种力的平衡,它们分别是:

$$瞬时惯性力 + 传送惯性力 = 体力 + 压力 + 黏性力$$

上述几种力对血流的作用是不同的。如在定常流中瞬时惯性力就可以忽略不计,若血液被视为理想流体,则黏性力也就可以忽略,体力、压力、传送惯性力不可忽略。

设 $U$ 为特征速度,$\omega$ 为动脉流特征频率,$L$ 为特征长度,我们比较一下黏性力与瞬时惯性力。于是方程(7-26)的第一项与 $\rho\omega U$ 幅值为同一量级,而最后一项与 $\mu UL^{-2}$ 为同量级。其比值为:

$$\frac{瞬时惯性力}{黏性力} = \frac{\rho\omega U}{\mu U L^{-2}} = \frac{\rho\omega L^2}{\mu} = \frac{\omega L^2}{\nu} \qquad (7\text{-}27)$$

这是个无量纲的量,若比值大,则瞬时惯性力占主导地位,否则黏性力占主导地位。无量纲数 $\omega L^2/\nu$ 是一个频率参数,称为 Stokes 数。式中 $\nu = \mu/\rho$,为血液的动黏性系数。

在血流动力学中,常取

$$N_\omega = L\sqrt{\frac{\omega}{\nu}} \qquad (7\text{-}28)$$

$N_\omega$ 称为 Womersley 数。若 $L$ 为血管半径,令 $D$ 为血管直径,则 Womersley 数常取作 $\alpha$:

$$\alpha = N_\omega = \frac{D}{2}\sqrt{\frac{\omega}{L}} \qquad (7\text{-}29)$$

频率参数是一个表示血液在血管中流动时,局部的瞬时惯性力与黏性力的比值。显然

$\alpha$ 较大时,瞬时惯性力占主导地位,这时流体就像非黏性的。人体主动脉的 $\alpha$ 典型值为 20, 其他动物较小,如狗为 14、猫为 8 等。

作为判断血液流动是层流还是湍流的无量纲数是雷诺数 $Re$:

$$Re = \frac{\text{惯性力}}{\text{黏性力}} = \frac{\rho U^2}{\mu U / L} = \frac{\rho U L}{\mu} \tag{7-30}$$

显然,大雷诺数表示惯性力占主导地位,小雷诺数表示黏性力占主导地位。人的主动脉血管直径不是完全相同的,根据血管直径的大小,其雷诺数在 2 000~3 000 之间,而在毛细血管中雷诺数为 0.001~0.1 之间,这说明在毛细血管中血流的惯性力极小。在主动脉的脉动流中,形成湍流的可能性不大,即使形成也是短暂的。实际上,在流动过程中,当流动有利于形成湍流时,形成过程也需要一段时间,若流速变化太快,则湍流可能来不及形成就发生了流动状态的变化。类似地,湍流转变为层流也需要一定的时间。

实验表明,表面光滑的刚性直圆柱管内,定常层流的雷诺数约为 2 300。容易理解,湍流内部的物质变换和动量交换比层流情况要剧烈得多,故湍流的阻力远大于层流。在人的正常生理范围内,血液流动大都是层流。但在心脏射血时,主动脉瓣口峰值 $Re$ 数高达 5 000~12 000,然而,除了在射血峰值期可以观测到一些"湍流斑"外,没有见到持续的湍流。病理情况下问题就变得复杂,需要进行具体研究。

当流体在均匀直管中做定常层流流动时,若忽略在入口处可能出现的各种复杂情况,则可认为管内的流动是完全发展的,通常称这种完全发展的定常层流为泊肃叶流动。

## 二、血管力学分析模型

动脉系统是一个复杂的弹性管系。在动脉中流动的血液是由红细胞等悬浮液体组成,因而具有一定的黏度,其 Womersley 数和雷诺数的变化范围很广,血液动力分析具有相当的难度,故在进行定量分析时都必须简化。下面介绍弹性腔模型。

首先观察水在往复泵推动下在一管系中的流动(图 7-10)。图示,往复泵的活塞 P 在马达 M 的驱动下做往复运动,当泵 H 的活塞向右挤压时,供水阀门 1 开启,吸水阀门 2 关闭,被挤压的流体经传输管路 A,并通过终端阻力 R 流入贮水槽 V;当活塞 P 向左运动抽吸时,供水阀门 1 关闭,吸水阀门 2 开启,这时向管路 A 的供水停止,水从贮水槽 V 吸入泵及管路中,如此反复循环不止。图中气室 K 是一密闭储满空气的单元,即当活塞向右挤压时,因压力较大,一部分压力用于使一部分流体沿管 R 进入贮液槽 V,另一部分压力则使流体进入气室 K,使气室的液面上升,气室 K 中的空气受到压缩。当活塞向左抽吸时,供水阀门 1 关闭,虽无来自泵的流体,但受压缩的气体所贮存的能量释放出来,推动气室中的液体沿管路径 R 进入 V,这样,管内的流体可持续不断地循环流动。

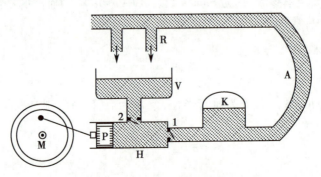

图 7-10　循环流动模型

以上简单模型告诉我们:流体在往复泵作用下,可在管路中不间断地流动。对于人体来说,心脏起着泵 H 的作用,而极富弹性的主动脉则起着气室 K 中气体的作用,正是主动脉的弹性扩张使得心脏的周期性射血变成血管中血液的平稳流动。阻力 R 则可认为来自人体组织中的小血管。于是,心血管系统中的心脏-主动脉(大动脉)-毛细血管(小动脉)可以比拟为往复泵供水系统中的泵-气室-终端阻力。

当心室收缩时主动脉瓣开启,从心室注入主动脉血液的一部分经动脉管和毛细血管进入静脉,另一部分贮存在主动脉和大动脉中,使主动脉和大动脉扩张,一部分能量贮存在弹性血管中,在心室舒张时,主动脉瓣关闭,心脏停止向主动脉射血,此时,主动脉和大动脉血管的弹性恢复力使得主动脉和大动脉中的血液继续向前流动。

根据以上弹性腔模型,可以导出心血管系统动力学有关参数之间的相互关系。若假定弹性腔的体积为 $V$,则单位时间的体积变化(即体积膨胀率)为 $\Delta V/\Delta t$,若令在收缩期内的单位时间流入弹性腔血液的体积为 $V_{in}$,流出弹性腔的血液体积为 $V_{out}$,则有

$$V_{in} = V_{out} + \frac{\Delta V}{\Delta t} \tag{7-31}$$

方程(7-31)表示,在心脏收缩从心室流入弹性腔的血液流量等于从动脉腔流入静脉腔的流量与单位时间内贮存在弹性腔内血液体积之和。

在舒张期,由于

$$V_{in} = 0$$

故有

$$V_{out} = -\frac{\Delta V}{\Delta t} \tag{7-32}$$

这就是说,在心脏舒张期,从动脉弹性腔流入静脉腔的血液体积 $V_{out}$ 等于弹性腔体积的减小量。

在血液流动过程中,血液的黏性和血管壁的粗糙性等因素使得血压有所下降。血液的流动区别于水的流动的主要原因是血液具有明显的黏滞性,因为它是由红细胞等有形悬浮体组成的流体。描述这种黏性流体的最简单方案是认为在流动过程中的切应力与切应变率成正比,即

$$\tau = \eta\gamma \tag{7-33}$$

式中:$\tau$ 是流体黏性切应力;$\gamma$ 为相应的切变率,$\eta$ 为黏性系数。式(7-33)称为牛顿黏性定律。

### 三、脉搏波的传播与反射

1. 脉搏波的传播　脉搏波的传播主要取决于血管壁的弹性扩张与收缩,脉搏波的传播速度与血管的弹性性质有关。当有压力波沿一根具有一定长度的动脉血管传播到该管的另一端时,一般情况下总是有一部分通过血管的终端传出去,另一部分从终端反射回来。这部分反射回来的反射波将沿着入射波的反方向向始端传播,到达始端后,仍是一部分向末端方向传播,一部分从始端再反射回去。如此不断地来回反射。这样,在一个心动周期内,从动脉管端输入的压力波由于管段端点的影响而来回反射若干次。

在整个动脉中有许多不均匀和微曲或转弯处,在这些地方都会引起脉动波的反射。当

波向外传播时,正是反射波使脉搏波发生显著的改变。因而有必要讨论波的反射。下面是最简单的一种单一接合的反射情况(图 7-11)。

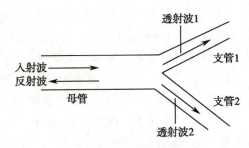

图 7-11　动脉分叉图

图 7-11 是一根母血管的两根分支动脉血管。沿着动脉传播的波遇到接合(分叉)处,部分反射回来,结果反射波传回母管,另一部分则传向分支管中,这部分也称为透射波。在分叉处每根管子的压力必须相等,否则,若有一个有限压差作用到其中之一的管中,必产生很大的瞬时加速度使压差消失。各管压力不仅相等,而且波形的脉动部分也相等。设接合处的脉动压力为 $\tilde{P}_i$,反射波为 $\tilde{P}_r$,透射波为 $\tilde{P}_{t1}$ 和 $\tilde{P}_{t2}$ 则有

$$\tilde{P}_i + \tilde{P}_r = \tilde{P}_{t1} = \tilde{P}_{t2} \tag{7-34}$$

若令 $Q$ 为相应血流量,则根据质量守恒定律有

$$Q_i - Q_r = Q_{t1} + Q_{t2} \tag{7-35}$$

2. 脉搏波的传播速度　下面讨论脉搏波的传播速度。动脉系统和血管中的血液都是非常复杂的,我们这里只限于讨论简化的理想情况,例如血管截面是圆形的等。现在假定初始时刻血液处于静止状态,即 $u = 0$,当脉搏波以速度 $\alpha$ 向右传播时,在时刻波阵面到达 1-1 截面,经 $\Delta t$ 时间后,波阵面到达 2-2 截面,如图 7-12 所示。

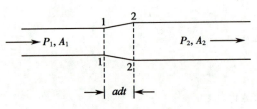

图 7-12　脉搏波传播示意图

在脉搏波波阵面前面的血液并未受到脉搏波的扰动,其压力为 $P_1$,血管截面积为 $A_1$,血液流速为 $u = 0$,而在波阵面后,血液受脉搏波的扰动,压力变为 $P_2$,则

$$P_2 = P_1 + \Delta P \tag{7-36}$$

血管截面积变为 $A_2$,则

$$A_2 = A_1 + \Delta A \tag{7-37}$$

血流速度由 0 变为 $\Delta u$。在截面 1-1 和 2-2 之间血液未受到扰动,其体积为 $A \cdot \Delta t$,若血液的密度为 $\rho$,则该段血管中的血液质量为 $Q_1$:

$$Q_1 = \rho A \alpha \Delta t \tag{7-38}$$

在 $t + \Delta t$ 时刻,脉搏已到达 2-2 横截面,此时刻 1-1 截面也向右移动了 $\Delta u \cdot \Delta t$ 距离,故经过 $\Delta t$ 时间之后,相应的血液质量 $Q_2$ 为:

$$Q_2 = \rho(\alpha \Delta t - \Delta u \cdot \Delta t)(A + \Delta A) \tag{7-39}$$

由质量守恒定律得

$$\rho A \Delta t \cdot \alpha = \rho(\alpha - \Delta u)(A + \Delta A)\Delta t \tag{7-40}$$

考虑到 $\rho =$ 常数,及脉搏波通过的短时间内有关力学量的变化为小量可以略去其高阶成分,于是可得:

$$A\Delta u = \alpha \cdot \Delta A \tag{7-41}$$

已知血管内的压力原始值为 $P$，脉搏波通过后为 $P+\Delta P$，则由动量定理，略去高阶小量后得：

$$\rho A\alpha \Delta u = A\Delta P \tag{7-42}$$

由式（7-41）和式（7-42）得脉搏波波速的一般公式为：

$$\alpha = \sqrt{\frac{A\Delta P}{\rho \Delta A}} \tag{7-43}$$

若令动脉血管的可扩张度为 $D$：

$$D = \frac{1}{A}\frac{\Delta A}{\Delta P} \tag{7-44}$$

则脉搏波的波速 $\alpha$ 为：

$$\alpha = \sqrt{\frac{1}{\rho D}} \tag{7-45}$$

参数 $D$ 是一个有用的量，它相当于在血压 $P$ 变化一个单位时，所在的动脉管横截面积的相对变化量。血管越硬，$D$ 越小，对应的波速越大；血管越软，则 $D$ 越大，对应的波速则越小。

当计入血管的弹性性质，而略去血液的黏性效应等假定后，波速公式为：

$$\alpha = \sqrt{\frac{Eh}{\rho D_0}} \tag{7-46}$$

式中：$E$ 为血管的弹性模量，$D_0$ 为血管直径，$h$ 为血管壁厚度。图 7-13 给出了不同年龄人体胸主动脉脉搏波波速随血压变化情况。

3. 脉搏波波速的测定　脉搏波把体内的信息传递出来，在临床上是有意义的，脉搏波的波速是人们感兴趣的重要指标之一。脉搏波的简易测定法可采取以下步骤，即：在选定的动脉管两端点的浅表动脉处分别记录下压力脉搏波形，寻找所记录波形的某个特征点，最常用的特征点是压力波的根部，即舒张期刚结束，收缩期刚开始，压力曲线开始上升的一点。测量所选定段的血管长度 $\Delta L$，并测定该动脉段两端压力波特征点的延迟时间 $\Delta t$。这一延迟时间即压力脉搏波传播距离 $\Delta L$ 所需要的时间。

由此可算出脉搏波传播的平均速度 $\alpha_0$ 为：

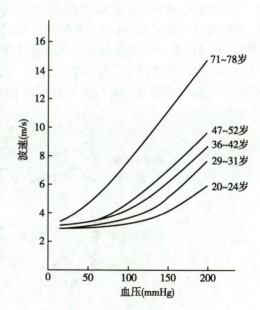

图 7-13　脉搏波波速随血压的变化

$$\alpha_0 = \frac{\Delta L}{\Delta t} \tag{7-47}$$

图 7-14 是 Nickols 和 McDonald（1972）用上述方法测得的狗主动脉和主要分支动脉的脉搏波波速。

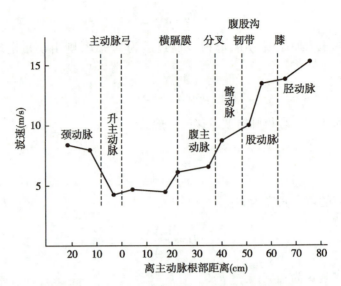

图 7-14　狗主动脉主要分支动脉的脉搏波波速

由图 7-14 可见,在升主动脉处压力波波速近似为 4m/s,随着与心脏距离的加大,波速逐渐增高,到股动脉和胫动脉处,波速已达 10~15m/s;同样地,向头部方向移动至颈动脉处,波速达 8m/s。这种离心脏越远,血管中波速越大的事实与远离心脏血管的弹性模量逐步增大的事实是一致的。

脉搏波的测定至今仍存在难以精确测量的问题,因为影响因素很多,例如血液的黏度与血管的黏性对脉搏波传播的影响、反射波的影响、不同频率的谐波分量的传播速度的差异,以及血管几何特性、物理特性变化的非线性效应的影响,等等。

前已述及,远离心脏的血管越细,其弹性模量越大。说明血管系统的弹性性质是非均匀的,同时血管系统是复杂的,有多种接合处、分叉处;对脉搏波的传播过程来说,实际上脉搏波是在有多种非均匀因素的系统中传播的,因而对反射波的研究是必不可少的。

4. 脉搏波的波形　用脉搏描记仪可以记录浅表动脉的脉搏波形,称为脉搏图(sphygmogram)。动脉脉搏的波形可分为上升支和下降支 2 个主要组成部分(图 7-15)。

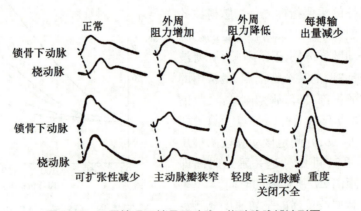

图 7-15　不同情况下锁骨下动脉、桡动脉脉搏波形图

(1) 上升支:在心室快速射血期,动脉血压迅速上升,管壁被扩张,形成脉搏波形的上升支。上升支的斜率和幅度受心输出量、射血速度、射血阻力和大动脉的可扩张性等多方面因素的影响。凡是使心输出量增加、射血速度加快、射血阻力减小的因素,均可使上升支上升速度加快,上升幅度增大;反之,凡是使心输出量减少、射血速度减慢、射血阻力增大的因素,

均可使上升支上升速度减慢,上升幅度减小。如主动脉瓣狭窄时,射血所遇阻力增大,脉搏波上升支的斜率和幅度都较小。如大动脉管壁硬化,使其可扩张性变小,弹性贮器作用减弱,动脉血压的波动幅度增大,脉搏波上升支的斜率和幅度也增大。

（2）下降支:心室射血后期,射血速度减慢,进入动脉的血量较流向外周的血量少,动脉血压逐渐下降,形成脉搏波形下降支的前段。随着心室舒张,室内压力迅速下降,主动脉内的血液向心室逆流,促使主动脉瓣关闭,并使主动脉压急剧下降,在下降支形成一个切迹,称为降中峡(dicrotic notch)。由于倒流的血液撞击在主动脉瓣上面被弹回,使动脉压再次稍有上升,管壁又稍有扩张,因此,在降中峡的后面形成一个短暂向上的小波,称为降中波(dicrotic wave)。此后,血液不断流向外周,动脉血压继续下降,形成坡度较平缓的下降支后段。

动脉脉搏波下降支的形状可大致反映外周阻力的高低。如外周阻力高,血液流向外周速度减慢,则下降支前段下降速度也较慢,降中峡位置较高;反之,外周阻力低时,则下降支的下降速度较快,降中峡的位置较低,降中峡以后的下降支坡度小,较为平坦。主动脉瓣关闭不全时,心舒期有部分血流倒流入心室,故下降支很陡、降中波不明显,甚至消失。

---

### 🔍 知识链接

脉搏波波速(pulse wave velocity,PWV)作为评价高血压患者动脉僵硬度的一种可靠指标,已获得广泛认可。随着年龄的增长,血管壁中层退行性变,中层物质和胶原含量增加,弹力层断裂,并伴有中层纤维化和钙化。其机制是血管内皮细胞功能损伤及血管壁中层胶原纤维含量增加导致血管硬化,从而引起动脉壁僵硬度增加,PWV增高。

国外学者应用多元逐步回归分析 PWV 和临床参数包括年龄、性别、体重、身高、吸烟、动脉血压、心率,以及血浆生物学参数包括总胆固醇、血糖、高密度脂蛋白-胆固醇之间的关系,结果表明 PWV 与年龄和收缩压独立显著正相关;年龄对 PWV 影响最大,与大动脉呈显著正相关,年龄与中央动脉的 PWV 值的相关性大于与外周动脉的 PWV 值的相关性,而性别与大动脉的 PWV 值无相关性。

---

### 四、脉搏波与中医脉象

在我国的传统中医学中,用手指在腕部的桡动脉上可以感受到脉搏波的跳动,由于桡动脉的浅表特征,其携带的体内丰富的信息可以方便地用切脉的办法得到。虽然关于桡动脉处的脉搏波波动性态的研究还不完善,其数学问题尚未完全解决,但经过多年积累的经验和中医传统理论相结合,已经发展了一套诊断术。

当心脏收缩,主动脉瓣打开,将血液射入主动脉时,不可避免地使主动脉管扩张。而当心室舒张,主动脉瓣关闭,射血停止,则主动脉管将因弹性恢复而收缩。心室的这种周期性收缩与舒张所引起的主动脉管的有节律的舒缩运动,以波的形式沿动脉管系传播,脉搏波就是这种波在桡动脉中的传播。人们在腕部桡动脉所感知脉搏波的性态,包括波的强度(即波幅的高低)、波的速度以及波的周期(即节律)等。脉搏波的理论研究认为,主动脉弓分叉出来的到桡动脉为止的臂动脉是一根横截面积为 $A$ 的弹性薄圆管,其弹性模量为 $E$。若臂动脉的长度为 $L$(图7-16),平均流速为 $\alpha$,对应的特征阻抗为 $E_c$,该管为均匀圆管,其两端的反射系数为 $\delta_0$ 和 $\delta_L$。

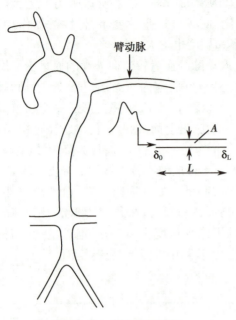

图 7-16　臂动脉示意图

根据以上假定,对臂动脉入口端施以足够小的阶梯输入压力波,如图 7-16 中所示的波形。这样,桡动脉处的压力波将由一系列的阶梯状波所组成。且 $L/\alpha$ 及 $\tau_0$(阶梯的宽度)之间的关系不同,波形将有所不同。引进一个无量纲的量 $\varepsilon$ 表示:

$$\varepsilon = \frac{\tau_0 \alpha}{L} \tag{7-48}$$

它表示主动脉瓣开启的持续时间内脉搏波在臂动脉中往返传播的次数。在血管长度 $L$ 一定情况下,$\varepsilon$ 值的大小直接取决于 $\tau_0$ 和 $\alpha$,即 $\varepsilon$ 值取决于主动脉瓣开启的持续时间,以及波速 $\alpha$。在一般情况下,人体的 $\varepsilon$ 值多数在 2~6 之间。下面给出几种特殊情况的近似结果。

当脉搏波波速 $\alpha$ 较小,或主动脉瓣开启的持续时间 $\tau_0$ 较短时,即 $\varepsilon$ 较小的情况。此时若理论波如图 7-17 所示,则可测得妊娠妇女的脉搏波波形为图 7-17②,由于早期妊娠妇女的动脉比较松软,脉搏波波速较低,主动脉开启的持续时间较短,故 $\varepsilon$ 值较小。

此时,计算值与实测的妊娠妇女的桡动脉波形相似。当 $\varepsilon$ 值为 4 左右时,计算结果与正常人的桡动脉的实测波形相似。而当取 $\varepsilon$ 较大($\varepsilon=6$)时,计算波形与高血压患者的实测波形相似。对于高血压患者来说,特别是老年高血压患者,动脉硬化使得脉搏波波速增大(一般 $\varepsilon>4$)。

以上的近似分析,理论波形的基本特征与临床实测波形基本相符。

现代中医多采用脉搏图研究脉象的原理。根据脉搏波的频率和节律,可以识别迟、数、促、结、代等脉象;根据各种取脉压力下脉搏波振幅变化的规律,可以区分浮、沉、虚、实等脉象;根据脉搏的形态变化,确定了弦、滑、细、涩、芤、迟、数、结、代等脉象的特征(图 7-18)。由于动脉脉搏与心输出量、动脉的可扩张

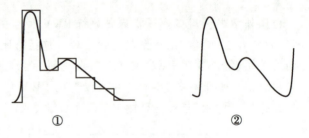

图 7-17　$\varepsilon$ 较低时的压力波形

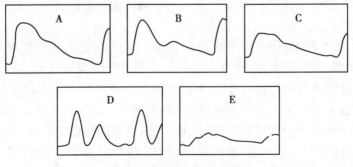

图 7-18　几种脉象的脉搏图
A. 弦脉;B. 滑脉;C. 细脉;D. 芤脉;E. 涩脉

笔记栏

扫一扫
测一测

性以及外周阻力等多种因素密切相关,因此脉搏波所反映的是多种心血管功能改变的综合表现。现代中医在研究各种脉象的脉搏图表现的同时,对各种心血管功能参数,如心输出量、搏出量、射血分数、心指数、动脉血压、搏功、每分功、总外周阻力等进行了多因素同步研究,取得了一定的进展。

（阎晓霞）

## 复习思考题

1. 从流体连续性方程来看,血管越粗血液流速越小,而从泊肃叶定律来看血管越粗流速越大,两者间似乎是矛盾的,你如何认为?

2. 血流阻力与哪些因素有关?

3. 血液黏度与微血管的管径有何关系?

4. 血液黏滞度与哪些因素有关?

5. 如何理解血浆撇取效应?

6. 如何理解毛细血管的逆转现象?

7. 临床上常用脉搏波传播速度来评估人体的动脉硬化度,其理论根据是什么?

8. 脉搏波波速与哪些因素有关?

9. 如何理解中医切脉的生物力学原理?

# 第八章

# 康复生物力学

## 学习目标

　　掌握步态分析、矫形器使用原理、骨折愈合所需的力学条件、推拿手法及针刺手法机制、功能锻炼的力学分析,为临床康复治疗过程中综合、全面、正确地设计治疗方案,采取正确的治疗措施提供理论指导。

## 第一节　步态分析方法

　　步行是人类最基本的运动行为,是人类区别于其他动物的关键特征之一。行走时全身肌肉都参与运动,人体重心产生位移;骨盆倾斜旋转;髋、膝、踝关节屈伸、旋转等,是人体一种复杂的随意运动。在成熟的动力定型条件下,正常行走不需要经过思考,然而步行的控制十分复杂,包括中枢命令、身体平衡和协调控制,涉及足、踝、膝、髋、躯干、颈、肩、臂的肌肉和关节协同运动。

### 一、行走的生物力学

　　从生物力学角度来看,行走的动作规律可以通过运动学和动力学参数来描述。

#### （一）行走的运动学参数

　　1. 时间参数　步行属于周期性动作系统。行走过程中,从一侧足跟着地开始到该足跟再次着地构成一个步态周期,又称一个复步,其间左右足都经历了一个与地面接触的支撑过程及离地前摆的摆动过程,即步态周期的支撑时相和摆动时相。

　　（1）支撑时相:支撑时相约占整个步态周期的60%,由五个阶段组成。如图 8-1 所示:

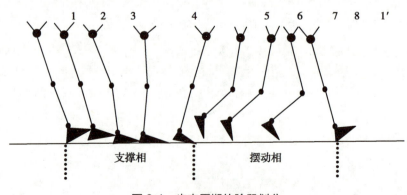

图 8-1　步态周期的阶段划分

①初始着地期,从足跟着地到足趾着地前;②支撑反应期,从足趾着地到重心移至支撑脚中心前,足底平行;③中点支撑期,从中点支撑到足跟离地前;④支撑后期,从足跟离地到足趾离地前;⑤摆动前期(推离期),足趾离地阶段。

(2)摆动时相:由三个阶段组成。①摆动早期,腿加速摆动阶段。从足趾离地开始到摆动中期,即摆动腿位于身体正下方,两足相邻最近时结束。②摆动中期,从两足相邻继续向前摆动到胫骨与地面垂直时结束。③摆动后期,腿减速摆动阶段(足下落),从摆动中期开始到足跟着地结束(图8-1)。

在摆动时相中,足廓清是非常重要的。所谓廓清是指行走摆动相下肢适当离开地面,以保证肢体前进、防止跌倒的行为特征。包括摆动早期-中期髋关节屈曲,摆动中期膝关节屈曲,摆动中期-后期踝关节背屈。支撑时相的影响包括支撑中期踝跖屈控制(防止胫骨过分前向行进),中期至后期膝关节伸展,末期足跟抬起(踝跖屈)。骨盆以其稳定性参与了廓清机制。

当一侧下肢进入支撑时相时,另一侧下肢尚未离地,双下肢同时负重称为双肢(侧)负重期。双肢负重期的存在是行走的特征,若此期消失,出现双足离地(腾空),行走就变成了跑。随着年龄的增长,单、双支撑时相占步态周期的比例逐渐增加。不同性别和身高的人,其支撑时相和摆动时相所占的比例无明显差异。

2. 空间参数

(1)步长:行走时左右足跟(或趾尖)间的纵向距离称为步长,正常步长为75~83cm。而同侧足跟(或趾尖)两次着地间的距离称为步周长或周期跨距,一般为步长的2倍,正常的步周长为150~170cm。步长与身高显著相关,性别对其影响不大,而随着年龄的增长步长会下降。

(2)步宽:是指行走时两侧足内侧弓之间的横向距离,正常步宽为5~10cm(图8-2)。

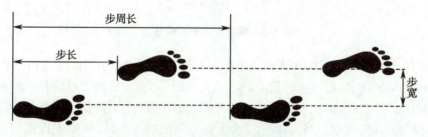

图8-2 步长和步宽示意图

(3)步频:是指行走时每分钟迈出的步数,正常一般为95~125步/min。步长与步频、身高等因素有关,一般男性为每一复步150~160cm,步宽约8cm±3.5cm,足偏角6°~7°,身体重心上下起伏的幅度约4.4cm。

3. 时空参数 行走时最显著的运动是髋、膝、踝关节的屈伸。通常以步态周期中下肢髋、膝、踝关节的角度变化作为时空参数,并用角度-时间关系曲线来反映。角度-时间曲线可以形象地表现行走中两个关节间的协调关系,当神经、肌肉功能异常时,该曲线也出现异常,说明两侧下肢的协调性差。通过对患者各关节在步态平面上活动的角度-时间关系曲线与正常人或左右脚之间,或治疗前与治疗后不同时期的角度-时间关系曲线比较,可以反映患者各关节的功能情况和治疗效果。

正常行走时,身体的重心沿螺旋形曲线向前运动,因此不仅在水平方向上,而且在垂直方向上的位置和速度也在不断变化。为了减少重心上、下及侧向移动,使行走更平稳并降低能耗,骨盆也配合步行周期做左右旋转、倾斜及侧向移动。最大前旋见于同侧足跟着地时,最大后旋见于同侧支撑中期,幅度各约为8°。向左右倾斜见于右足和左足的摆动中期,幅度约为5°,最大左右移动见于同侧支撑中期,幅度约4.5cm,骨盆向前旋转时,同侧股骨和胫骨分别内旋8°~9°,使足跟着地时下肢内旋约25°,在支撑期结束时恢复外旋。此动作过程中上肢与下肢摆动方向相反。

### (二)行走的动力学参数

1. 足-地面接触力 行走时人体重力全部由着地足承受,在一个站立相将结束,下一个站立相将到来时,着地足所受的垂直约束力最大。通常足-地接触力可按垂直、前后和左右方向做三维记录。临床应用时,主要观察力-时间曲线的特征,即峰值、谷值的出现时间和幅度的变化。行走时,足-地接触力在垂直方向上的分力最大,在每个不同周期转折点出现极值,足跟着地时有一极大值,随着全足逐渐放平,受力面积逐渐增大,受力减小,完全放平时受力最小,至足跟离地、足趾蹬地时出现另一极大值,即在整个步态周期中,垂直方向受力曲线具有典型的对称双峰性质(图8-3)。正常人的足-地接触力在水平、前后方向受力较小,且基本对称。研究认为,不同年龄的人体行走时足-接触力的形态无显著性差异。

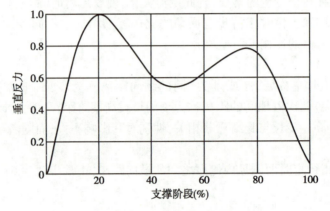

图8-3 典型步态的双峰曲线

(1)垂直反力:垂直反力呈双峰型,即首次触地时地面反作用力(即支持反作用力)超过体重,表现为第一次高峰;在身体重心越过重力线时,体重向对侧下肢转移,至对侧下肢首次触地并进入承重期时地面反作用力降低到最低点;蹬地时地面反作用力增加,在足离地时压力降低为零,进入摆动期。当人体下肢承重能力降低时,可通过减慢步行速度,以减轻关节承重,此时,地面反作用力的双高峰曲线消失,表现为与体重较为一致的单峰波形。

(2)剪力:垂直剪力在首次触地时向前,越过重心线时向后。表现为前后反向的尖峰波形。左右(内外)剪力形态相似,但幅度较小。

2. 踝关节力 布雷斯莱和弗兰克尔于1950年曾估算正常人行走时踝关节受力超过自身体重的2倍。赛雷格等在1975年采用数学模型方法,测定踝关节反作用力为体重的5.2倍。斯托弗等在1977年测算的踝关节反作用力约为体重的5倍。沃克于1977年估算踝关节力为体重的3.59~6倍。汤荣光等人测得在单肢负重期,踝关节出现的最大值约为体重的4.57倍。因此,可以确定人体踝关节力约为体重的5倍。经统计学分析检验,男、女性的踝关节力无显著性差异。

## 二、步态分析的方法

步态分析是用运动生物力学的概念和处理方法,以及已经掌握的人体解剖学、生理学知识对人体行走的功能状态进行分析的过程。随着科学技术的发展,由先进的传感器、高速摄像机、微型计算机等组成的综合步态分析系统,使步态分析方法得以在康复医学领域广泛应用。该系统可不受外界干扰,同时提供行走时人体重心的空间位移、速度、加速度、支撑反作用力、肌肉及关节活动情况、关节力矩的变化等多个信息,一个人的步态就像体温、血压那样,从侧面反映出人体的健康状况和病态特征。

### (一)影响步态的因素

步态是指人体步行时的姿态,是通过髋、膝、踝、足趾的一系列连续活动,使身体沿着一定方向移动的过程。正常的步态具有稳定性、周期性、节律性、方向性、协调性及个体差异性。当人体存在某些疾患时,以上的步态特征将发生明显改变。目前国际步态研究领域进行步态分析时比较公认以下六大影响因素。

1. 髋部旋转 正常步行的过程中,左右两个髋关节连线相对于人体纵轴有一个前后自然转动过程,通过足跟着地时髋部前旋,足趾离地时髋部后旋,以增大支撑转动半径(即腿的长度),这种运动能够有效加大步幅。

2. 髋部侧面下降 在步态周期中,一侧髋关节也有一个上下起伏的过程,在足趾离地和脚跟着地时,摆动腿一侧的骨盆下降,可以有效地增加转动半径的长度,而在摆动过程中髋关节稍微提起,形成骨盆绕支撑腿髋关节矢状轴的转动,这种活动有利于保持人体重心在一个相对水平的位置上运动。

3. 支撑阶段的膝关节屈曲 膝关节在步行支撑阶段有屈伸运动,在足跟着地和足趾离地时膝关节处于伸直状态,而在单腿支撑阶段膝关节微屈曲,这样不仅有利于落地缓冲和蹬伸用力,还可以降低重心。

4. 踝关节的转动 在支撑阶段踝关节绕冠状轴转动,从脚足跟着地时足背屈,到足趾离地时足跖屈,这种活动可以增加支撑腿的长度,并有利于缓冲着地时的阻力、增加离地时的蹬地力量。

5. 下肢在平面中的转动 小腿在步行周期中有绕其纵轴的转动动作。由于半月板的特殊结构,膝关节在伸直最后 $10°\sim20°$ 时,外侧半月板向后滑动,内侧不动,造成胫骨绕其纵轴外旋 $4°\sim15°$。因而,在足趾离地时膝关节蹬伸,小腿外旋,并伴有足的外展;而足跟着地时小腿旋内,足内收,再到足趾离地时的旋外,形成下肢在平面中的转动。下肢通过这样的动作,旋外伸长,旋内缩短。

6. 膝内收 为了在步行中获得正常的步宽,膝关节要有内收动作。膝关节在解剖上的外翻,允许步行时两足间有一个狭窄的宽度。如果没有膝关节内收动作,很容易造成宽幅步态,甚至造成身体重心的 S 形行进。

### (二)步态的运动学分析

步态的运动学分析是研究步行时肢体运动时间和空间变化规律的方法。主要包括步行整体的时间与空间测定和肢体环节运动方向测定,并围绕影响步态的六大因素,通过时间-空间参数的测定来进行运动学分析。

1. 足印法 足印法是步态分析早期运用的简易方法之一。首先让受试者在足底涂上墨汁,在步行通道(约 $4\sim6m$)铺上白纸。受试者走过白纸,留下足迹,便可测量。也可在黑色通道上均匀撒上白色粉末,让患者赤足通过通道,留下足迹,即可测量步长、步宽等数据。

2. 摄像分析 在 $4\sim8m$ 的步行通道周围设置 $2\sim6$ 台摄像机,同时记录受试者步行过程,并采用同步慢放的方式,对受试者的动作分解观察和分析。还可以根据摄像机拍摄速度,获得相关事件数据,从而计算出步行过程的参数,包括步长、步长时间、步幅、步行周期、步频、步速、步宽、足偏角等。

3. 三维数字化分析 通过 $2\sim6$ 台检测仪(数字化检测仪或特殊摄像机)连续获取受试

者步行时关节标记物的信号,通过计算机转换为数字信号,分析受试者的三维运动特征(图8-4)。同一标记物被两台以上的检测仪同时获取时,即可进行三维图像重建和分析。输出结果包括数字化重建的三维步态、各关节三维角度变化、速率和时相。影响步态的六大因素中,有关骨盆的转动,下肢在平面中的转动等参数,都必须通过三维数字化分析方法才能得到。

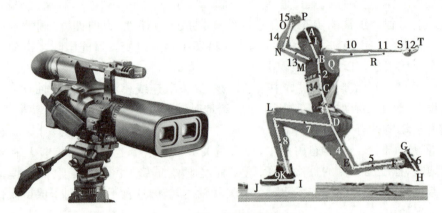

图 8-4　步态三维数字化分析

4. 关节角度分析　用特制的关节角度计固定于被测关节,记录关节活动的角度改变,获得关节角度-时间曲线(图 8-5),并可通过计算机重建步态。使用关节角度计的优点是操作简便,特别是检查上肢很方便;但不足的是难以正确记录旋转和倾斜动作。

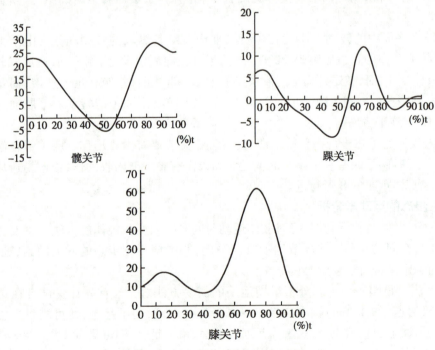

图 8-5　步行时关节角度-时间曲线

### （三）步态的动力学分析

步态的动力学分析是研究步行时作用力、反作用力的大小、方向和时间等问题。其理论基础是牛顿定律、多刚体系统动力学原理。

1. 测定方法

（1）测力台：测力台可以记录步行时人体的支撑反作用力，分析其大小、方向和时间特征。一般平行设置在步行通道的中间，要保证能连续记录一个步态周期的压力。测力台测定身体运动时的垂直力和剪力。垂直力是由体重施加给测力台垂直方向的力，而剪力是肢体行进时产生的前后、左右方向的力。与运动学参数结合可以分析内力，即肌肉、肌腱、韧带和关节所产生的力，一般用力矩表示（图 8-6）。

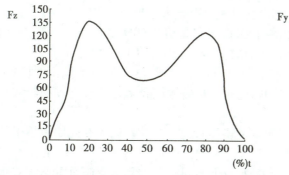
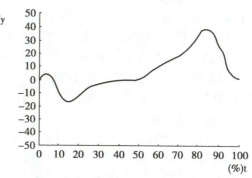

图 8-6　测力台及记录的力-间曲线

（2）足底压力分布测力：目前更多的是采用特制鞋垫式测力垫，直接置入受试者鞋内，测定站立或步行时足底受力分布及压力中心移动的静态或动态变化情况（图 8-7）。测试结果不仅可用于步态分析，还可用于设计合适的矫形鞋。

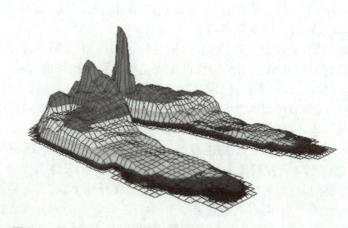

图 8-7　足底压力分布测试结果示意图

2. 计算机模拟　通过建立人体步行的多刚体系统动力学方程，把从影像解析获得的运动学参数和人体惯性参数代入动力学方程组，即可计算出人体步行过程中各个关节的力和力矩，再把力和力矩代入动力学方程组，通过积分可以获得速度、位移等数据，根据这些数据就可以确定人体的位置和姿势，实现对人体步行过程的计算机模拟。

**（四）正常步态**

步行是涉及全身众多关节和肌肉群的一种周期性运动。正常步行是高度自动化的协调、对称、稳定的运动，也是高度节约能耗的运动。

1. 正常步态特征　通常用目测方法就能判断步态是否正常。正常的步态应具有以下特征：

（1）合理的步长、步宽、步频。

（2）上身姿势稳定。

（3）最佳能量消耗或最省力的步行姿态。

从运动生物力学的观点来考察步态,应具有以下特征:

（1）具备控制肢体向前运动的肌力或机械能。

（2）可以在足触地时有效地利用机械能,以减小撞击,并控制身体向前的运动。

（3）支撑相有合理的肌力及髋、膝、踝角度,以及充分的支撑面。

（4）摆动相有足够的推进力、充分的下肢地面廓清和合理的足触地姿势控制。

2. 正常步态各时相肌群的工作　一个正常步态周期的各个不同时期,参与的肌肉群及工作方式不尽相同,表现出的生物力学特征和内在机制也有很大差异。

（1）支撑相:下肢接触地面和承受重力的时相,占步态周期的60%。

1）早期:包括初始触地和承重反应,正常步速时占步态周期的10%～12%。

初始触地动作指足跟接触地面的瞬间,使下肢向前运动减速,落实足在支撑相的位置。参与的肌肉包括胫骨前肌、臀大肌、股四头肌和腘绳肌。初始触地异常是造成支撑相异常的最常见原因之一。

承重反应是指初始触地之后重心由足跟向全足转移的过程。骨盆运动在此期间趋于稳定,参与工作的肌肉包括股四头肌和臀中肌。

当一侧下肢进入支撑相,另一侧下肢尚未离地,双下肢同时负重称为双肢负重期或双侧支撑期。该时期是步行周期中最稳定的时期,完成时间与步行速度成反比。双侧支撑期延长,使步行速度越慢,动作越稳定,反之则越不稳定,到跑步时双侧支撑期消失,表现为双足腾空。临床上常见步行障碍者首先出现的异常就是双侧支撑相时间延长,步行速度减慢,以增加步行的稳定性。

初始触地时的地面反作用力一般相当于体重和加速度产生的力的总和,正常步速时可超过体重的1.1倍。步速越快,地面反作用力越大。当下肢承重能力减退时,往往通过减慢步行速度来减轻下肢承重负荷。

2）中期:支撑足全部着地,对侧足处于摆动相,是唯一单足支撑全部重力的时相,占步行周期的38%～40%。参与的肌肉主要是腓肠肌和比目鱼肌。

此时期髋、膝关节屈曲,踝关节背屈,通过屈曲缓冲地面反作用力,并保持膝关节稳定,控制胫骨向前惯性运动,为下肢向前推进做准备。当下肢承重力减退或身体不稳定时此期缩短,以迅速转移重心到另一足,保持身体平衡。

3）末期:指下肢主动加速蹬离地面的阶段。开始于足跟抬起,结束于足离地,占步行周期的10%～12%。此阶段身体重心向对侧下肢转移,又称为摆动前期。

在缓慢步行时可以没有蹬离,只是足趾离开地面,称为足趾离地。踝关节保持跖屈,膝关节伸,髋关节由屈到伸(幅度不大),参与工作的肌肉为臀大肌、股四头肌和小腿三头肌。

（2）摆动相:下肢在控制向前摆动的时相,占步行周期的40%。

1）早期:主要动作为足廓清和屈髋、屈膝,加速肢体向前摆动,占步行周期的13%～15%。参与工作的肌肉为髂腰肌、股四头肌和胫骨前肌。如果足廓清障碍(如足下垂),或加速障碍(髂腰肌和股四头肌力量不足),将影响下肢向前摆动,产生异常步态。

2）中期:足廓清仍然是主要任务,占步行周期的10%。参与的肌肉主要为髂腰肌、腘绳肌和胫骨前肌,分别起到保持髋、膝关节屈曲,踝关节背屈的作用。

3）末期:主要任务是下肢向前运动减速,准备足着地的姿势,占步行周期的15%。参与的肌肉包括臀大肌、股四头肌、胫骨前肌和腘绳肌。

### （五）异常步态

由于遗传、疾病、意外伤害事故等诸多原因,都可能造成步行障碍,导致异常步态或病理步态,甚至丧失步行能力。

1. 支撑时相障碍　当双足支撑时属于闭合链运动,足、踝、膝、髋、骨盆、躯干、上肢以及头、颈均参与步行运动。该闭合链系统中任何环节的运动发生改变都会引起整个运动链的改变,其中,对踝关节的影响最大。

(1)支撑面异常:足内翻、足外翻、单纯踝内翻和踝内翻伴足内翻、单纯踝外翻和踝外翻伴足外翻、足趾屈曲、踇趾背伸,均为支撑面异常表现。

(2)肢体不稳:由于肌力障碍或关节畸形导致支撑相踝关节过于背屈、膝关节屈曲或过伸、膝内翻或外翻、髋关节内收或屈曲,使肢体不稳。

(3)躯干不稳:一般为腰部损伤或髋、膝、踝关节异常导致的代偿性改变。

2. 摆动时相障碍 摆动相属于开链运动,各关节可以有相对独立的姿势改变,但这样往往引起对侧支撑相下肢姿态发生代偿性改变,尤其对髋关节的影响最大。

(1)肢体廓清障碍:垂足、膝僵硬、髋关节屈曲受限、髋关节内收受限。

(2)肢体行进障碍:膝僵硬、髋关节屈曲受限或对侧髋关节后伸受限、内收受限。

3. 下肢骨折后出现的异常步态 步行是下肢骨折后必需的康复活动。在骨折后的恢复期,患肢肌力不足,健、患肢失衡,步行乏力,可能导致出现一些异常步态。最常见的有以下四种:

(1)急促步态:步行时迅速把体重从患肢移至健肢,以致两腿支撑时间不等,其原因是缺乏信心或患肢肌力不足导致支撑时相不足。

(2)倾斜步态:步行时患肢僵硬,髋关节没有充分伸展,不敢让健肢落在患肢前面。

(3)回旋步态:步行时患肢外旋,身体稍向外倾斜。

(4)硬膝步态:步行时膝关节僵直,一伸一屈的功能消失。

造成上述异常步态的主要原因是,关节僵直、肌肉挛缩使肌群的平衡性遭到破坏,以及臀肌、股四头肌和腓肠肌无力使患肢支撑力不足。因此,骨折后早期的功能锻炼要根据骨折的不同特点,特别注意加强臀肌、股四头肌和腓肠肌的训练,为日后的步行作好准备。

临床上有些疾病还会出现典型的步态,如脊髓灰质炎的跛足步态;脑卒中患肢的划圈步态;帕金森综合征的慌张步态等。

## 知识链接

### 竞走的动作技术特点

国际田径联合会公布的新竞走定义明确规定:竞走是运动员在地面连续行走过程,没有肉眼可见的腾空。依据生理学实验,人眼睛成像的时限需要42ms。研究中发现42ms以下为合理腾空时限,42~67ms是模糊时限,大于70ms为犯规腾空时限。如果竞走技术连贯、协调、轻松,尤其是足跟着地时膝关节充分伸直,不容易被判罚"腾空"技术犯规;如果竞走技术脱节,尤其是足跟着地时膝关节没有充分伸直,容易被判罚"腾空"技术犯规。因此,控制合理的腾空时间,以及连贯、协调、轻松的动作技术是竞走运动员训练的关键技术。

另一个与"腾空"技术犯规关系密切的指标是身体重心垂直位移,即重心的上下起伏。位移越大,腾空时间越长,裁判员的眼睛越容易观察到腾空动作。目前世界高水平运动员的技术标准——身体重心上下起伏与头顶点上下起伏的位移在7cm以下。

同时,躯干在整个竞走过程中应尽量保持正直状态,只是在蹬离地面的瞬间稍向前倾。躯干前俯角与后俯角控制在5°之内、躯干左右偏角在7°之内达到世界高水平运动员的技术标准。

### 三、步态分析的临床应用

#### （一）功能评定

步态分析是步行功能测量的重要组成部分，据步态分析所得参数可以推测步行的对称性和稳定性；根据步速、步频、步行持续距离可判断其速度、节奏和持久性。通过精确测量步行时的运动轨迹、关节角度、速度、周期与时相、肌电图、重心位移和能量消耗，客观评定患者的步态功能。

#### （二）疗效评定

利用步态分析方法评价脑瘫、截瘫、偏瘫和截肢患者的步行康复治疗效果已成为一种常规手段。有学者对正常人和骨关节患者进行步态分析比较后认为，患者步态参数与正常值的偏差程度提示了病情的严重程度，可以作为术前、术后评定骨关节患者疾患程度、手术疗效评定的手段等。

#### （三）行走辅助装置

假肢、支具、矫形器的使用者要想获得理想的装配效果，必须由康复医师、治疗师、装配技师和患者三方合作，同时辅以定量步态分析手段。

## 第二节　骨伤康复手法的生物力学

手法一般是指外力在患者体表的特定部位上做功，以恢复患者机体正常的生物力学平衡的中医外治疗法。手法本身包含着复杂的生物力学原理。

### 一、骨伤科手法的分类

手法，古称"按跷""按摩"，明清以后，以"推拿"名之。按、摩、推、拿是手法的不同名称，它们的共同特点是施术者运用一定的技术技巧，通过手作用于受术者而达到医疗保健的效果，因此，皆可统称之手法。手法是中医骨伤科学的四大治疗方法之一，探讨手法的生物力学原理对正确传承和临床应用都有着重要的意义。

骨伤手法主要包括理筋手法（软组织松解手法，包括按揉、推法、拿法、摩法、擦法等）、骨折整复类手法和点穴手法等（如点拨、点按、点揉等）。其中，理筋手法和点穴手法在软组织损伤与骨伤科疾病康复中运用广泛。也有专著把对脊柱的旋转整复类手法归入康复类手法。手法有两大要素：即技巧和作用力，技巧也离不开作用力。无论哪种技巧，都是手法作用力做功，且与力的大小、方向、压强有关。

手法的分类，首先是依据各种手法的动作形态分类，如摆动类、摩擦类等；其次依据手法作用力的方式，如垂直用力、平面用力、对称用力、对抗用力及综合用力等，而手法的作用效应与其作用力的方式有密切关系。

### 二、骨伤康复手法的生物力学研究方法

手法研究主要包括手法的形态学特征、手法作用的效应机制和手法的应用规律三个方面。

#### （一）手法的形态学特征

手法最基本的研究，就是通过形象直观、定量定性地描述手法的操作过程，建立可重复的规范化的手法操作模式。1982 年，山东中医学院与山东工学院首次共同研制的"TDL-Ⅰ

型推拿手法动态测试仪",测定了部分推拿手法作用力的典型动态曲线,首次对手法的频率、强度和上升角作了初步的定量分析。1996 年,上海中医药大学与复旦大学合作研制并开发出新一代微机化的 FZ-Ⅰ型推拿手法测力分析仪,可将手法产生的三维方向作用力直接传入动态应变仪中,经计算机处理,形象直观地显示手法合力作用点的几何运动轨迹和三分力曲线,以鉴别手法动作的正确与否,还可对分力、合力进行频域和时域的定量分析。

近年来,有学者采用三维步态分析捕捉系统开展手法施术过程的在体研究,对接受手法治疗患者的肩关节、肘关节、膝关节和踝关节的瞬间运动,实施运动轨迹的实时记录分析,完成三维骨骼模型的创建;同时,通过重复测量手法的操作,观察每次手法操作过程中人体主要关节的运动曲线波动。

通过手法测试,可对各类手法的运动学和动力学特征,如手法周期长短、频率、纵向波幅、后移波及前推波波幅、峰顶形态、手法节律等进行分析比较,可以分析合力作用点的几何运动轨迹及计算轨迹图形面积占其最大宽度所构成的正方形面积的百分比(即 R 值),定量分析比较不同手法的力学特点。

### （二）手法作用的效应机制

主要是揭示手法作用力的应力应变规律,目前主要集中在脊柱手法的力学效应方面。

1. 旋转类脊柱手法的力学效应机制研究(图 8-8)　旋转类脊柱手法分为定位和非定位旋转两种,研究显示,非定位旋转手法存在一定的盲目性,而定位旋转手法具有较高的准确性。手法中出现"咔嗒"声说明关节活动达到了最大极限位置,手法作用力传到了脊椎关节并引起了脊椎关节发生位移。

在手法操作时,必须按一定的模式进行,这种模式不应对脊柱造成损伤,或超过生理耐受限度。轴向旋转是对椎间盘的纤

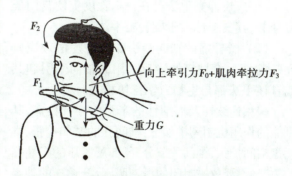

图 8-8　颈椎旋转类手法力学效应示意图
$F_1$:向左旋转力;$F_2$:向右反旋转力

维环施加张力的有效方法。各种弯曲的操作也能施加张力于纤维环和其他韧带结构上,并改变椎间盘的突出。椎间关节是真正的滑膜关节,轴向转动会引起这些关节的运动和位移,有可能会有一些关节内物质被改变。力学状态的改变可减轻或消除任何有关的滑膜炎。

当颈椎处于中立位使用旋转手法时,颈椎位移的幅度从下而上依次增大,$C_1$ 与 $C_7$ 棘突偏离中线的距离可以相差高达 3 倍以上,说明中立位旋转手法较大的应力主要集中在上位颈椎,而对多发的下位颈椎的病变作用不明显。

在颈椎处于前屈位旋转时,$C_2$、$C_3$、$C_6$、$C_7$ 节段的椎管内截面积和矢状径与自然后伸位或过伸位旋转时相比明显增大,其他节段差异不明显。同时,当颈椎过伸位旋转时各节段纤维环均有不同程度的突出,向中线侧突的髓核增大;而前屈位做旋转手法则未见纤维环突出,向中线侧突的髓核也明显减小。提示:在颈椎前屈位使用旋转手法的安全性明显高于过伸位做旋转手法,并应尽可能采用定位整复方法。

对新鲜尸体椎间盘内压力的变化观察显示:颈椎做旋转手法可使椎间盘内压力普遍增高;腰椎行旋转手法时,随着旋转角度的增加,椎间盘内压力逐渐增高,手法完成时达到最高,手法停止后,压力又恢复至操作前水平,没有发现盘内压力下降的现象。但不同节段腰椎间盘内压变化也略有差异,如 $L_{3\sim4}$、$L_{4\sim5}$ 节段在旋转过程中盘内压力不断增高,而 $L_5 \sim S_1$ 节段盘内压力并不增高而呈下降趋势。总之,脊柱旋转手法施行中,椎间盘内压力普遍增

高,不会使已经突出或膨出的髓核还纳复位,但通过手法对椎间盘内外压力的改变和对神经根的牵拉,则有可能使髓核与神经根之间的位置关系发生改变,从而缓解相应的临床症状,这可能是手法治疗椎间盘突出或膨出症有效的作用机制所在。

2. 拔伸类脊柱手法的力学效应机制研究

(1) 分类:通常分为持续性和间断性拔伸两种。颈椎拔伸过程中,椎间盘内压力总体上呈下降趋势,而且盘内压力的变化与拔伸的力量、持续时间或间隔时间长短有关。实验研究文献显示:以 5kg 的重量在 2 秒内缓慢拔伸,颈椎椎间盘内的压力呈一定程度的下降,但与拔伸前比无显著性差异,以此重量继续拔伸,盘内压力不再变化。若以 10kg 的重量在 0.1 秒内拔伸,则盘内压力显著性降低,以此重量继续拔伸,盘内压力持续降低,且拔伸结束后维持一定时间的后效应。对颈椎进行纵向牵拉时显示,颈椎关节后缘所受拉应力大小和手指指腹与颈椎接触点之间拔伸力的着力点及方向有密切关系,位于 $C_1$ 和 $C_2$ 棘突的手指指腹与颈椎接触点之间拔伸力所产生的应力普遍较高;就拔伸力的方向而言,$C_{4～5}$ 关节以 15° 的手指指腹与颈椎接触点之间拔伸力所产生的应力最高,$C_{5～6}$ 和 $C_{6～7}$ 关节以 25° 的手指指腹与颈椎接触点之间拔伸力所产生的应力最高。提示临床上施行颈椎拔伸手法时,根据病变关节的部位不同,应选择合适的着力点和拔伸方向。

总之,拔伸类手法可在一定程度上使盘内压力降低,其安全性高于旋转类手法。

(2) 脊柱痛的轴向牵引和脊柱疗法效应研究(图 8-9):脊柱痛的治疗采用的轴向牵引和其他脊柱手法都与生物力学密切相关。

采用连续性及周期性的牵引治疗脊柱痛,其可能的作用机制列举如下:椎间孔的拉伸扩张、椎间盘空间扩张、椎间关节分开、伸展紧压的有病痛的关节囊、释放被封闭的滑液膜、分开粘连的神经根、使中央产生真空以减轻椎间盘突出、使后纵韧带拉伸以减轻椎间盘突出、减轻肌肉痉挛。

对脊柱牵引的各种参数争论较多。实际上应根据患者机体状况、病情等的不同而有所区别。推荐的牵引时间为 4 分钟至 1 小时。对颈椎的牵引力为 100～1 100N。轴向牵引时患者可以采用坐位或仰卧位,颈曲的变化角度可达 0°～30°。120N 的牵引重量持续 7 秒就可以使颈椎骨后部分离,这是分离椎骨的最小力和时间,更长的时

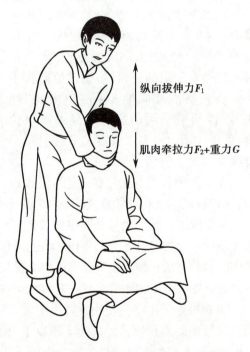

纵向拔伸力 $F_1$

肌肉牵拉力 $F_2$+重力 $G$

图 8-9 颈椎拔伸手法力学效应示意图

间会引起患者感觉不适,力增加到 200N 可增加椎骨的分离。颈部的弯曲度越大,后部的伸长也越大,椎间孔张开也越大。颈椎的最大分离是当屈曲为 24° 时达到的,获得的总分离量与加 200N 力无弯角时的分离量一样。牵引的力学效果是短暂的,即使用大于通常颈椎牵引术(25 分钟,120N)的数据牵引,牵引结束后 20 分钟,椎间孔也没有留下明显的永久性扩张。

对正常颈椎的牵引表明,活体脊柱能承受 1/3 人体重量的轴向载荷所产生的椎骨分离,分离量为 1～2mm。人与床之间的摩擦将消耗牵引力。有人对此做了研究,对一具尸体和三个正常对象进行牵引,通过切断尸体 $L_3$ 和 $L_4$ 前后的测量,确定了人体下半身的摩擦阻力是整个人体重量的 26%。

通过对 212 例和颈椎有关的不同病例研究发现,颈椎牵引对有神经根炎症状的患者有

效,治疗有效率达 68%。但轴向牵引会引起一些并发症。有报道在一组腰椎痛患者中,牵引后有 33% 的患者症状加剧。牵引的主要危险是神经损坏,其次是椎骨受载超出耐受极限。

预防脊柱痛方法很多。人类工程学认为,与椎间盘疾病有关的脊柱痛患者应限制乘车,尤其是开车;运动损伤是脊柱损伤的另一个原因,良好的条件、科学的训练和管理方法有助于防止运动受伤。

3. **屈伸类脊柱手法的力学效应研究**　研究显示,颈椎过伸时,脊髓变粗并形成皱褶,硬膜与黄韧带一起形成皱褶并突入椎管。纤维环膨出增大,向中线对侧突的髓核亦增大;而颈椎前屈时则无上述现象。另外,颈椎前屈时,$C_6$、$C_7$、$T_1$ 节段椎管内截面积与过伸时相比明显增大,其他节段变化不明显。颈椎前屈时,椎管矢状径与过伸、自然后伸时相比似有增大趋势。综合上述研究结果表明,颈椎前屈时手法的安全性相对较高。

研究显示,腰椎后伸手法可引起硬膜囊矢状径缩短、椎管长度减小;前屈手法的作用效果相反,有利于神经根的减压。坐位下的腰椎屈曲旋转手法可使硬脊膜两侧的神经根向上下和内外方向移动,进而改变神经根与周围组织的位置关系。从安全角度考虑,应适当控制屈伸幅度,尤其要避免脊椎关节的过度后伸。

进一步的研究推测,手法对椎间盘突出的治疗机制有可能是使突出物发生了位移,进而改变了突出物和神经根之间的位置关系。研究者在对腰椎间盘突出症施行手术中观察到,突出物主要位于侧隐窝部,腰椎间盘突出症合并侧隐窝狭窄者是手法治疗效果差或无效的主要原因。如果是陈旧性的突出,粘连组织已经异常坚固或合并骨性椎管狭窄,则非手法治疗的适应证。

4. **手法对软组织作用的力学效应研究**　手法治疗软组织损伤通过解除一系列痉挛的肌群,恢复肌肉正常的收缩舒张功能,必定要施以相等于痉挛的作用力,且手法作用力方向一定要顺肌纤维排列,施力点应着重在痉挛的应力点上,这样才能巧、好、省地解除痉挛、消除症状。软组织损伤后会发生组织形变,其内部产生弹力,弹力是物体形变产生的反抗力以恢复它本来的形状,弹力的方向跟形变物恢复原状的趋势一致。较轻的软组织损伤,不施用手法治疗也可自愈,就是由于其内部形变弹力的作用。较重的外力损伤软组织,经过多次手法治疗会有残余痛,一般出现在末梢部,常常需要更长的时间自行恢复,其原因是生物组织内部产生的内弹性力在引起其组织缓慢地恢复自己的形状,有生物材料的弹性滞后特点,手法作用力有助于其恢复进程。

一般来说,对软组织损伤,手法作用力与挛缩或粘连组织纤维走向垂直,有松解粘连、解除痉挛的作用。牵引情况下,施以摇抖或旋转等手法有使出槽的筋复位的作用。矫正骨错缝的手法实际上是为了恢复正常负重力线作用。在神经血管束部位进行点压手法,起到兴奋血管神经作用。点穴手法镇静止痛是加强内啡肽类物质作用以提高痛阈的结果。

### (三) 手法的应用规律

手法治疗时,患者没有与手法相对抗的力,才能使手法发挥应有的效应。这要求采取适当体位,手法治疗前先使患者放松全身肌肉。手法操作时,要先用轻柔的手法作为预备阶段,然后再采用治疗手法,最后行理筋手法。肌腱、韧带和皮肤的纤维排列不同,使这些组织具有不同的力学特性。软组织损伤的部位不同,临床表现不一。治疗时,要"因势利导""顺势而为",以不同大小、不同方向、不同压强的手法所产生的外力施于人体体表的特定部位,达到治疗目的。应对肌紧张痉挛甚至粘连者,选用垂直用力的推扳、按法等手法治疗,以松解粘连、解除痉挛;肌腱滑脱者,牵引下施以摇抖或旋转手法使其复位,等等。值得注意的是,手法切忌刚猛过度,如禁止为追求"咔嗒"声在同一部位强行或反复使用正骨手法等。

### 三、康复手法的生物力学作用机制

#### （一）常用手法的生物力学作用机制

1. 滚动类手法　滚动类手法作用力大，因为整个手臂几乎成一直线，又几乎是竖直地对患者施加力的作用，而且这个力 $F$ 与竖直方向的夹角 $\theta$ 很小，根据力的正交分解法，在竖直方向上的分力 $F_{垂直} = F \cdot \cos\theta$，在水平方向上的分力 $F_{水平} = F \cdot \sin\theta$。那么，当 $F$ 一定时，要增大 $F_{垂直}$，就要减小 $\theta$ 角，即减小手臂的倾斜程度，使手臂尽量靠近自己的身体，如要增大向前滚动的推力 $F_{水平}$，则可增大 $\theta$ 角，使手臂远离身体。见图8-10。

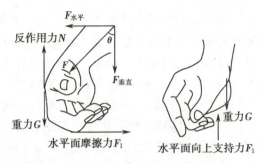

图 8-10　滚动类手法力学效应示意图

2. 振动类手法　振动类手法的频率较快，可达 350～450 次/min，作用力也较大，患处在这样的力的作用下做快速受迫振动，其振幅随作用力的增大而增大，并向患者机体深处传递，从而形成波。又因为振动或波的能量随着频率 $V$ 和振幅 $A$ 的增大而增大，所以此时有较大的能量向机体深处传导，以转化为机体的内能。振法是一种压强刺激和波的传递相结合的治疗方法。因而掌握动作频率的大小至关重要。$F_1$ 与 $G$ 相等时处于静止状态，当 $F_1 > G$ 时向上牵抖，$F_1 < G$ 时向下牵抖，$F_2 = F_3$ 维持牵引状态。施术者通过改变 $F_1$ 与 $G$ 的力的关系来调整抖动幅度，如何协调这种变化让患者达到舒适的治疗效果，这是临床操作时应考虑的问题。见图8-11。

3. 放松按摩类手法　这类手法主要用于治疗肌肉痉挛、肌筋膜粘连和肌肉弹性障碍。此类手法以一系列高速、低频的刺激手法直接作用于肌肉僵硬的部位，使之得到松解。这种脉冲按摩手法对紧张的组织结构没有作用，但对粘连松解有效，它使肌肉受到刺激而不是处于静止状态。

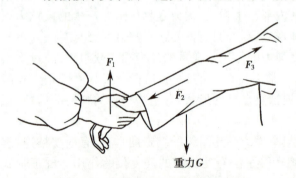

图 8-11　振动类抖法力学效应示意图

4. 横向摩擦或弹拨类手法　这类手法主要是松解肌肉和韧带组织的纤维化组织。按摩或弹拨时应与肌纤维走行方向垂直进行摩擦。横向摩擦法可以改善未成熟胶原纤维的走行，有利于损伤软组织的康复。手法可以激活机械感受器，机械感受器的传入信号进入脊髓后角内抑制伤害性感觉的传入，因而可以减轻病变部位的疼痛感觉。横向摩擦法对肌腹、肌肉与肌腱联合处、韧带和肌腱骨膜处的纤维粘连具有治疗作用。见图8-12。

5. 牵拉类手法　牵拉手法主要是通过牵拉特殊的肌肉，影响不同肌肉感受器的功能而发挥其治疗作用的。骨骼肌内部有两种本体感受器，即肌梭和 Golgi 腱器。肌梭受到牵拉兴奋时，可引起主动肌和协同肌反射性收缩，同时反射性地抑制拮抗肌的收缩。牵拉肌肉时，肌肉内各肌梭间的兴奋变化具有同步性，其反射性引起的肌肉收缩是强烈的多纤维的同时收缩，称为动力性反射；而缓慢牵拉所引发的慢性收缩称为静力性反射。Golgi 腱器参与抑制性反射，兴奋时引起主动肌松弛，但其兴奋性较慢。Golgi 腱器和肌梭之间具有相互拮抗的作用，以保持肌肉的稳定性。见图8-13。

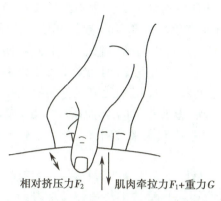

相对挤压力 $F_2$ | 肌肉牵拉力 $F_1$+重力 $G$

图 8-12 弹拨类手法力学效应示意图

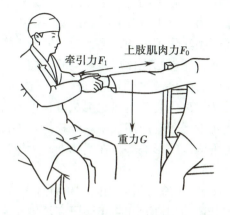

牵引力 $F_1$ | 上肢肌肉力 $F_0$

重力 $G$

图 8-13 牵拉类手法力学效应示意图

快速牵拉手法有一定疗效,但存在潜在性危险,它容易使肌梭的牵张反射出现疲劳,引起神经的兴奋性持续增高,导致肌肉或肌腱损伤。如果继续牵拉使 Golgi 腱器也出现疲劳,则可造成更严重的损伤,可能会造成肌肉附着点处的撕裂。

静态持续性牵引与快速牵拉相比较为安全,缓慢地持续牵引 15~20 秒足以克服动力性的牵张反射。对肌梭的影响较小,引发的是静态性反射收缩。

总之,手法对机体组织结构的恢复以及组织的生物力学性质的恢复都有良好的促进作用。但如果损伤后过早使用手法,也可能损伤肉芽组织中的新生血管而加重组织损害,导致大量瘢痕形成和粘连。

### (二)脊柱手法的生物力学作用机制

1. 脊柱手法可能的作用机制 脊柱手法广泛用于脊柱的劳损性或退变性疾病,如颈椎病和腰椎间盘突出及脊柱源性的内脏疾病等的治疗中。目前,手法的生物力学研究多集中在脊柱手法方面,但由于研究条件等因素的限制,相关生物力学机制研究相对薄弱和滞后。脊柱手法大多为短促有力的推扳类手法,作用在患椎的横突或棘突上,目的是松动或扳动脊椎关节,是脊柱关节在解剖运动范围内的被动运动。关节被动运动时,常可闻及"咔嗒"等声响。

从现有的文献来看,脊柱手法可能的作用机制有以下几个方面。

(1)脊柱手法可解除滑膜嵌顿:欧洲的脊柱手法学者认为,脊柱小关节间的滑膜嵌入是脊柱活动受限和疼痛的主要原因,推扳和旋转手法可使嵌入的滑膜得到解除。

(2)脊柱手法可缓解肌肉痉挛:当骨骼肌张力异常升高以致肌肉痉挛时,机体在功能上会出现非协调性的异常收缩,临床上可扪及条索或结节,行脊柱手法时的快速推扳或旋转手法可松解异常升高的肌张力。

(3)脊柱手法可松解粘连组织:关节四周的软组织粘连会造成关节活动受限或疼痛。手法可使组织粘连程度得到一定的松解。

(4)脊柱手法可调整骨关节错缝:脊柱关节错缝会造成神经根和椎动脉一定程度的受损,从而出现临床症状,脊柱手法可调整脊柱关节至合理的解剖位置,改善受损局部的血液供应,缓解临床症状。

2. 脊柱手法作用机制的生物力学分析

(1)手法生物力学研究的重要性及研究现状:随着手法研究、生物力学和生物工程学等学科的结合不断深入,研究结果对手法流程进行了一定的调整和改进,在避免手法副作用和阐释手法作用机制等方面不断加强。

多数研究是围绕手法作用力的大小展开,如将压力传感器置于患者与施术者的手之间,测量出力的大小、作用时间和最大作用力。进一步的研究有作用力的生物力学参数和几种腰骶部手法作用力的检测比较。但由于实验条件和研究手段等方面的差异,其结果各异。

研究还包括离体尸体标本的生物力学测试,这种研究可以精确地测量作用力、轴向载荷和位移,并对特定解剖节段进行力学测量。虽然活体测试更为重要,但易受不可控因素的影响。所以离体实验仍然是无法替代的研究内容。近年来,一些用于活体实验的检测技术也得到了发展,如:应用数字录像扫描技术测量脊柱运动、患者头部的运动情况以及反复载荷对腰椎刚度的影响等。在活体上应用侵入或非侵入性技术对腰椎椎间关节的力学性质进行研究。

最初,步态分析被用来评价脊柱手法后的疗效。早期研究均认为脊柱手法治疗后,患者步态趋向均匀,但 1994 年该研究领域专家的一篇评论指出,虽然手法治疗后患者的步态可发生改变,但这种改变与疾病的病理机制之间似乎没有直接联系。有关工作小组已放弃步态分析工作而转向手法的作用机制研究。

应用如压力和位移传感器等定量测试软组织刚度和软组织顺应性的研究装置已成为诊断和临床疗效评价的有效手段。一些具有商业价值的脊柱手法辅助工具和设备也相继得到开发应用。

最新颖的研究是手法与关节功能的计算机数学模型(三维有限元模型),它能清楚地重复实验内容。优点是能在正常和病理状态下对治疗前后肌肉骨骼系统的功能状态进行定量、非侵入性的生物力学评价。随着计算机技术的进步,该方法成熟度不断增高。

在脊柱手法的生物力学研究方面,国内有几家单位进行了较多的研究。研究内容主要集中在颈腰椎旋转手法的机制上。由于研究条件所限,如缺乏新鲜尸体的来源和必要的生物力学仪器设备等,颈椎生物力学的研究很少,包括对颈椎牵引和旋转手法等的对比研究,以及对颈部手法所产生的弹响的研究。

(2) 手法生物力学研究的重点和存在的问题:脊柱手法的安全性问题是不容忽视的研究内容。对颈椎手法的安全性研究显示,颈部手法发生脑卒中危险的发生率是(0.5~2)/100 万,安全性很高。应该注意到,并非所有椎基底动脉损伤均为致命性,有人发现在 107 例因颈部手法出现脑卒中的患者中,有 1/3 病情轻微或无后遗症。在手法失当的损伤中,最常见的有椎间盘的损伤、骨折和误诊脑血管意外及病情加重等。

椎间盘损伤问题多发生在腰椎和颈椎。主要原因是腰椎-骨盆的侧扳手法所致,此类手法一般用于有腰痛和单侧下肢痛的患者,而此类患者多有椎间盘病变。一般认为侧扳手法较为安全。正常的椎间盘平均旋转幅度为 22.6°,损伤和退变的椎间盘为 14.3°,这表明有椎间关节损伤时,椎间盘对抗扭转的强度降低,很小幅度的旋转就可造成损伤。从腰椎的扭转-旋转曲线可以看到,超过 2°~3° 的旋转就可能使椎间关节扭伤。由于颈椎椎间盘退变多见于 $C_5$ 和 $C_6$,因而颈椎手法失当的损伤多为上述节段的椎间盘突出,压迫颈神经。

患者侧卧位暴力扭转胸椎时最常见的损伤是肋骨骨折和肋软骨分离,有时侧扳也可造成股骨骨折和髋关节脱位等,主要原因是施行手法时的蛮力和手法不熟练等。许多转移性肿瘤患者的最初临床表现是神经、肌肉和骨骼方面的症状,这类患者严禁推扳手法,应避免误诊。要掌握脊柱手法的适应证和禁忌证,预防损伤的发生。

在生物力学实验动物模型的研究方面,由于检测系统的灵敏度有限,对实验数据的采集和处理仍存在一些有待解决的技术难点。

(3) 国外主要的脊柱手法理论假说

1)"半脱位"(subluxation)假说:"半脱位"概念来自美国脊骨神经医学,由 Daniel David

Palmer(通常称为 D. D. Palmer)于 1895 年创立。该学派认为这种关节错位或脊椎关节错位综合征是脊柱生物力学功能障碍和可能进一步引起神经系统功能病理生理改变的基础。因此,在治疗方面强调徒手操作技巧,包括关节矫正和/或手法治疗,尤其侧重对关节错位的矫正。

虽然脊柱手法可以缓解患者脊柱的功能障碍,但目前没有明确的机制可以说明椎体位置的异常与脊柱功能之间的关系。因此将相关的临床表现都统称为"半脱位"。著名的生物力学专家 White 和 Panjabi 对半脱位进行了评价:"目前不同学科的专家尚无法定量或定性地重复出医师介绍的脊柱半脱位的征象,因此仅就现有的资料无法使人信服手法的治疗机制。"

脊柱生物力学性质的损害可以引起躯体和内脏神经的反应而对健康造成损伤,脊柱手法具有恢复其正常生物力学性质的作用。组织学研究表明,脊柱关节内有 3 种机械感受器,分别为Ⅰ、Ⅱ、Ⅳ型感受器,Ⅰ型感受器能够感受脊柱的静力性和动力性变化,如果Ⅰ型感受器在韧带纤维中比例增加,则可使韧带纤维的张力升高,这种感受器是慢适应感受器,所以直到新的静力学位置固定后,它才停止兴奋。Ⅱ型感受器是快适应神经末梢,兴奋时会频繁发出冲动,当关节活动以及关节囊张力改变时会发出短促的神经冲动。Ⅳ型感受器由感受伤害刺激的神经末梢构成,当关节囊的张力增加或被拉伸到一定程度时才能被激活,属于高阈值、非适应性感受器,它能够连续发送疼痛刺激信号直到关节囊的张力低于其激发点。Ⅰ型和Ⅱ型感受器具有抑制Ⅳ型感受器疼痛刺激信号传递的作用。这就解释了许多运动甚至是简单的机体摇动就可以缓解疼痛的原因,也部分解释了手法可以暂时性缓解疼痛的作用机制。在关节功能正常以及中立位时,关节囊纤维受到的应力最小,而当脊柱关节发生固定即脊柱活动受限时,病变关节无法恢复到原来的中立位,此时关节囊纤维凹凸不平,可产生低于Ⅳ型感受器小体感受疼痛刺激阈值以下的骨骼肌异常张力。早在 20 世纪六七十年代,英国的 Wyke 教授就曾指出,由于机械感受器纤维是呈节段性分布的,因此感受器兴奋时冲动可使远离损伤关节部位的肌肉张力增高,甚至影响到对侧肌肉张力。Wyke 指出脊柱手法能够缓解疼痛和体位性的异常反射。当以突然的手法牵拉松弛的关节囊时,Ⅰ型和Ⅱ型感受器也突然被激活兴奋。同时手法的作用使紧张的关节囊纤维变得突然松弛,可使Ⅰ型和Ⅱ型感受器的传入冲动减少或消失。Ⅰ型和Ⅱ型感受器的兴奋冲动对Ⅳ型伤害性感受器纤维有抑制作用,因而具有缓解疼痛的作用。

由于对固定假说的研究不多,因此需要进一步研究以明确脊柱手法对体位、骨骼肌、肌梭以及脊髓运动神经元兴奋性的影响。

2）扳机点疗法（trigger point therapy）理论:1982 年 Janet G. Travell 教授在其著作《肌筋膜疼痛和功能障碍:触发点手册》中首次提出肌筋膜触发点（myofascial trigger point,MTrP）的概念,又称扳机点。扳机点是指局部代谢产物、钙离子和水聚集在肌腹的神经-肌接头处引发的牵涉痛或放射痛,导致骨骼肌内产生的紧张带,长期肌力失衡导致患者出现以疼痛为主要表现的肌筋膜疼痛综合征,触诊时可触及条索状肌束上有局限性的深部压痛点。

各种创伤或异常应力会导致肌筋膜扳机点的出现,损伤可使肌浆网撕裂引起钙离子外流,激活局部肌纤维的收缩,代谢产物蓄积,致敏局部神经末梢而出现压痛。钙离子过多外流可造成肌肉持续收缩,为了恢复肌肉的正常功能,这时就要充分牵拉肌丝,阻断不受控制的肌肉收缩。

按压是对扳机点治疗使用的手法之一,可以持续或缓慢地按压,也可以固定或滑动地按压。对扳机点采用大力、持续的指压手法可以降低扳机点的兴奋性,一般按压 7～10 秒后就可以起到治疗效果。此手法的治疗机制是缓解肌肉痉挛、恢复肌肉的牵拉功能。如果患者常常处于躯体姿势不当,使不平衡的异常作用力持续地作用于肌肉,将导致某些肌肉群过度兴奋,这是扳机点形成和顽固不治的根本原因。Travell 研究了功能锻炼和牵拉对扳机点的疗效,认为对有活动性扳机点的患者来讲,锻炼可能是禁忌证,而被动的牵拉可能有一定的治疗作用;相反,对潜在性扳机点而言,锻炼则非常有益。正确认识扳机点将有助于医师帮助患者制订合理的锻炼方案。

另外,对于肌性的关节固定导致的扳机点的治疗还可以用拔伸的方法。由于关节固定,常常会触摸到单侧或双侧肌肉的持续性收缩僵硬。对这类肌肉功能异常的治疗,通常在组织最初应变的部位上施行拔伸手法,以使病变关节的活动功能得到最大的恢复。医师可以指导患者反复做类似引起损伤的动作,但这与损伤有两点本质上的不同:第一,这种治疗性动作缓慢而且肌肉收缩轻柔;第二,该动作使中枢神经系统熟悉这种刺激,在整个过程中肌梭一直处于兴奋状态。这一体位必须保持约 90 秒,才可以使"敏感点"或扳机点的兴奋性进一步降低,从而解除肌肉痉挛障碍。肌梭的兴奋性高低与肌肉被拉伸的长度及肌肉张力的频率成正比。有学者认为,扳机点和传统中医用来治疗痛证的穴位(阿是穴)相近,但仍有争议。

应用手法的目的,一方面是缓解疼痛,但更为重要的是纠正患者脊柱力学结构的异常,因此不能因手法治疗后疼痛缓解就停止继续治疗,从长远来看,只注重改善症状的做法会延误患者的治疗,还有可能加重其脊柱功能的异常。

## 第三节　骨折功能锻炼的生物力学

骨折愈合是一个高度复杂的再生过程,所需的适宜环境受多种因素的影响,应力是其主要影响因素之一。如果这些因素受到干扰,愈合就会延迟或中断。目前骨折愈合过程已将整复、固定和功能锻炼密切结合为一个完整的过程。功能锻炼的最终目的是恢复肢体正常的功能,是骨折治疗的重要手段。正确的功能锻炼可提供给骨折端有利于骨折愈合的应力;不正确的功能锻炼又会在骨折端产生剪切、扭转等不良应力,阻碍骨折愈合。因此,骨折功能锻炼的生物力学研究对骨折的治疗具有重要意义。

### 一、功能锻炼对骨折愈合力学环境的影响

1. 影响骨折愈合的生物力学因素　力学环境影响对骨折修复的重要性日益受到重视。如果血运正常,骨折的愈合主要取决于与稳定性有关的力学条件,如骨折的固定。另外,体重、部分承重、骨折部位的轻微活动及骨折周围肌肉的运动或收缩产生的压缩性轴向载荷都可刺激应力的产生,增加应变。骨细胞具有感受力学信号的功能,机械性刺激促进细胞分化,也依赖于应变的大小和细胞类型。周期性机械性应力可刺激转化生长因子和血管内皮生长因子的生成,且有剂量依赖性。研究发现,骨折部位微小的轴向活动可显著缩短骨折愈合时间,并减少再骨折的发生率。

2. 功能锻炼对骨折愈合力学环境的影响　功能锻炼可以为骨折端提供应力,改变骨折的力学环境。大量证据证实,骨折端的愈合速度和质量与应力环境有密切关系,骨折端适中的应力刺激能促进骨折愈合。活体骨遭到破坏,有自行修复的能力。骨折端修复过程所需时间与断面所受应力水平有关。我们把可加快骨折端愈合速度、提高愈合质量的断面应力称为生理应力。生理应力值是个区间,且应存在最优值。生理应力分为恒定生理应力和间断性生理应力。恒定生理应力是由固定器械给予骨折端的应力,它可增加断面间的摩擦力,

增强固定稳定性,缩小新生骨细胞的爬行距离。动物实验显示,恒定生理应力不宜过大,过大往往会引起骨折端的骨质吸收,对骨折愈合不利。而间断性生理应力一般并非周期性的,它可促进局部血液循环,激发骨折端新生骨细胞的增长。其主要来自肢体负重、肌肉的内在动力、日常功能活动锻炼所提供的力学环境。一般所谓的生理应力指两者叠加。

在不同治疗阶段,生理应力概念也有所差别。临床初期,主要表现为断面法向压应力;临床中,后期拉应力、压应力和剪切应力对骨折端的修复和改造都会产生有益作用,这是骨的功能适应性所需要的。

## 二、功能锻炼在骨折愈合中的介入时机

骨组织对应力刺激具有良好的适应性,骨折愈合的生物力学指导原则来自 Wolff 定律,即骨改建符合最优化设计原则,同时符合骨的功能性适应理论。

在骨折愈合中,各种动物的骨折愈合大致经过三个时期:血肿炎症机化期、原始骨痂形成期、骨痂改造塑形期。不同时期功能锻炼的选择应有所不同。血肿炎症机化期患肢疼痛肿胀,骨折端不稳定,断端易发生移位,此期功能锻炼以患肢肌主动收缩活动为主。研究显示,振动促进骨愈合适用于骨折早期,有间歇的细微活动可以刺激骨愈合而又不使发生移位。临床研究表明,一般5周内予以振动,效果明显。原始骨痂形成期肢体肿胀消退,骨折断端已纤维连接,肌肉有力,骨折部日趋稳定,肌肉的收缩对血液循环起着泵的作用,血液循环不仅回收骨折局部的代谢产物,也输送来成骨需要的物质。骨痂改造塑形期功能锻炼的指标更广。

实验研究观察运动幅度对骨折愈合的影响发现,微动对骨折端的局部血流量有明显的促进作用,可促进骨折愈合,表现在微动实验动物的骨痂弯曲刚度、扭转刚度、扭转强度显著高于固定组。

## 三、适宜的功能锻炼促进骨折愈合的研究

1. 压应力促进骨生长的压电学说和显微损伤学说　功能锻炼能对骨折断端产生恒定或间断的压应力,压应力对骨生长促进作用的生物力学机制尚未完全阐明,比较有影响的理论有骨生物电理论和骨显微裂纹理论:给骨施加一压力载荷,骨内电荷将重新分布,受压应力作用骨折端呈阴极电荷分布,实验证明,负电荷能促进骨细胞和成骨母细胞的增殖;在反复应力作用下,骨作为载荷材料会出现显微骨折,这种应力来自肌肉的牵拉和负重,现已明确,显微损伤通过靶向骨改建进行修复,显微损伤引起的骨细胞凋亡对诱发靶向骨改建起关键作用,能刺激骨的细胞活性以修复骨的损伤。应力的不断刺激和骨的显微骨折诱导能激发和促进骨的修复潜能,加快骨折愈合速度。

研究发现,骨折愈合的早期,纵向压应力可促进成骨细胞和成纤维细胞分化成骨,有利于骨折愈合,而剪切和扭转载荷产生的剪切应力对骨折愈合不利;但在骨折愈合中后期,各种应力的介入对骨痂都有改建作用,均可促进骨质沉淀并使骨矿物化,骨折端持续的压应力能促进成骨细胞的分化,进而促进骨折愈合。

有关临床试验表明:不同程度的应力刺激对骨修复诱导的作用不同,正常的骨组织对应力作用具有较强的敏感性,$30\sim300$Hz 的刺激可引起骨质疏松、骨质增生。然而,低频率载荷如 $0.5\sim1$Hz,不仅可以促进新骨形成,防止骨质疏松,而且能促进骨折愈合。在骨折后期施加周期性载荷对于加速骨改建、促进骨愈合是有意义的。

2. 适宜的应力能增加骨再生　动物实验显示,早期被动运动有助于骨折对线及稳定。在愈合后期,各种应力都有一定的骨痂改建作用,切应力增加可促进成骨细胞分化,使更多

类骨质沉积并骨矿物化,但必须控制过度活动。骨组织对间歇性或循环性应力刺激更加敏感,骨折部位的轻微活动就可刺激成骨,并增加骨再生。

进一步的研究显示,力学刺激可直接作用于细胞骨架,使细胞骨架的排列方式和空间结构发生改变,从而把力学信号转化为生化信号对细胞发挥作用。适当功能锻炼可以预防深静脉血栓,改善骨折局部血液运行,促进骨折局部血肿吸收,进而调节血肿内血管内皮生长因子(VEGF)的表达,从而诱导新生血管的形成。功能锻炼在一定程度上通过改变细胞的生化信号和促进骨折部位血管再生,从而促进骨折的愈合过程。

### 四、不当的功能锻炼干扰骨折愈合的研究

有学者提出,术后的过度功能锻炼是造成内固定失败、骨折延迟愈合或不愈合的主要原因之一。不良应力的长期作用是造成内固定物发生弯曲、松动甚至断裂的主要原因,应重视避免过度活动和过早负重。引起骨折断端间的剪力、成角及扭转应力的活动主要指增加肢体重力的活动和骨折上下段之间不一致的旋转动作。在愈合早期,剪切和扭转载荷产生的剪应力驱动成纤维细胞增殖为纤维组织,造成断端骨内部应力重新分布,骨端断的板层界面的应力过于集中,并能直接破坏新生毛细血管和骨痂,对骨折的愈合产生不利影响。而愈合中后期,不充分或缺乏功能锻炼使骨折端的应力(应变)太低,组织分化的力学诱导因素降低,组织分化障碍,易导致骨折愈合延迟或不愈合;相反,过度功能锻炼导致局部应力(应变)太高,活体骨将在骨-骨界面或骨-内固定物界面之间发生反应性表面吸收,损伤刚刚形成的骨痂,造成骨萎缩。当应变超过临界限度时,进一步的分化及愈合将停滞,甚至使骨折端重新移位引起骨折不愈合。

### 五、监测骨折的生物力学特性的意义

测定骨的力学性能变化是评价骨折愈合情况最直接的方法。国内外学者致力于研究一种无创的可量化的方法来监测和评估骨折愈合的进程,包括测定骨损害部位的骨量及骨密度、刚度、骨痂的量及骨代谢变化等。判断一种无创评估方法时,均以力学性能作为参照来比较分析。了解功能锻炼时骨折的生物力学变化,有助于洞察骨折愈合过程中生物力学特性的变化,从而评估骨折愈合的情况。

总之,正确理解和进行功能锻炼可以加快骨折的愈合,避免干扰正常的骨折愈合过程。

## 第四节　软组织功能锻炼的生物力学

### 一、功能锻炼对损伤软组织愈合力学环境的影响

人体的软组织主要包括皮肤和黏膜、肌腱和韧带、骨骼肌和平滑肌、筋膜、中枢和周围神经、动静脉、血栓、角膜以及其他脏器等,由于解剖结构及微观结构上存在差异,各种软组织的一般力学参数变化较大,但作为黏弹性材料,普遍具有非线性、各向异性、黏弹性等共同力学特点。骨伤科相关的软组织如皮肤、肌肉、肌腱、筋膜、神经、血管和韧带等虽然解剖结构差异明显,但力学特点相似。软组织功能锻炼的主要目的是协调骨折长期固定与运动之间的矛盾,预防或减少并发症的发生,控制或减少组织肿胀,减少肌肉萎缩,防止关节粘连僵硬,促进骨折愈合,有利于患者的功能恢复,早日重返社会。中医学通常把软组织理解为

"筋",了解和掌握这些软组织特性和功能锻炼对软组织的生物力学作用,有助于提高诊疗效率和判断疾病预后。

## 二、功能锻炼在软组织愈合中的作用

1. 促进软组织肿胀消退　损伤后出现局部肿胀是外伤性炎症的反应。软组织肿胀由软组织出血,体液渗出以及疼痛反射造成的肌肉痉挛,唧筒作用消失,局部静脉及淋巴管淤滞和回流障碍所形成。同时,因疼痛反射引起的交感性动脉痉挛致损伤局部缺血,也加重了局部的疼痛。这一恶性循环通过局部固定、局部封闭后可以因疼痛减轻而缓解,但对损伤较严重的患者,则在短时间内难以收效。如能在局部复位及固定的基础上,逐步进行适量的肌肉收缩,恢复其唧筒作用,可有助于血液循环,促进肿胀的消退。

2. 减少肌肉萎缩的程度　因骨折而产生的肢体失用,必然会导致相关肌肉萎缩,即使伤后尽最大的努力进行功能锻炼,也难以避免肌肉萎缩的发生,但积极的功能锻炼可减少萎缩的程度。此外,积极的功能锻炼还可以使大脑始终保持对有关肌肉的支配,而无须在解除固定后重新建立支配关系。

3. 防止关节粘连僵硬和功能障碍　肌肉不活动是关节发生粘连乃至僵硬最重要的原因。长时间不恰当的固定和未经固定但长期不运动都可以造成关节僵硬。固定主要是限制受伤关节的活动,但由于肌肉不运动,静脉和淋巴淤滞,循环缓慢,组织水肿,渗出的浆液纤维蛋白在关节囊皱襞和滑膜反折处以及肌肉间形成粘连。这种水肿在骨折邻近和远端的关节都可发生。例如,前臂双骨折时的手部肿胀,小腿骨折时的足部肿胀等。这些部位的水肿是损伤后反应性水肿或肢体体位造成的坠积性水肿,也有些则是因局部固定物压迫而引起的水肿。因此,如果不进行肌肉运动,即使是未包括在固定范围内的手和足,也同样会出现僵硬。有些肘关节、前臂或腕部骨折的患者,尤其是老年患者,由于长时间不做肩关节活动,在原骨折部位完全治愈后,反而遗留下肩关节的功能障碍。如果从治疗之初就十分重视功能锻炼,既包括未固定关节的充分自主活动,也包括固定范围内肌肉的等长收缩,关节的粘连和僵硬是可以避免的。

除去上述原因可造成粘连外,关节本身由于关节囊、滑膜、韧带的损伤修复,形成瘢痕也会影响到其正常功能的恢复。因此,既要避免关节的反复水肿渗出,也要使损伤的关节囊、滑膜、韧带等组织尽可能在接近正常的位置上愈合,以防止瘢痕过大。早期的制动有利于达到上述目的,尤其是绝对禁忌暴力牵拉。但同时也必须积极地进行未固定关节的功能锻炼和涉及固定关节的肌肉的等长收缩。一旦有关的软组织愈合后(2~3周),应立即开始固定关节的功能锻炼。

经过骨折部位的肌肉与骨折部形成粘连,以及肌肉本身损伤后瘢痕化,是另一种造成所属关节功能障碍的原因。为了防止其发生,除在复位上应严格要求外,积极的肌肉自主收缩更为重要。如关节僵硬在非功能范围,则会形成后遗畸形,如肩内收、足下垂、爪形趾等。因此,功能锻炼也具有预防畸形的意义。

4. 促进骨折愈合过程的正常发展　恰当的功能锻炼既可促进局部的血液循环,使新生血管得以较快地成长,又可通过肌肉收缩作用,借助外固定保持骨折端的良好接触。在骨折愈合后期,骨痂还需要经过一个强固和改造的过程,使骨痂的组成和排列完全符合生理功能的需要,这一过程也只有通过功能运动和使用才能完成。对于关节内骨折,通过早期有保护的关节运动,也可以使关节面塑形。

# 第五节　功能锻炼的生物力学案例分析

## 一、脊柱功能锻炼案例力学分析

1. 功能锻炼飞燕式　通过项背部肌肉和腰臀腿后部肌肉收缩产生背部肌肉复合力使身体后伸,此时胸腹部肌肉被动拉伸后产生向心收缩力使得腰腹部肌肉得到锻炼(图8-14)。

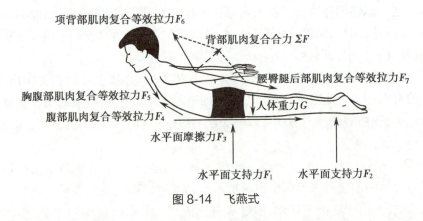

图 8-14　飞燕式

2. 功能锻炼五点支撑式　通过头、双肘及双足部抵抗身体重力,项背部肌肉和腰臀腿部肌肉的收缩形成拱桥。此时胸腹部肌肉收缩使身体进一步上挺,使腰腹部肌肉得到锻炼(图8-15)。

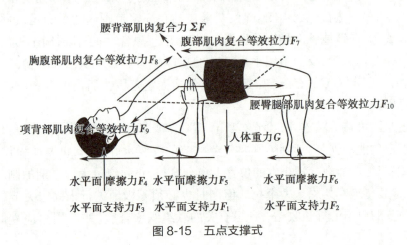

图 8-15　五点支撑式

3. 核心肌群的范围　根据现代医学研究,脊柱的功能锻炼主要是加强核心肌群的力量,中医骨伤科的功能锻炼是通过不同的姿势增强核心肌群力量,维持腰椎的稳定,同时通过锻炼调整脊柱相关软组织动力学平衡,通过软组织的平衡锻炼逐步调整脊柱骨性结构的平衡,改善病理状态,恢复生理状态(图8-16)。

## 二、关节功能锻炼案例力学分析

案例分析:人体在太极拳站桩练习时髌骨位置的变化对膝关节生物力学产生的影响。

膝关节骨性关节炎(knee osteoarthritis,KOA)是一种影响关节功能的慢性退行性疾病,临床表现为关节软骨出现原发性退行性改变,并伴有不同程度的骨质增生、肌纤维化等症

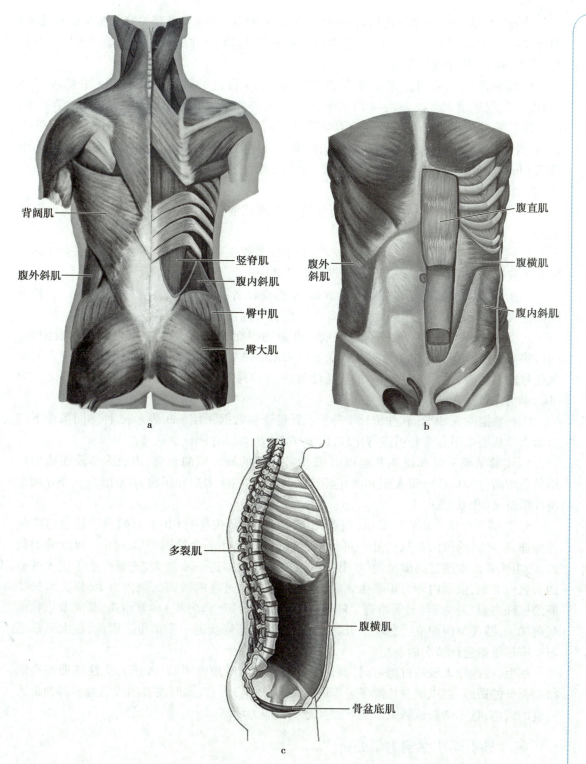

图 8-16　核心肌群（主要是由腹直肌、腹斜肌、下背肌群和竖脊肌等组成的肌肉群）

状，导致关节疼痛，行走困难，出现异常步态。KOA 晚期可以进行关节置换，而早中期目前没有治愈的方法，治疗主要以缓解疼痛、改善功能、延缓疾病进程、提高患者生活质量为目的。国内外权威学术组织发布的 KOA 治疗指南中，均指出 KOA 的主要治疗方法包括健康教育、物理治疗、运动疗法、药物和手术。

太极拳作为一种中医特色的运动疗法,在练习过程中存在大量膝关节屈曲及旋转运动。因此,围绕太极拳是否适用于 KOA 患者已开展了大量研究。本案例对站桩动作开展步态分析,为指导临床治疗提供参考。

1. 实验设置　采用三维步态分析系统配合 16 台红外线高速摄像机(采样频率为 100Hz),获取运动学参数;采用 4 块三维测力台,采样频率为 1 000Hz,同步获取动力学参数。静态模型采用 Cleveland 下肢反向动力学模型,静态光标包括双侧股骨大转子、股骨内外上髁、胫骨结节、腓骨小头、内外侧踝、足跟、髂前上棘、髂后上棘、髂嵴及第 1、2、5 跖骨头;5 组动态 Clusters 追踪光标分别置于双侧大腿、小腿外缘及骨盆后侧处。

2. 实验数据采集

(1) 基本信息采集:受试者在进行生物力学测试前进行身高、体重、年龄、性别等信息记录。

(2) 创建静态模型:受试者自然站立,双手交叉放在胸前,将 48 个被动光标按照 Cleveland 下肢生物力学建模方式放置在受试者的骨性标志上。

(3) 采集太极站桩动作生物力学数据:根据受试者膝关节屈曲位置分为三组。髌骨平同侧足尖后(A 组)、髌骨平同侧足尖(B 组)、髌骨平同侧足尖前(C 组)。

3. 数据处理与分析　数据采集完成后在运动捕捉软件内进行数据建模、标定及滤波,随后将静态模型及动态模型数据统一输出为 c3d 格式文件,并导入 Visual 3D 6. 02 专业版做低信号滤波处理:采用 Butterworth 低通滤波进行信号过滤,运动学数据滤波频率设定为 6Hz,动力学数据滤波频率设定为 25Hz。

所有数据输入 SPSS 软件统计学分析。计量资料数据采用 $\bar{x}±s$ 表示;3 种不同条件下的生物力学数据采用方差分析进行比较,以 $P<0.05$ 为差异有统计学意义。

4. 实验结果　与 A 组和 B 组相比,C 组膝关节的最大屈曲角度、内收力矩及屈曲力矩均显著增高($P<0.05$);而 A 组和 B 组相比,膝关节的内收力矩和屈曲力矩比较,其差异均无统计学意义($P>0.05$)。

5. 总结与讨论　本研究显示,当髌骨位置与同侧足尖平行(B 组)时,虽然屈膝角度显著增加,但此时的股四头肌仍处于可代偿范围内,因此并不会给同侧膝关节造成额外的负担;而当髌骨位置超过同侧足尖(C 组)时,股四头肌收缩进一步加大,进而产生了更大的股四头肌内力矩,依据内外力矩平衡原则,此时为了对抗过高的股四头肌内力矩,膝关节矢状面的屈膝力矩(外力矩)显著增高。随着膝关节内收力矩(外力矩)异常增高,膝关节冠状面载荷加大,膝关节内腔应力急剧上升,会使患者的疼痛症状进一步加重。因此,在太极拳练习中需尽量避免该情况的发生。

综上,在进行太极站桩练习时,如果练习过程中屈膝角度不够(A 组),无法使股四头肌得到充分的锻炼,当以髌骨位置平行于同侧足尖(B 组)为宜,此时的股四头肌能够得到最大程度的锻炼,且不会造成膝关节矢状面及冠状面应力增高。

### 三、导引功法案例力学分析

1. 挽弓式　为马王堆导引功术中的功法。两脚分开与肩同宽,两臂分别向左右拉开做扩胸运动,似挽弓状。此时腹部肌肉向心收缩,分别产生符合等效拉力,达到扩胸实腹的效果(图 8-17)。

2. 凫浴　出自《淮南子·精神训》中的一种练功导引法。在式 1 中,身体向左倾斜,两手向右后方伸展,此时左腰部肌肉和右腰部肌肉形成等效力矩(图 8-18);在式 2 中,身体向左侧屈,此时右侧腰部产生肌肉收缩力(图 8-19)。此式中腰部肌肉得到锻炼。

图 8-17　挽弓式

图 8-18　凫浴式 1

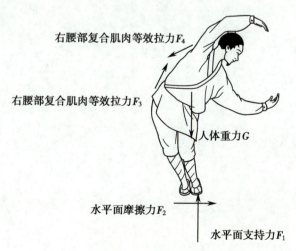

图 8-19　凫浴式 2

（王辉昊　陆　延）

扫一扫
测一测

## 复习思考题

1. 请思考步态分析还有哪些临床应用。
2. 请思考步态分析与骨伤科手法的生物力学研究有哪些结合点。
3. 请思考功能锻炼对骨折愈合的意义和不同阶段力学环境的影响。
4. 请思考软组织功能锻炼的目的和生物力学作用。
5. 骨折康复过程中存在哪些生物力学问题?

# ◇◇◇ 附 录 ◇◇◇

## 实验一　低碳钢拉伸、压缩实验

### 低碳钢拉伸实验

#### 一、实验目的

1. 观察低碳钢在拉伸过程中弹性、屈服、强化、颈缩四个阶段的现象并分析拉伸图（$P\text{-}\Delta L$ 曲线）。

2. 测量低碳钢的弹性模量 $E$、弹性极限 $\sigma_e$、屈服极限 $\sigma_s$、强度极限 $\sigma_b$、延伸率 $\delta$、截面收缩率 $\varphi$。

3. 观察并分析低碳钢拉伸后的断口特征。

#### 二、实验设备

1. 精密电子万能材料试验机。

2. 游标卡尺。

#### 三、实验材料

拉伸试件：低碳钢（Q235）拉伸试件，中间直径 $d=10\text{mm}$，标距 $L_0=10d$（$100\text{mm}$），平行长度 $L_c=120\text{mm}$，总长 $L=210\text{mm}$，夹持端外径为 15mm，执行标准：GB/T 228.1—2010《金属材料拉伸试验第 1 部分：室温试验方法》。已用刻线机将标距 $L_0$ 分为等长的 10 格（附录图 1，单位：mm）。

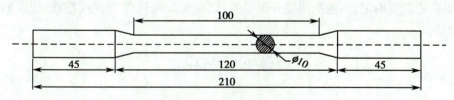

附录图 1　低碳钢拉伸试件

#### 四、实验步骤

1. 试件准备　用游标卡尺在试件原始标距 $L_0$ 的两端及中间处两个相互垂直的方向上各测一次直径，取其算术平均值作为该处截面的直径，然后选用三处截面直径的最小值来计算试件的原始横截面面积 $A_0$（取三位有效数字）。

2. 试件安装　先将试件插入上方夹具夹齿中央处并用双手拧紧，然后利用 JOG 运转，

将试件插入下方夹具之间并用双手拧紧。

3. 试验力预处理　在操作面板上执行试验力零点处理,再运用 JOG 运转除去初始试验力,接着按下行程零点按钮,使机器十字头位置归零。

4. 进行实验　开动试验机,缓慢而均匀地加载(应力速度的范围为 $1 \sim 10 \mathrm{MP/s}$),仔细观察测力指针转动和绘图装置绘制 $P\text{-}\Delta L$ 图的情况。注意捕捉下屈服力 $P_s$ 值,将其记录下来用以计算下屈服点 $\sigma_s$。屈服阶段注意观察滑移现象。过了屈服阶段,加载速度可以快些。达到最大力时,注意观察"颈缩"现象。试件断后立即停车,记录最大值 $P_b$ 值。

5. 记录实验 $P\text{-}\Delta L$ 图。

6. 用游标卡尺测量断后标距 $L_1$。

7. 用游标卡尺测量颈缩处最小直径 $d_1$,用此计算最小横截面面积 $A_1$。

8. 结束实验。

请教师检查实验记录。将实验设备、工具复原,清理实验现场。最后整理数据,完成实验报告。

### 五、实验结果处理

1. 弹性模量　$E$ 在弹性阶段,$E = \mathrm{tg}\alpha = \dfrac{\sigma}{\varepsilon}$。

2. 屈服极限　$\sigma_s = P_s / A_0$。

3. 强度极限　$P_b$ 为在拉伸图最高点时试件所受的载荷,$\sigma_b = P_b / A_0$。

4. 延伸率 $\delta$　试件拉断后,将两段在断裂处紧密地对接在一起,尽量使其轴线位于同一直线上,测量试件拉断后的标距 $L_1$,$\delta = (L_1 - L_0)/L_0 \times 100\%$。

5. 截面收缩率 $\varphi$　测出试件断后两端横截面上两个互相垂直方向上的直径,取其算术平均值,计算出最小横截面面积 $A_1$,$\varphi = (A_0 - A_1)/A_0 \times 100\%$。

### 六、注意事项

1. 认真阅读试验机的构造原理、使用方法和注意事项。

2. 装夹拉伸试件必须正确,防止装偏或夹持部分装夹过短。

3. 加载要缓慢均匀,不能把速度开得过大,以避免发生突然加载或超载,使实验失败甚至造成事故。

## 低碳钢压缩实验

视频2

低碳钢压缩实验

### 一、实验目的

1. 测量低碳钢的屈服极限 $\sigma_s$,比较其与拉伸实验时是否有差异。

2. 观察低碳钢在压缩时的变形和破坏现象。

### 二、实验设备

1. 精密电子万能材料试验机。

2. 游标卡尺。

### 三、实验材料

压缩试件:低碳钢(Q235)压缩试件,Φ15×20mm,执行标准:GB/T 7314—2005《金属材料室温压缩试验方法》。

### 四、实验步骤

1. 试件准备　用游标卡尺在试件原始标距 $L_0$ 的两端及中间处两个相互垂直的方向上各测一次直径,取其算术平均值作为该处截面的直径,然后选用三处截面直径的最小值来计算试件的原始横截面面积 $A_0$(取三位有效数字)。

2. 调整试验机　根据低碳钢屈服载荷的估计值,选择试验机的试验速度。

3. 利用操作面板中的"断裂检测"设置断裂灵敏度,利用"软限位"设置行程最大值,以备无法自动检测断裂情况。

4. 准确地将试件置于试验机压缩试验夹具的中心处,执行试验力零点处理。

5. 调整试验机夹头间距,当试件接近上夹具时,缓慢开启送油阀,均匀缓慢加载。

6. 对于低碳钢试件,将试件压成鼓形即可停止试验,以免试件被进一步压碎,或试件被压缩超过80%时停止实验,以防止超量。

7. 记录实验 $P\text{-}\Delta L$ 图。

8. 结束实验。

### 五、实验结果处理

低碳钢屈服极限 $\sigma_s = P_s/A_0$。

## 实验二　骨骼拉伸、压缩实验

### 骨骼拉伸实验

#### 一、实验目的

1. 观察骨骼在拉伸过程中不同阶段的现象并分析拉伸图($P\text{-}\Delta L$ 曲线)。

2. 测量骨骼的弹性模量 $E$、弹性极限 $\sigma_e$、屈服极限 $\sigma_s$、强度极限 $\sigma_b$、延伸率 $\delta$、截面收缩率 $\varphi$。

#### 二、实验设备

1. 精密电子万能材料试验机。

2. 游标卡尺。

#### 三、实验材料

拉伸试件:常温下取猪胫骨1根,取其中段部分,清除肌肉组织。

#### 四、实验步骤

1. 试件准备　用游标卡尺在试件原始标距 $L_0$ 的两端及中间处两个相互垂直的方向上

各测一次直径,取其算术平均值作为该处截面的直径,然后选用三处截面直径的最小值来计算试件的原始横截面面积 $A_0$(取三位有效数字)。

2. 试件安装　先将试件插入上方夹具夹齿中央处并用双手拧紧,然后利用 JOG 运转,将试件插入下方夹具之间并用双手拧紧。

3. 试验力预处理　在操作面板上执行试验力零点处理,再运用 JOG 运转除去初始试验力,接着按下行程零点按钮,使机器十字头位置归零。

4. 进行实验　开动试验机,缓慢而均匀地加载(应力速度的范围为 1~10MP/s),仔细观察测力指针转动和绘图装置绘制 $P\text{-}\Delta L$ 图的情况。注意捕捉下屈服力 $P_s$ 值,将其记录下来用以计算下屈服点 $\sigma_s$。屈服阶段注意观察滑移现象。过了屈服阶段,加载速度可以快些。试件断后立即停车,记录最大值 $P_b$ 值。

5. 记录实验 $P\text{-}\Delta L$ 图。

6. 用游标卡尺测量断后标距 $L_1$。

7. 用游标卡尺测量颈缩处最小直径 $d_1$,用此计算最小横截面面积 $A_1$。

8. 结束实验。

请教师检查实验记录。将实验设备、工具复原,清理实验现场。最后整理数据,完成实验报告。

## 五、实验结果处理

与低碳钢拉伸实验相比较,对比两个实验 $P\text{-}\Delta L$ 曲线,计算骨骼弹性模量 $E$、弹性极限 $\sigma_e$、屈服极限 $\sigma_s$、强度极限 $\sigma_b$、延伸率 $\delta$、截面收缩率 $\varphi$。

## 六、注意事项

1. 认真阅读试验机的构造原理、使用方法和注意事项。

2. 调整测力指针指零时,一定要使液压式万能材料试验机开机,工作台上升少许。

3. 装夹拉伸试件必须正确,防止装偏或夹持部分装夹过短。

4. 加载要缓慢均匀,特别是对液压式万能材料试验机,不能把油门开得过大。以避免发生突然加载或超载,使实验失败,甚至造成事故。

5. 为防止损伤试验机,实验进行到屈服阶段后,所加最大载荷值不得超过测力度盘的80%。

## 骨骼压缩实验

### 一、实验目的

1. 测量骨骼的屈服极限 $\sigma_s$,比较其与拉伸实验时是否有差异。

2. 观察骨骼在压缩时的变形和破坏现象。

### 二、实验设备

1. 精密电子万能材料试验机。

2. 游标卡尺。

### 三、实验材料

压缩试件:常温下取猪腿部长骨 1 根,取其中段部分,清除肌肉组织。

### 四、实验步骤

1. 试件准备　用游标卡尺在试件原始标距 $L_0$ 的两端及中间处两个相互垂直的方向上各测一次直径,取其算术平均值作为该处截面的直径,然后选用三处截面直径的最小值来计算试件的原始横截面面积 $A_0$(取三位有效数字)。

2. 调整试验机　根据骨骼屈服载荷的估计值,选择试验机的试验速度。

3. 利用操作面板中的"断裂检测"设置断裂灵敏度,利用"软限位"设置行程最大值,以备无法自动检测断裂情况。

4. 准确地将试件置于试验机压缩试验夹具的中心处。

5. 调整试验机夹头间距,当试件接近上夹具时,缓慢开启送油阀,均匀缓慢加载。

6. 记录实验 $P$-$\Delta L$ 图。

7. 结束实验。

### 五、实验结果处理

骨骼屈服极限 $\sigma_s = P_s / A_0$。

视频3

长骨横向
压缩实验

## 实验三　长骨横向压缩实验

### 一、实验目的

观察长骨横向压缩应力下的应力-位移曲线。

### 二、实验设备

精密电子万能材料试验机。

### 三、实验材料

压缩试件:常温下取羊腿部长骨 1 根,取其中段部分,清除肌肉组织。

### 四、实验步骤

1. 试件准备　用游标卡尺在试件原始标距 $L_0$ 的两端及中间处两个相互垂直的方向上各测一次直径,取其算术平均值作为该处截面的直径,然后选用三处截面直径的最小值来计算试件的原始横截面面积 $A_0$(取三位有效数字)。

2. 调整试验机　根据骨骼屈服载荷的估计值,选择试验机的试验速度。

3. 利用操作面板中的"断裂检测"设置断裂灵敏度,利用"软限位"设置行程最大值,以备无法自动检测断裂情况。

4. 准确地将试件置于试验机压缩试验夹具的中心处。

5. 调整试验机夹头间距,当试件接近上夹具时,缓慢开启送油阀,均匀缓慢加载。

6. 记录实验 $P$-$\Delta L$ 图。

7. 结束实验。

## 五、实验结果处理

观察 $P\text{-}\Delta L$ 图。

椎体纵向
压缩实验

# 实验四　椎体纵向压缩实验

## 一、实验目的

观察椎体纵向压缩应力下的应力-位移曲线。

## 二、实验设备

精密电子万能材料试验机。

## 三、实验材料

压缩试件:常温下取羊椎体骨 1 块,取其中段部分,清除肌肉组织。

## 四、实验步骤

1. 试件准备　常温下取羊椎体骨 1 块。
2. 调整试验机　根据骨骼屈服载荷的估计值,选择试验机的试验速度。
3. 利用操作面板中的"断裂检测"设置断裂灵敏度,利用"软限位"设置行程最大值,以备无法自动检测断裂情况。
4. 准确地将试件置于试验机压缩试验夹具的中心处。
5. 调整试验机夹头间距,当试件接近上夹具时,缓慢开启送油阀,均匀缓慢加载。
6. 记录实验 $P\text{-}\Delta L$ 图。
7. 结束实验。

## 五、实验结果处理

观察 $P\text{-}\Delta L$ 图。

软组织(猪皮)
拉伸实验

# 实验五　软组织(猪皮)拉伸实验

## 一、实验目的

观察软组织拉伸应力下的应力-位移曲线。

## 二、实验设备

精密电子万能材料试验机。

## 三、实验材料

压缩试件:常温下取猪皮 1 块。

#### 四、实验步骤

1. 试件准备　常温下取猪皮 1 块。

2. 试件安装　先将试件插入上方夹具夹齿中央处并用双手拧紧,然后利用 JOG 运转,将试件插入下方夹具之间并用双手拧紧。

3. 试验力预处理　在操作面板上执行试验力零点处理,再运用 JOG 运转除去初始试验力,接着按下行程零点按钮,使机器十字头位置归零。

4. 进行实验　开动试验机,缓慢而均匀地加载,仔细观察测力指针转动和绘图装置绘制 $P$-$\Delta L$ 图的情况。

5. 记录实验 $P$-$\Delta L$ 图。

6. 结束实验。

#### 五、实验结果处理

观察 $P$-$\Delta L$ 图。

## 实验六　Mimics Medical 骨骼初步提取实验

#### 一、实验目的

1. 掌握 Mimics Medical 的基本操作命令。

2. 初步掌握骨骼提取的方法。

#### 二、实验设备

Mimics Medical 21.0 软件。

#### 三、实验材料

肘关节 CT 扫描图像。

#### 四、实验步骤

1. 打开程序　双击桌面应用图标"Mimics Medical 21.0",进入程序界面(附录图 2)。

2. 导入 CT 图像　点击"FILE""New Project",选择 CT 图像所在文件夹,然后依次点击 Next、Open 导入图像(附录图 3)。

3. 骨骼组织筛选　在 SEGMENT 菜单下点击 Threshold 选项,在弹出的对话框中 Predefined thresholds sets 选择 Bone(CT),弧度值设置如下:Min,226HU;Max,2 135HU。点击 OK (附录图 4)。接着在 SEGMENT 菜单下选择 Region Grow 命令,单击图像中的骨骼组织,系统默认被选取图层颜色为黄色,此时可见骨骼组织被涂成黄色,表明已被选取(附录图 5)。

4. 三维图像生成　在 Project Management 窗口中 Mask 列表下单击 Yellow 蒙版后右键,在右键菜单中点击 Calculate Part,在弹出的窗口中 Quality 选择 Optimal,点击 Calculate 进行运算,生成肘关节三维图像(附录图 6)。

5. 光顺处理　在 Object 窗口下 Yellow 1 图形信息处点击右键,选择 Smooth,在弹出窗口中点击 OK,对三维图像进行光顺处理,即完成肘关节骨骼初步提取(附录图 7)。

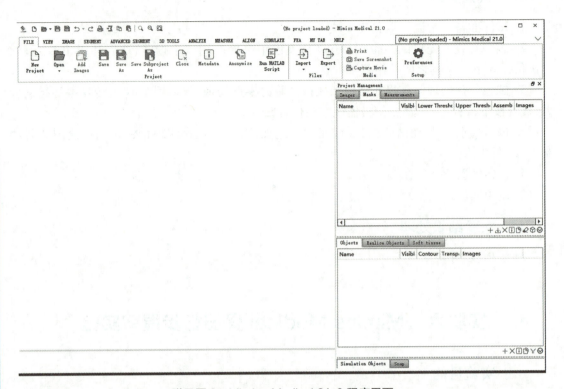

附录图2 Mimics Medical 21.0 程序界面

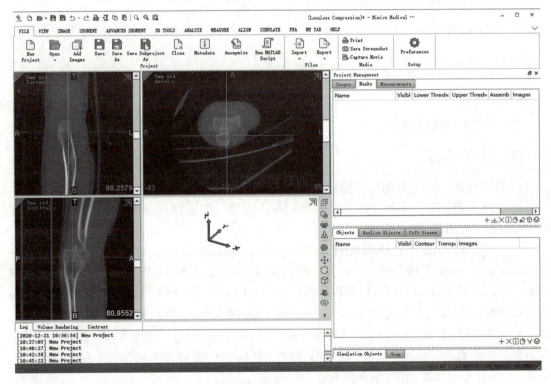

附录图3 CT 图像导入

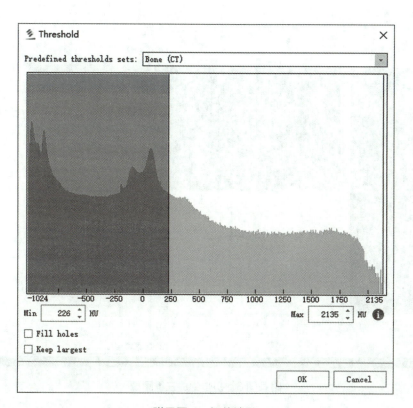

附录图4　阈值选取

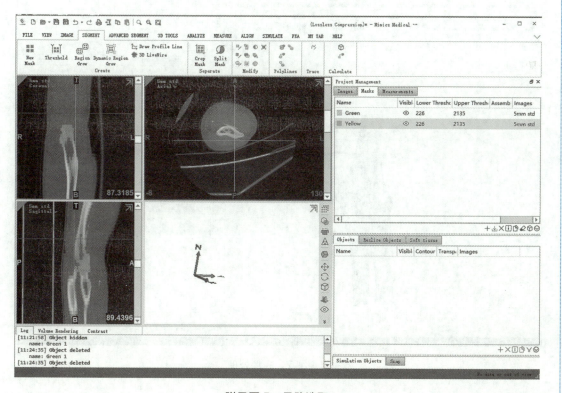

附录图5　骨骼选取

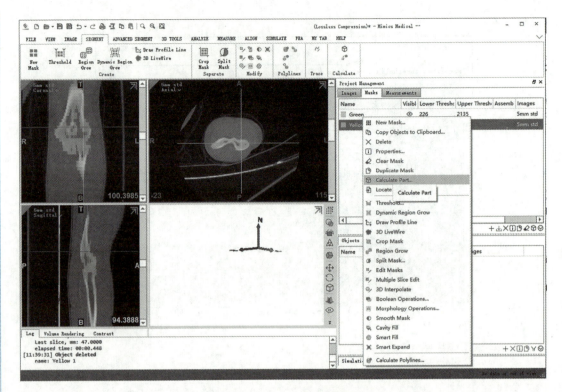

附录图6　初步生成三维图像

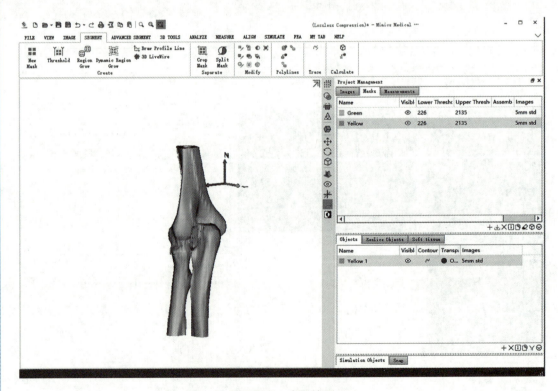

附录图7　光顺处理

（周红海　陆　延）

# 主要参考文献

1. 孟和,顾志华.骨伤科生物力学[M].2版.北京:人民卫生出版社,2006.

2. 王以进,王介麟.骨科生物力学[M].北京:人民军医出版社,1989.

3. BUCHOLZ R. W.,HECKMAN J. D.,COURT-BROWN C.洛克伍德-格林成人骨折[M].裴国献,主译.6版.北京:人民军医出版社,2009.

4. RÜEDI T. P.,BUCKLEY R. E.,MORAN C. G.骨折治疗的 AO 原则[M].2版.危杰,刘璠,吴新宝,等译.上海:上海科学技术出版社,2010.

5. MOW V. C.,HUISKES R.骨科生物力学暨力学生物学[M].3版.汤亭亭,裴国献,李旭,等主译.济南:山东科学技术出版社,2009.

6. 陆宸照.踝关节损伤的诊断和治疗[M].上海:上海科学技术文献出版社,1998.

7. 杨桂通.生物力学[M].重庆:重庆出版社,2000.

8. 陈君楷.心血管血流动力学[M].成都:四川教育出版社,1990.

9. 钱竞光,宋雅伟.运动康复生物力学[M].北京:人民体育出版社,2008.

10. 李义凯.脊柱推拿的基础与临床[M].北京:军事医学科学出版社,2001.

11. 刘大为.临床血流动力学[M].北京:人民卫生出版社,2013.

12. 郭健,杜联.生理学[M].3版.北京:人民卫生出版社,2016.

13. 樊瑜波,张明.康复工程生物力学[M].上海:上海交通大学出版社,2017.

14. 张旻,陈博,庞坚,等.膝骨关节炎患者在太极站桩练习中髌骨位置对膝关节应力的影响[J].上海中医药大学学报,2018,32(4):47-51.

复习思考题
答案要点

模拟试卷